RICHARD SCHUBERTH • BUS NACH BINGÖL

RICHARD SCHUBERTH

Bus nach Bingöl

Roman

DRAVA

Die Herausgabe dieses Buches erfolgte mit
freundlicher Unterstützung durch die Stadt Wien.

Drava

DRAVA VERLAG • ZALOŽBA DRAVA GMBH
9020 Klagenfurt/Celovec, Gabelsbergerstraße 5
Telefon +43(0)463 501099
office@drava.at
www.drava.at

Lektorat: Martin Gastl
Coverbild: Busbahnhof Istanbul 1980 von Mehmet Emir

ISBN 978-3-85435-944-9

Vorbemerkung

Das Fundament dieses Buchs waren zwei themenverwandte Erzählungen, die ich 2007 schrieb. Freunde rieten mir, sie zu einem Roman oder zumindest einer Novelle zu ergänzen. Einige Jahre vergingen, bis ich daran weiterarbeitete. Das Vorhaben wurde aber von anderen Projekten rüde zur Seite geschoben. Nach der Niederschlagung des Putschversuchs in der Türkei im Juli 2016 und der endgültigen Umwandlung des Landes in einen autokratischen Staat wurde mir klar, dass der Roman zu Ende geschrieben werden musste.

Ahmet Arslans Heimatdorf Holike sowie das Bergdorf Belekan, die Berge Koyo Derg und Koyo Serd, der Kinkor-Pass und der Fluss Derê Saniku sind frei erfunden. Somit habe ich der Topografie Süd-Dersims ein weiteres geheimes Gebiet geschenkt, vom dem sie bis jetzt nichts wusste …

Dieser Roman ist einer Generation von Männern und Frauen gewidmet, die im Bewusstsein internationaler Solidarität ein Beispiel gaben und den Weg des Widerstandes gegen den türkischen Staat wählten, die getötet, eingesperrt oder ins Exil getrieben wurden und deren Andenken nur im Gedächtnis ihrer Freunde, Mitstreiter und Verwandten fortlebt.

1.
Von İstanbul nach Elazığ

Sabiha Gökçen Airport

Sabiha Gökçen – Leitstern weiblicher Emanzipation.

Sabiha Gökçen – die erste Frau in der Türkei, die ein Flugzeug flog.

Sabiha Gökçen – die erste Frau in der Türkei, die zur Kampfpilotin ausgebildet wurde.

Sabiha Gökçen – die erste Frau in der Türkei, die aus der Luft Kurden tötete.

Ihre ersten Einsätze flog die Ziehtochter Kemal Atatürks gegen kurdische Dörfer während der Dersim-Massaker 1937 und '38. Im Jahr 2004 erbrachte der Journalist und Menschenrechtsaktivist Hrant Dink den Nachweis, dass sie aus einer armenischen Familie stammte, die den Massakern von 1915 zum Opfer gefallen war. Drei Jahre zuvor war der neue İstanbuler Flughafen im Osten der Stadt nach ihr benannt worden.

Ahmet Arslan stand an einem Apriltag des Jahres 2008 vor der Passkontrolle. Er hatte die Wahl gehabt zwischen drei Kabinen. In der ersten saß eine junge Beamtin mit hochgesteckten Haaren, in der zweiten ein Mann mit dunklem Bartschatten – beide trugen die respekteinflößende Unnahbarkeit ihres Amtes zur Schau. Doch suchten sie nur selten auf dem Bildschirm nach Verdachtsmomenten. Warum hatte sich Ahmet Arslan ausgerechnet in die dritte Reihe gestellt, die von einem mürrischen Polizisten mit harten Gesichtszügen abgefertigt wurde? Trotz war es. Gepaart mit dem Versuch, seiner Angst die härteste Prüfung zu gönnen. Er dachte: Du bist Bauer, ich bin Bauer, lassen wir es darauf ankommen. Zudem hat die Bürokratie bekanntlich kein Gesicht. Gelangweilt winkte der Beamte die Leute in der Reihe durch, deren letzter Ahmet Arslan war. Ahmets Hochmut fiel wie ein Schleier von ihm, als der Beamte seinen Pass prüfte. Nicht einmal den üblichen Abgleich zwischen Foto und Gesicht, der auch Unbescholtene nervös macht, ließ er Ahmet angedeihen. Er tippte bloß eifrig in die Tastatur und verglich die Daten des Passes mit denen des Bildschirms, über welche Ahmet dunkle Ahnungen hatte.

Der Beamte stand auf und verließ die Kabine. Ahmets Herz begann zu rasen. Der Beamte kam zurück und befahl ihm, sich an den Schalter 47 zu wenden, es gebe ein Problem.

Ahmet trippelte zu jenem Schalter 47, in dem die Vorgesetzten der Passkontrolleure Zweifelsfälle behandelten. Auch sie kamen ihm zivilisierter vor als die türkischen Beamten seiner Erinnerung. Doch was heißt das schon. Nervös schob Ahmet ein Dokument, das er aus seinem Rucksack geholt hatte, in die Durchgabemulde.

Hören Sie, fuhr Ahmet einen kleinen Polizisten mit Bürstenhaarschnitt an, hier haben Sie die Bestätigung des Innenministeriums über die Aufhebung des Einreiseverbots.

Der junge Polizist musterte Ahmet mit einem Anflug von Amüsement. Er sah den Schweiß auf Ahmets Stirn. Und ließ ihn, um den Augenblick noch ein wenig auszukosten, mit der Antwort warten.

Nein, nein, sagte er schließlich, das geht schon klar. Keine Sorge, Herr Arslan. Ein Formfehler bloß, das passiert immer mit diesen österreichischen Pässen, das System erkennt sie nicht, weil auf den Visa das P vor der Passnummer fehlt. Immer derselbe Mist.

Er reichte ihm den Pass mit einem freundlichen Lächeln und hieß ihn willkommen in der Türkei.

Ahmet schämte sich bei der Gepäckabholung ein wenig, weil er den kleinen Beamten am liebsten umarmen wollte, und mit ihm diese ganze neue zivile Türkei, die ihm zunächst solch eine Angst eingejagt hatte, nur um damit zu prahlen, dass sie nicht mehr die alte war, dass sie nicht mehr das Land war, das er vor

28 Jahren verlassen hatte. Durfte er dieser alerten, gut gelaunten Service-Türkei trauen?

Esenler Otogar

Wie hässlich der Busbahnhof war. Esenler Otogar. Doch sogar das gefiel ihm. Hier erst fing Anatolien an. Die zweite Etappe seiner Reise. Ahmet Arslan war noch benommen von der Zeit in İstanbul mit den alten Freunden, von übermütigen Tagen, die ihn mit der neuen Version dieses Landes versöhnt hatten. Zwei seiner ehemaligen Kampfgefährten waren Geschäftsleute geworden, großzügige zumal. Nein, du bist unser Gast. Keine Widerrede. Was, so weit kommen wir noch, dass wir uns von einem dahergelaufenen *Alman* wie dir einladen lassen. Augenzwinkern, Backenzwicken, gemeinsames Tanzen. Sie hatten sich einen Spaß gemacht, den *Zeybek* zu tanzen und jenes Machogehabe dabei zu persiflieren, das besonders bei den Emporkömmlingen wieder groß in Mode war. Şerafettin hatte ihnen dann gezeigt, wie wirkliches Tanzen aussieht und unter allgemeinem Beifall *Horons* von der Schwarzmeerküste getanzt. Man war durch die Klubs gezogen. Ahmet, wie alle aufrichtigen kurdischen Helden schüchtern, hatte geflirtet, was das Zeug hält. Wobei es aber die Frauen waren, die den ersten Schritt taten: diese neue Generation unverschämt selbstbewusster Mittelstandsfrauen, noch nicht in seinem Alter, aber schon reif genug, um nicht nur junges Gemüse zu ernten. Ein sehr eindeutiges Angebot war ihm gemacht worden. Er hatte sich geschmeichelt gefühlt. Und geschämt. Und das alles war in seinem Gesicht zu lesen gewesen. Weil er solch ein Bauer ist. Şerafettins Schwester, sie war frisch geschieden und wollte dies feiern, saugte von seiner Unsicherheit wie von schwerem

10

Nektar. Sie fand ihn süß, und nur die Angst, Jagdobjekt und Trophäe zu sein, hatte ihn bewogen, nicht mit ihr nach Hause zu gehen. Das könne er Laura nicht antun. Sogar sich selbst versuchte er mit seiner Treue zu Laura zu täuschen. Wie kurz dieser Selbstbetrug währte, bewiesen seine abenteuerlichen Pläne für seine Rückkehr nach İstanbul. Zwei Telefonnummern hatte er in seiner Brieftasche, die hütete er wie Eintrittskarten fürs Paradies.

Er reckte und streckte sich, denn eine dreizehnstündige Busreise startet man besser nicht mit Verspannungen. Dann versuchte er sich an das Treiben hier vor 30 Jahren zu erinnern. An kodakfarbene Tage, an all die Landeier wie er, die ihre Angst hinter protzigen Schnurrbärten und bunten, weit geöffneten Fledermauskrägen versteckten. Die Unsicherheit der Bauern war noch immer dieselbe. Dann fiel ihm ein, dass es den Esenler Otogar damals noch gar nicht gegeben haben konnte. Er querte den Platz zur anderen Seite, wo sich in Billigläden und Imbissstuben ein wenig die Türkei seiner Jugend bewahrte.

Ein Busunternehmen neben dem anderen war hier aufgefädelt. Die Bäuche der Busse wurden fortwährend geleert und gefüllt. Koffer, riesige Ballen und ganze Hausgerätschaften schob man in die Laderäume. Familienväter instruierten die Packer argwöhnisch. Noch gar nicht alte Frauen mit geschwollenen Füßen schleppten sich am Stock zu den Eingängen und wurden von ihren Kindern am Gesäß in den Bus geschoben.

Sonnenstrahlen hatten die graue Wolkendecke perforiert. Der Bussteig füllte sich mit Fahrgästen. Einer der Stationsangestellten schien der ungekrönte König hier zu sein. Er kannte jeden, jeder kannte ihn, ein hagerer Bursche mit eingefallenen Wangen. Mit seinem schnellen Mundwerk kommentierte er alles und jedes, scherzte und versuchte das blasse Mädchen, das wie eine Säule am Randstein stand, mit einem Moonwalk zu beeindrucken. Nach einer Weile gab er es auf. Blass war sie, rote Lider, selbst die Glasaugen der Katze auf ihrem lila Mohairpulli schauten traurig. Sie zündete sich eine Zigarette an, denn zu ihrer Schwermut gesellte sich Unruhe. Jemand beobachtete sie. Sie spürte die Blicke. Dort beim Auslagenfenster der Firma *Vangölü Tours* stand eine Frau und fixierte sie mit wissendem Lächeln. Das Mädchen blies eine Rauchschwade der Unnahbarkeit in die Luft, dann drehte sie sich schnell nach der Spannerin um, um das Machtspiel zu wenden, doch die war verschwunden. Das Mädchen erschrak, als sie die ebenfalls bleiche, ältere Frau in der Mitte des achteckigen Platzes zwischen den Autos sie weiter anstarren sah.

Seit es günstige Flüge nach Elazığ, Diyarbakır und Kars gab, nahmen nur wenige junge Menschen den Bus in den Osten. Weniger der Flugpreis als Flugangst ließ die Älteren die Straße vorziehen. In der kleinen Wartehalle saßen jene Passagiere, die fürs Telefonieren, Rauchen, Auf-und-ab-Gehen zu müde waren: ältere Leute, anatolische Männer mit karierten Hemden, Tellermützen und Schnurrbärten, nie sicher, ob sie bei der richtigen Kompanie gelandet waren. Bei jedem Geräusch, jeder Durchsage flackerten ihre Augen wie die verfolgter Tiere. Nicht abwarten konnten sie, diesen Großstadtpfuhl der Verwirrungen und Täuschungen zu verlassen und ihren Platz wieder dort einzunehmen, wo sie bessere Figur machten, diese Männer, die nichts anderes erwarteten und gewohnt waren, als von Geschäftsleuten übervorteilt, den staatlichen Autoritäten gedemütigt und ihren Frauen verspottet zu werden. Ihre Frauen wirkten ruhiger, denn sie hatten schon längst sich unter die Schildkrötenpanzer ihrer Beleibtheit verkrochen und starrten leer vor sich hin. Das war auch vernünftig, denn sie hatten eingesehen, dass auch ihre letzten Jahre nicht mehr versprachen als die übliche Schufterei. So ein Leben bietet kein anderes Vergnügen, als am Selbstwertgefühl der Männer zu sägen.

Ein junges Pärchen versprach Hoffnung, denn ihre schlafenden Köpfe waren aneinandergelehnt – von solch einer Symmetrie konnten die Älteren nur träumen, und einige von ihnen fanden sie mit Bestimmtheit obszön.

Noch eine Figur in diesem Ensemble stach hervor, ein aufrecht sitzender Mann mit blondgrauen Haaren. Seine Hände lagen auf den Knien und starr war sein Blick. Dabei hätte er seine Unnahbarkeit nicht nötig gehabt, denn niemand wunderte sich über diesen Europäer, der einen Bus nach Bingöl nimmt. Kurze Blicke der Neugier vielleicht, kurze Versuche, sich diese Erscheinung zu erklären. Ein Russe gar? Oder ein Ukrainer? – Und man verfiel wieder in die Lethargie des Wartens. Der leblose Ausdruck seines Gesichtes mochte vielleicht das Vorurteil mancher hier bestätigen, dass diese Europäer reservierte Leute seien. Das ist bestimmt ein Alman, ein Deutscher. Alfred Horn war zufällig wirklich Deutscher.

Und die nächste auffällige Erscheinung lenkte die Blicke auf sich. Eine großgewachsene Frau in Trenchcoat durchmaß selbstbewusst den Raum, ging auf den Schalter zu und wartete mit ihrem Anliegen gar nicht, bis der Beamte den Kopf hob.

Ob es noch Tickets für zwei nebeneinanderliegende Sitze gebe, herrschte sie ihn an. Ihr langes brünettes Haar war in der Mitte gescheitelt, und ihr Gesicht, das zu einem Teil hinter einer riesigen Retrosonnenbrille verschwand, versprach, anmutig zu sein.

Müden Blickes fragte sie der Beamte, ob sie alleine reise.

Was das zur Sache tue, antwortete sie ungeduldig.

Weil der Bus fast voll sei und jeder Sitz genutzt werden müsse.

Hören Sie zu, mein Herr, ich brauche Platz und bin bereit, dafür auch den vierfachen Preis zu zahlen.

Der Beamte schnalzte mit der Zunge. Dies sei für diesen Tag der letzte Bus nach Bingöl, sagte er. Wenn sich keine neuen Passagiere einfänden, dann könne sie sich nach Belieben ausstrecken. Aber er werde allfällig auftauchende Reisende nicht ihr zuliebe auf den nächsten Tag vertrösten. – Das sehen Sie doch ein, gnädige Frau.

In diesem Augenblick trugen vier Männer einen groben quaderförmigen Sarg durch den Warteraum. Er war mit einem grünen Seidentuch bedeckt, auf dem in arabischer Schrift eine Sure gestickt war.

Die elegante Frau blickte den Schalterbeamten entsetzt an. Dieser lächelte.

Nein!

Doch.

Wie weit?

Bis Karakoçan.

Die Frau kaufte das Ticket und lief den Trägern auf den Steig nach. Dort war der Busliniendiener schon dabei, Koffer umzuschlichten, um den Sarg noch irgendwie zu verstauen. Sie hatte es befürchtet. Der Sarg landete auf ihrem fliederfarbenen Koffer.

Die elegante Frau musste ihn einige Male ansprechen, bis er sich ihr zuwandte.

Ich gebe ihnen 30 Lira, wenn sie meinen Koffer so weit wie möglich von der Leiche verstauen.

Das ist unmöglich, Angelina, ich müsste alle Koffer und das andere Zeug wieder ausräumen.

Ich heiße weder Angelina noch sehe ich ihr ähnlich. Mein Koffer ist jedenfalls kein Schwamm für Leichensäfte.

Der Diener musste über diese Bemerkung lachen.

Aber, aber, der Abi ist gut gekühlt und geräuchert wie ein Hering. Ich hab Erfahrung. Da stinken die Socken im Bus mehr, wenn die Bauern ihre Schuhe ausziehen.

Ach erinnern Sie mich bloß nicht daran.

Zwischen der Dame und dem Arbeiter flackerte ein kurzer Moment scherzhafter Vertraulichkeit auf. Da Männer wie er eine solche gerne als Einladung auffassen, nahm ihre Stimme wieder den Ton herrischer Strenge an.

14

Also, was ist? Kommen wir ins Geschäft?

Der Diener nahm die 30 Lira, ging zum Fahrer und plauderte kurz mit ihm. Der hielt die Hand auf, der Diener ließ ein Drittel der eingerollten Scheine in seiner Hand verschwinden. Er ging zum Laderaum, betrachtete das perfekt verstaute Werk und überlegte, wie er das Mikadospiel angehen sollte. Schließlich presste er seine linke Schulter gegen den Sarg und versuchte den lila Koffer mit kleinen Rucken rauszuziehen. Als er merkte, dass der Sarg keine Anstalten machte, sich aus seiner Verstauung zu lösen, riss er den Koffer mit Schwung heraus, zwinkerte dessen Besitzerin zu und trug ihn in den Bus, wo er Platz unter den Füßen des Beifahrers fand. Der Motor begann zu brummen und zu keuchen, die letzten Passagiere stiegen ein. Der Packer näherte sich der Frau mit der Sonnenbrille grinsend, um sich sein Dankeschön abzuholen. Doch das war ihm nicht genug.

Eigentlich hätte ich ein Küsschen verdient.

Deinen Arsch kannst du küssen!

Der Packer war keineswegs beleidigt. Dass diese Dame aus Taksim oder irgendeiner anderen noblen Gegend seinen Jargon beherrschte, nötigte ihm Respekt ab. Traumfrau, keine Frage. Aber ewig träumen macht auch keinen Spaß.

Ahmet Arslan war zurückgekehrt, er hatte sich noch einmal den Bauch vollgeschlagen und würde gut schlafen im Bus. Früher, als alle noch mit dem Bus fuhren, da bedeutete solch eine Reise etwas. Die Abschiede waren Feste. Zigeuner spielten Klarinette oder Zurna und schlugen die Davul, eine Ziege wurde geschlachtet, und die Busse besprengte man mit ihrem Blut.

Bus fährt ab

Die Frau im Trenchcoat stieg als Letzte ein. Ahmet Arslan stellte sich schlafend. Er hatte sich nämlich eingebildet, dass sie schon in der Station seinen Augenkontakt gesucht habe, und der Sitz neben ihm war einer der letzten freien Plätze. Würde sie ihm das abnehmen, dass er jetzt, wenige Minuten, nachdem er draußen gestanden hatte, schon schlief? Man schläft doch frühestens erst nach einer halben Stunde ein, nachdem die Hektik des Sicheinfindens sich gelegt und der Bus einen gelinde in die Müdigkeit gefedert hat.

Ahmet Arslan wollte allein sein. Mit sich, der Landschaft, der Straße, seinen Gedanken. Nach so vielen Jahren der Abwesenheit wollte er sich durch nichts und niemanden ablenken lassen. Mit dieser Frau würde sich bestimmt ein Gespräch ergeben. Er würde zuhören, Interesse heucheln müssen, und all die Unterschiede zwischen der Türkei seiner Jugend und der aktuellen versäumen. Zwei weitere Gründe trieben ihn in den falschen Schlaf. Diese Frau war sehr attraktiv – und vermutlich eine dieser konsumfreudigen Großstadtkemalistinnen.

Vielleicht begehrte er sie, aber er respektierte sie nicht. Er würde auf seine vorsichtige Art versuchen, sie anzumachen, und sie zugleich geringschätzen. Diesen Zwiespalt wollte er sich ersparen. Das alles ging durch seinen Kopf, während sie durch den Gang schritt, und ein klein wenig nur die zusammengepressten Lider zu öffnen reichte, um zu erkennen, dass ihr er und der Platz neben ihm gar nicht auffielen, da sie weiter hinten bereits vor einer halben Stunde freie Sitze mit einem Kaschmircape besetzt hatte. Nun gut, die Gefahr war gebannt. Der Bus setzte sich in Bewegung, fuhr quietschend in einer Kurve aus dem Esenler Otogar heraus, bahnte sich über geschwungene Auffahrten, die den darunterliegenden Häusern das Licht nahmen, seinen Weg zur Stadtautobahn. Bald befanden sie sich auf der Fatih-Sultan-Mehmet-Brücke. Hektisch drehte Ahmet den Kopf nach beiden Seiten, um so viel wie möglich vom Anblick des Bosporus zu erhaschen.

Die Stadt nahm kein Ende, Sultanbeyli hieß diese Siedlung, auf deren Boden vor 30 Jahren Ziegen und Schafe geweidet hatten. Kaum franste İstanbul mal an den Hängen eines von Weißdornbüschen bewachsenen Hügels aus, schossen aus dessen Kuppel schon wieder protzige Wohnsiedlungen. Diese da sahen anders aus als die hässlichen Plattenbauten von damals. Sie prätendierten Wohlstand, Modernität und Traditionsbewusstsein. Abstrakte Zitate muslimischer Ornamentik zierten Erker und Fenster, Dubai-Style. Welchen Geistes die neue Staatsideologie war, sah er an den unzähligen kleinen Moscheen, die oft von noch größeren Shopping-Malls überschattet wurden. Die Religion gab es jetzt also im Sonderangebot. Wenn die Männer zur rituellen Waschung ihre Schuhe in der Moschee auszogen, konnten sie in dieser perfekten Servicezone gleich die neuen anprobieren, die sie zuvor in der Mall, dem eigentlichen Zentrum ihrer Spiritualität, erstanden hatten.

Der Anblick der Bucht von İzmit entschädigte Ahmet für diese Scheußlichkeiten, obwohl das Erste, was er von ihr sah, ein riesiges Sandwerk am Meer war.

Er wandte sich um und musterte die Mitreisenden. Die Kemalistin hatte drei Sitze hinter ihm Platz gefunden und telefonierte, als wäre der Bus ihr Penthouse. Auffällig war der Deutsche. Ahmet hatte keinen Beweis dafür, dass er Deutscher war. Vielleicht war er Russe, vielleicht doch ein Türke oder Kurde. Sein Instinkt aber sagte ihm, dass das ein Deutscher war. Dicht gewelltes graublondes Haar, nach oben hin etwas ausgedünnt, ausrasierte Koteletten. Nach vorne gebeugt saß er da, Oberkörper und Kopf schwangen leicht mit dem Bus mit. Katatonisch starrte er vor sich hin. Irgendetwas stimmte nicht mit ihm. Ahmet lehnte sich zurück.

Wie laut die Kemalistin hinter ihm mit ihrer Freundin tratschte. Auch was sie sagte, empörte ihn. Doch erst das Dämpfen ihrer

Stimme erweckte die Aufmerksamkeit von Mithörern. Sie verriet ihrer Gesprächspartnerin, dass sich hauptsächlich Kopftuchweiber und Ziegenhirten im Bus befänden und sie kaum abwarten könne, dass die ihre Schuhe auszögen. Was zum Teufel, fragte sich Ahmet Arslan, nimmst du dann den Bus? Die Antwort kam prompt. Den Flug nach Bingöl, erzählte sie ihrer Freundin, habe sie versäumt. Und Papa habe darauf bestanden. Mein Gott, ein Königreich für ein Auto. Dann begann sie wieder über die Bauern zu lästern. Ahmet war das peinlich. Er warf einige prüfende Blicke auf die Ziegenhüter und Kopftuchweiber. Die starrten schicksalsergeben vor sich hin, als wären sie keine andere Behandlung gewöhnt. Noch immer konnte er nicht fassen, dass diese Frau sich so laut zu reden traute. Und dann kam ihm, der sich in Wien als Feminist verstand, ein schrecklicher Verdacht. Empörte ihn diese Frau, weil sie zu selbstbewusst war? War er wieder zum Anatolier geworden, erwartete er hier von emanzipierten Frauen bestenfalls, dass sie tugendhafte Kommunardinnen waren, ansonsten ihn die schlichten Dorffrauen allemal lieber waren als eine wie sie? War seine Abneigung also nicht einmal ihrer Schicht geschuldet, sondern der Fehlentwicklung, dass Frauen, wenn sie sich aus dem Patriarchat befreiten, so wie sie wurden? Hätte auch er mitgelacht, wenn seine ehemaligen Genossen die Empfehlung ausgegeben hätten, dass es der Luxusschlampe einmal ordentlich besorgt gehöre?

Diese Selbstkritik überforderte Ahmet Arslan. Der Schlaf langte mit haarigen Pfoten nach ihm. Und wurde durch allerlei Störungen vereitelt. Zunächst durch eine Bremsung – ein Verrückter hatte bei Gegenverkehr den Bus überholt –, später durch das Schließen der Klotür an der Stiege. Der Deutsche hantelte sich von einem Sitzgriff zum anderen zurück zu seinem Platz. Auf Ahmets Höhe fiel ihm etwas runter. Dumpf schlug es am Boden auf. Der Deutsche bückte sich. Als er sich erhob, sah Ahmet, wie

18

er sich eine Pistole in den hinteren Hosenbund schob. Er dachte lange nach, was der Deutsche damit vorhabe und in welche Schwierigkeiten er sich damit bringen könnte.

Nach İzmit und Hendek dräuten dichte Laubwälder an den Hängen zu beiden Seiten der Straße. Ahmet genoss ihren Anblick, deren Gleichförmigkeit ihn bald in tiefen Schlaf wog.

Ali

In Düzce stieg ein junger Reservist zu, der wie ein Ali aussah. Er war untersetzt, hatte kindliche Gesichtszüge und blieb mit seinem Armeerucksack zweimal an den Haltegriffen hängen. Einer älteren Frau streifte er den Kopf damit. Sie fuhr ihn an, ob er nicht wisse, dass das Ding zwei Schleifen habe. Ahmet musste lachen. Er wusste, dass der Kleine sich den Rucksack nie und nimmer wie ein Schuljunge am Rücken fixiert hätte, so lange er nicht im Feld war, und selbst wenn er allen Passagieren damit gegen den Kopf geschlagen hätte. Und ihn amüsierte auch die verächtliche Miene, hinter welcher dieser tapfere Krieger sein Unbehagen verbarg. Der Junge, der wie ein Ali aussah, blieb kurz stehen, hielt Ausschau nach einem freien Platz, entschied, sich nicht neben die Kemalistin zu setzen, und fragte Ahmet. Ahmet lud ihn lächelnd ein, er erwiderte das Lächeln kurz, ehe er es von seinem Gesicht löschte.

Ahmet taufte ihn auf Ali. Er hatte diese Marotte, bestimmte Gesichter bestimmten Namen zuzuordnen. Dieser Junge sah wie ein Ali aus. Natürlich wusste er, dass solche Assoziationen sich nach Stars oder Menschen ausrichten, die man gekannt hat, die ähnlich aussahen und die Ali oder Ahmet hießen. Andere redeten Quatsch über Sternzeichen und er gönnte sich eben dieses alberne Spiel.

Ali setzte sofort Kopfhörer auf. Ein deutliches Zeichen, an Kommunikation nicht interessiert zu sein. Aus dem Augenwinkel beobachtete Ahmet den jungen Mann, und glaubte, alles über ihn zu wissen, über seine tiefe Verunsicherung, über die Angst, die Freuden der Kindheit gegen die Rolle eines ganzen Kerls eintauschen zu müssen, vor den nächsten Wochen, der Kaserne, dem Drill, dem Keuchen, vor körperlichem Versagen bei den Wehrübungen, den Strafen, dem Spott der Kameraden wegen seiner Statur, dem Brüllen der Offiziere, den sexuellen Übergriffen vielleicht. Ahmet wusste genau, wie man aus einem lieben Jungen eine wütende Kampfmaschine macht, wie man seine sozialen Regungen kastriert, und wie man vor allem die Weichlinge, Dicken und Schlusslichter in die effizientesten Rädchen der Maschine umfunktionierte. Solche sind für die Offizierslaufbahn vorgesehen und werden rücksichtslose Ausbildner, so sie ihr Wagemut, mit dem sie ihre humane Feigheit überspielen, an der Front nicht das Leben gekostet hat.

Plötzlich bot ihm Ali Salzmandeln an. Kurz nahm er die Kopfhörer ab.

Was hörst du da für tolle Musik, Soldat?

İsmail YK.

Cool?

Super.

Ali bot ihm einen seiner Kopfhörer an. Ahmet presste ihn an sein rechtes Ohr und hörte nichts als den üblichen türkischen Pop, bei dem es sich nach seinem Dafürhalten stets um dieselbe Nummer handelte. Ahmet wippte mit dem Kopf dazu. Ali erkannte es als Anbiederung, ließ es sich aber gerne gefallen. Ahmet gab ihm den Kopfhörer zurück.

Ali erklärte ihm, dass Şekerim nicht die beste Nummer von İsmail YK sei. Bomba bomba gefalle ihm viel besser. Er war vor zwei Monaten in Bodrum bei seinem Konzert.

Wie heißt du eigentlich, Soldat?

Oktay.

Freut mich, Ahmet.

Händeschütteln.

Bald befanden sich die beiden in einem angeregten Gespräch. Oktay war in der Tat auf dem Weg zum Militärdienst nach Diyarbakır. Als Ahmet das Wort Diyarbakır hörte, sagte er:

Möge Gott dir beistehen.

Oktay durchschaute schnell Ahmets vorsichtigen Versuche, eine antimilitaristische Haltung aus ihm herauszukitzeln.

Der Militärdienst sei schon okay.

Aber du sagtest, du hast eine Spenglerlehre gemacht. Ist das nicht sinnvoller, als in der Gegend herumzuschießen?

Ich weiß noch nicht. Als Offizier verdienst du besser. Und die Leute achten dich mehr.

Ja, leider.

Sind Sie Pazifist?

Theoretisch schon. Aber wenn man sich wehren muss, dann kann es schon sein, dass man den Angreifern Angst macht.

Das sehe ich genau so.

Mann, Oktay, gegen wen musst du dich wehren?

Gegen die Kurden.

Der entschlossene Ton, in dem der kleine Dicke das sagte, noch dazu, ohne lange nachzudenken, ließ Ahmets Gesicht rot anlaufen.

Und wenn ich Kurde bin?

Gegen Sie muss ich mich nicht verteidigen.

Hör mal, Oktay, sagtest du nicht, dass deine Mama aus Kars kommt? Stammt die von Tscherkessen ab?

Nein.

Aha? Von Armeniern.

Auch nicht.

Wär ja auch eine Schande, nicht wahr?

Das haben Sie gesagt.

Beiden behagte der gereizte Ton nicht, in dem sie miteinander sprachen. Und Ahmet wusste, dass er den kumpelhaften und doch souveränen Abi nicht mehr hinkriegen würde.

Okay, ich geh mal davon aus, dass deine Mutter Kurdin ist, oder zumindest in ein, zwei Generationen von Menschen abstammt, die Kurdisch sprachen.

Ja, das waren sicher Kurden. Ihre Großeltern sprachen kein Türkisch. Das hat sie mir erzählt.

Ahmet ergriff lächelnd Oktays Hand und schüttelte sie mit starkem Druck.

Willkommen im Klub. Ich bin Kurde.

Was Oktay nun sagte, erstaunte Ahmet.

Sie verstehen mich falsch, Arslan Ahmet Bey …

Nenn mich einfach Ahmet.

Ich habe nichts gegen Kurden, und ich finde es super, wenn sie ihre Sprache und Sitten pflegen können. Mein Vater ist Türke, aber er hat gesagt, dass die beste Sazmusik von den Kurden kommt. Ich rede von den radikalen Kurden. Von denen, die den türkischen Staat zerstören und meine Kameraden aus dem Hinterhalt angreifen.

Natürlich war Ahmet mit dieser Antwort noch lange nicht zufrieden, aber da sie sich doch verdächtig manchen seiner eigenen Aussagen näherte, die er in Wien kurdischen Hitzköpfen an den Kopf geworfen hatte, wollte er es dabei belassen. Er hatte keine Lust, mit dem Kleinen einen Streit vom Zaun zu brechen. Er wollte sein Herz gewinnen.

Ist schon gut, Oktay. Mir wird nur ganz anders bei dem Gedanken, dass du da in den Bergen dein junges Leben verlieren könntest oder dass jemand anderer sein junges Leben durch dich verliert. Ist beides nicht schön.

22

Die anfängliche Harmonie zwischen den Sitznachbarn wollte nicht wieder einkehren. Ahmet schien beim Versuch, alles richtig zu machen, einiges falsch gemacht zu haben.

Wenn es sein muss, muss es sein, sagte Oktay.

Wow, du bist aber cool.

Sein Lieblingscousin sei schon 42 Jahre alt, er verehre ihn wie einen Vater, er sei Offizier bei der Terrorabwehr und habe 25 von den kurdischen Schweinen ins Jenseits befördert. Er habe ihm ein paar PKK-Ohren versprochen.

Ahmet spürte, wie von den Beinen aufwärts die Kontrolle über sich aus seinem Leib fuhr.

Mit spöttischem Ton bohrte Oktay in Ahmets Wunde, die sich da vor ihm auftat:

Kann es gar nicht abwarten, bis ich mein erstes kurdisches Schwein abknalle.

Je mehr Ahmet seine Hilflosigkeit vor dem Jungen verbergen wollte, desto sichtbarer wurde sie. Seine Hände ballten sich, seine Rückenmuskeln pressten das Rückgrat zusammen, als wollten sie die Bandscheiben herauswringen. Kalter Schweiß trat ihm auf die Stirn. Die heiß ersehnte Pause rettete Ahmet davor, dass er den Jungen erwürgte. Der Bus hielt schnaubend bei einer riesigen Haltestelle nach Bolu. Der Fahrer sprach durchs Mikro sogar etwas von 45 Minuten, da eine kleine Reparatur erforderlich sei.

Los, lass mich raus!

Da der beleidigte Reservist nicht schnell genug seiner Anweisung folgte, war Ahmets Wunsch, als Erster den Bus zu verlassen, vereitelt. Er bekam keine Luft. Oktay stieß er zur Seite. Dann musste er hinter zwei alten humpelnden Frauen und drei Männern warten. Umso schneller stürmte er aus dem Wagen, ins Gebäude, ins Klo. Eine Kabine war noch frei. Und in gerade die wollte der Deutsche, jener Deutsche, dem im Bus die Pistole zu Boden gefallen war. Heftig stieß Ahmet ihn zur Seite. Aber hallo, rief ihm dieser nach. Ahmet sperrte ab, rief *Entschuldigung*, fiel auf die Knie und übergab sich ins Klo-Basin. Es war ein langes Kotzen – je älter er wurde, desto seltener, aber qualvoller war es. Nahtoderfahrung, die Angst, dass der Magen sich nach außen stülpt. Bittere gelbe, mit Blutschlieren durchzogene Magensäure spuckte er aus. Schwer atmend ließ er sich dann gegen die Wand fallen und wischte mit dem Saum seiner Lederjacke das Sekret von der Unterlippe. Tränen hatten seinen Blick verschleiert. Nachdem die Galle draußen war, kamen die Erinnerungen hoch, und dann ging es erst richtig los. Ein Weinkrampf erfasste Ahmet.

Du kurdisches Schwein

Der erste Polizist, der Ahmet Arslan je geschlagen hatte, nannte ihn *kurdisches Schwein*, und war damit seiner Zeit weit voraus. Solche ethnischen Spezifizierungen waren damals eher ungewöhnlich, denn in der Regel war man ein kommunistisches Schwein oder ein roter Eselssohn. Ganz richtig hatte Ahmets Genosse Murat Atalay denselben Sprecher des Empfangskomitees im Polizeigefängnis darauf hingewiesen, dass es gemäß der türkischen Verfassung keine Kurden gebe und dass er sich mit der Nennung dieses Namens strafbar mache. Er werde, fügte Murat hinzu, dieses Mal noch Gnade vor Recht ergehen lassen und bitte ihn daher, ihn türkisches Schwein zu nennen. Dieser Scherz kostete Murat den unteren Zahndamm.

Am 5. Mai, vier Tage nach einer der schlimmsten Auseinandersetzungen mit der Polizei im Bezirk Ümraniye, bei der vier seiner Genossen das Leben ließen, holte ihn die Polizei aus dem Bett und fuhr ihn in die *Birinci Şube*, die Erste Politische Abteilung. Dort verbrachte er die schlimmsten drei Wochen seines Lebens.

Nur der Umstand, dass die Überlebenden seiner Gruppe vor ihm verhaftet worden waren, ersparte ihm die Schande, Genossen verraten zu müssen. Die er verriet, saßen schon. Und er wusste nicht, wer von ihnen seinen Namen verraten hatte, und wollte es auch nicht wissen.

In diesen drei Wochen wurde Ahmet täglich gefoltert. Und zwar immer vom selben Mann. Man nannte ihn İbrahim Doktor. İbrahims Doktors professionelle Grausamkeit war nicht das Schrecklichste an ihm. Wäre er einer der primitiven Sadisten gewesen, die im Staatsdienst ihre perversen Neigungen ausleben, ihre Minderwertigkeitsgefühle kompensieren, als Schwächlinge erkennbar waren, denen bloß ihre Position Macht gab, er wäre berechenbar gewesen. Doch nein, İbrahim Doktor trat den Häftlingen als Übermensch entgegen. Ein kühler Bürokrat, weder Lust noch Abscheu schien er zu empfinden. Als wäre er gleich einem Geschworenen per Los für sein Amt bestimmt worden und müsste es nun mit all der Würde und Professionalität ausüben, die er sich und dem Staat schuldig war. Es gab sicher weitaus mehr von der anderen Sorte, Ahmet hatte nur ihn erlebt. Und viele seiner Schicksalsgenossen, welche die Haft überstanden, hatten seine Erfahrung geteilt. İbrahim Doktor, der Spitzname kam nicht von ungefähr, arbeitete wie ein praktischer Arzt, nur dass er die Leiden seiner Patienten nicht heilte, sondern verursachte, nur dass er nicht ihre Reflexe prüfte, sondern ihre Knie zerschmetterte. Kontrolliert, schweigsam, als wäre er mit Aktenkoffer und Krawatte in den Knast gekommen, als hätte er seine Frau mit Kuss verabschiedet und die Kinder beim Frühstück nach ihren Leistungen in der Schule gefragt.

Solche Folterer waren eine Katastrophe, denn sie stahlen ihren Opfern das Gefühl der moralischen Überlegenheit. Nie ließen sie sich gehen, nie beschimpften sie einen. Weder *Du rote Sau* noch *Ich ficke dich* kam diesen Herren des Schicksals über die Lippen, nicht einmal Hass oder Freude. Aber auch kein Mitleid zeigten sie, was doch der fieseste Trick gewesen wäre: den verlorenen Sohn, der jeder von ihnen war, an sich zu binden.

Er sah wirklich wie ein Doktor aus, glatt rasiert und grau meliert, dicke Brille und pomadisiertes Haar, wie ein Relikt aus der guten alten postkemalistischen Nachkriegszeit. Wie so eine gottverdammte Orhan-Pamuk-Figur. Ahmet mochte Orhan Pamuk nicht, wie von ihm zu erwarten war, pries er Yaşar Kemal, obwohl er auch den längst überwunden hatte. Doch das ist eine andere Geschichte …

İbrahim Doktor hätte auch Anwalt sein können. Vielleicht war er es und verdiente sich was dazu. Es dauert nicht lange, mein Junge, flüsterte er ihm vertrauensvoll zu. Es dauert nicht lange, sagte er ihm beinahe zärtlich, nicht etwa: Wenn du vernünftig bist, pack aus, dann erspar ich mir Arbeit und dir Schmerzen. Es gab nichts mehr auszupacken. Die notwendigen Geständnisse hatten ihm die Polizisten schon in den ersten Tagen rausgeprügelt. Dieser Bürokrat des Schreckens hatte nicht die Aufgabe, Geständnisse zu pressen. Er hatte bloß die Aufgabe, Ahmet weh zu tun. Er war nicht einmal überzeugt von seiner Aufgabe. Er hasste die Linken nicht. Er hatte keine politischen Neigungen. Er verriet ihm, Ahmet, bloß seinen Arbeitsplan, dass für ihn, wie sich herausstellen würde, vier Minuten reichten. Bis zum Abendessen – kam seine Schwiegermutter zu Besuch oder hatte seine Frau Karten für den neuesten Film besorgt? – mussten noch sieben weitere Fälle erledigt werden. Wer weiß, vielleicht hätte er seinen Vorgesetzten auch sagen können: Dem Jungen tu ich nichts, er hat so hübsche Augen. Und niemand hätte widersprochen. Oft waren nicht einmal Wachebeamte im Raum. Er hätte Ahmet auch Zigaretten anbieten und mit ihm plaudern können. Aber er war kein Gesprächstherapeut – er war Diplomfolterer. Er arbeitete um der Arbeit willen, sine ira et studio. Die Gummihandschuhe zog er über, die Elektroden befestigte er an Ahmets Hoden und den Ohren, und nestelte wie ein Hobbyfunker an den Schaltern herum. Ahmet brauchte ihm nicht zu sagen, dass er sich melden solle, wenn es zu sehr schmerze – seine Schreie waren beredt genug, und dann erhöhte Dr. İbrahim die Spannung.

Ahmet Arslans Selbstkritik befahl ihm, diesen Typus nicht zu verallgemeinern, nur weil er so schön paradox schien und bei seinen fiktiven Zuhörern Erstaunen auslösen würde. Es gab genug von den Kerlen, die genau so waren, wie man sie sich vorstellte. Und die Schweine, die Jungs vergewaltigt haben, waren sicher keine väterlichen Bürokraten.

Einmal hatte man ihm einen Gummiknüppel in den Anus geschoben. Es war bei diesem einen Mal geblieben. In vielen anderen Knasten standen Vergewaltigungen an der Tagesordnung. Das war das Schrecklichste, was man einem jungen Mann antun konnte. Bevor er ein solcher wurde, stahl man ihm die Männlichkeit. Zeitlebens würde er sich rächen wollen und, falls er überlebt, den Täter nie finden und deshalb seinen Rachedurst an allen möglichen anderen Objekten stillen wollen, am ehesten bei denen, die ihm am nächsten stehen.

Das orientalische Paradox: Sagtest du dem Gefängniswärter oder dem Polizeioffizier, der regelmäßig Jungs fickt, er sei schwul, würde er dich auf der Stelle erschießen. Keine größere Verletzung seiner Ehre ließe sich vorstellen. Ihm zu erklären, wie so eine hübsche Latte zustande käme, hätte nicht viel Sinn. Nach eigenem Dafürhalten ist er alles andere als schwul. Auch Männer zu lieben ist nicht schwul. Schwul ist der Abschaum, der sich penetrieren lässt und Lust dabei empfindet. Der Ficker kann auch Lust empfinden, aber solange es nur die Lust der Erniedrigung ist, bleibt er ein geachtetes Mitglied der Gesellschaft. Er hat doch bloß Lust – ein für jeden Mann nachvollziehbarer Lausbubenstreich –, weil er einen Mann zu so etwas Erbärmlichem wie einer Frau macht. Als aktiver Part wäre er nur schändlich, wenn er seine zärtlichen Gefühle für einen Mann, bis dahin tolerabel, in gelebte körperliche Lust verwandelt. Ahmet resignierte bei dieser Kettenreaktion der Widerwärtigkeiten immer, wenn er sich eine moralische Hierarchie ausdenken, die Antwort auf die Frage finden wollte, was hier am widerlichsten sei: die Schwulenverachtung, die Verachtung von Frauen, die Demütigung des Schwachen durch den vermeintlich Starken, der Sadismus oder die peinliche Leugnung der eigenen Homosexualität.

Mirhat Balık

Zu seinem Glück wurde Ahmet ins Zivilgefängnis von Bayrampaşa verlegt. Dort blieb er auch nach dem Urteilsspruch. Fünf Jahre hatte er ausgefasst. In Bayrampaşa wurde wenig gefoltert. Zu Beginn war er öfter geschlagen worden. Andere Genossen landeten in Gaziantep, İzmir und Metris. Dort wurde systematisch gefoltert. In den Militärgefängnissen nach dem Putsch von 1980 kam niemand mehr der Marter aus. Was allerdings zu dieser Zeit und vor allem später in den 1990er-Jahren im Gefängnis der 5. Abteilung in Diyarbakır im Osten des Landes mit den Häftlingen geschah, das überstieg Ahmets Vorstellungskraft, und vermutlich geschieht es noch immer.

Dass die Gefängnisleitung in Bayrampaşa auf systematische Folter verzichtete und kaum sadistisches Personal anstellte, hieß aber mitnichten, dass man dort ohne Gefahr lebte. Mit regelmäßigen Hungerstreiks fügten sich die Genossen lebenslange gesundheitliche Schäden zu.

Die Kriminellen fürchteten die Politischen wegen ihrer Organisation und Unerschrockenheit. Aber verirrte sich mal ein verlorenes Schäfchen im Gefängnishof in falsche Gesellschaft, konnte es leicht sein, dass man es schlug, ausraubte oder vergewaltigte. Der Respekt dieser Halunken vor den Politischen war deren Schutz, denn der Ruf ihrer Taten und die völlig unverständliche Tatsache, dass sie diese Taten nicht irgendeines Gewinns willen außer dem einer besseren Gesellschaft vollbrachten, eilte ihnen ins Gefängnis voraus. In Wirklichkeit waren sie allesamt durch die Prügel der Untersuchungshaft eingeschüchterte Jungs, die Bürgerlichen weich und verzweifelt, die härteren Arbeiter- und Bauernjungs chaotisch und desorganisiert. Es dauerte, bis aus ihnen, den unversöhnlichen Konkurrenten aus Dutzenden linken Splittergruppen, ein Block wuchs, und ihr verdientester Anführer, das war Mirhat Balık.

Mirhat Balık war ein Monster und der edelste Kizilbasch zugleich. Er hatte in der Schlacht vom 1. Mai an vorderster Front gekämpft, ein kleiner drahtiger Kurde aus Erzurum. Liebenswürdig, hilfsbereit, politisch unendlich naiv, aber ein meisterlicher Organisator. Hatte er, Ahmet Arslan, je intellektuelle Arroganz gegenüber den ungebildeten Genossen verspürt, spätestens mit Mirhat Balıks festem Händedruck war die aus seinem Körper gefahren. Mirhat Balık hatte ihm das Leben gerettet.

Bald hatten die Kriminellen die Schwäche vieler Politischer erkannt. Manche von ihnen, vor allem die Bürgerlichen, erlagen der romantischen Anziehungskraft der Gauner, Zuhälter und Mafiosi und begannen für sie zu arbeiten. Zudem kamen alte Animositäten zwischen den rivalisierenden politischen Zellen hinzu. Einen Jungen aus Mardin, der wie Ahmet bei *Dev-Yol* organisiert war, hatten ein paar Messerstecher im Gefängnishof so sehr verletzt, dass er wenige Tage später starb.

Einer der Unterbosse hatte ausgerechnet an Ahmet Gefallen gefunden und um ihn geworben. Ahmet hatte ihm dann bei einer seiner Avancen die Nase eingeschlagen und war davongelaufen. Eines Tages schickte man ihn mit einem Brief in den Trakt der Kriminellen, den er an einen Boss übergeben sollte, den sie Padişah nannten. Plötzlich sah sich Ahmet von einer Bande lüstern grinsender und ihre Messer zückender Häftlinge umringt. In diesem Augenblick fuhr wie ein Blitz Mirhat Balık dazwischen. Ahmet versuchte sich immer wieder diese Szene ins Gedächtnis zurückzurufen, doch war damals alles so schnell gegangen, dass sich auch so viele Jahre später eine logische Abfolge schwer rekonstruieren ließ. Mirhat Balık hatte vier Männer zu Boden gestreckt, einen in den Schwitzkasten genommen und seinen Kantinenlöffel in dessen Kehle gedrückt. Er hatte Ahmet gerufen, zu ihm rüberzukommen, und den anderen befohlen, in ihren Trakt zu verschwinden. Auch ohne diese Geisel hätten die Kriminellen den Rückzug angetreten. Mirhat Balık war tags zuvor aus Gaziantep nach Bayrampaşa verlegt worden, und diesem glücklichen Umstand verdankte er sein Leben.

Warum die Einwohner das Atatürk-Viertel noch immer Viertel des 1. Mai nennen

Drei Tage vor seiner Verhaftung war er ihm das erste Mal begegnet, an jenem schrecklichen 1. Mai 1978, als Ahmet und vierzehn seiner Genossen einer Armee von 300 Polizisten eine Schlacht lieferten: Mirhat Balık, jenem unerschrockenen Hitzkopf, der nicht die Kraft, aber die Behändigkeit eines Superhelden besaß. Wann immer sich Ahmet die Ereignisse dieses Tages in Erinnerung rief, spulten sie sich wie ein Film ab, den er teilnahmslos ansah und auf dessen Besetzungsliste er fehlte. Aber wenn die Szene kam, da er seinen sterbenden Freund Mustafa in Armen hielt, auf dessen Mund sich Blutblasen bildeten, die mit dem letzten Atemzug zerplatzten und seine rechte Hand mit kleinen Tröpfchen benetzten, wenn er das hübsche bärtige Gesicht seines Genossen vor sich sah, bleich und leer, kam ihm jede Sekunde dieses Tages in den Sinn zurück.

Dieser verfluchte 1. Mai. Heute ist die Gegend ein verbautes Viertel im asiatischen Stadtteil Ümraniye, damals war sie Stadtrand. Jahr für Jahr, Monat für Monat, Woche für Woche waren Familien aus Anatolien hierher geströmt und hatten Land in Besitz genommen. Für die Hütten, die sie darauf errichteten, gab es keine Baugenehmigungen. Eine kleine Stadt, Hunderte Hütten und Häuschen, so weit das Auge reichte, war in wenigen Monaten aus dem Boden geschossen. Ihre Erbauer waren wie Ahmet Menschen aus dem Osten, Lumpenproletariat, in die Stadt gespült, um dort rechtlos und ausbeutbar die Mühlen des Wirtschaftswachstums anzutreiben. Ahmet und seine Genossen hatten nicht gezögert und sofort mit der Politisierung der Migranten begonnen. Ob sie Türken oder Kurden oder Christen waren, spielte damals keine Rolle. Es waren ihre Leute, sie sprachen ihre Dialekte, sie waren ihr Fleisch und Blut. Und oft hatten sie dieses Fleisch und dieses Blut verdammt, so begriffsstutzig waren viele von ihnen. Mustafas Zelle war wesentlich beteiligt daran, eine funktionierende Administration einzurichten: provisorische Schulen, faire Wasserverteilung, Siedlungsräte, Bürgermeister, Diskussionsgruppen. Die meisten Bewohner vertrauten ihnen. Die Polizei wagte sich kaum in diese Siedlungen, und die Grauen Wölfe nach ein paar Versuchen auch nicht mehr, denn sofort stießen ihre Angriffe auf Gegenwehr.

Am 1. Mai 1978 war alles anders. Zwanzig Caterpillars waren angerückt, um die illegale Siedlung endlich platt zu machen. Hinter diesen und fünf Tanks war eine schwer bewaffnete Armee in Stellung gegangen. Die Leute aus der Siedlung waren, durch die politische Agitation von Mustafas Organisation angestachelt, zum Äußersten bereit. Mit Holzlatten und Steinen und rostigen Stangen bewaffnet, schrien sie ihre Wut aus den Lungen.

Ahmet und seine Genossen befanden sich plötzlich in einer absurden Funktion. Sie, die keine bewaffnete Konfrontation scheuten, waren nun Ordner, ein diplomatisches Corps geworden, alle ihre Kräfte aufwendend, die wütende Masse zu beschwichtigen, mit weißen Tüchern den Kontakt zur Polizei zu suchen und ein Massaker zu verhindern. Die Polizisten hätten ihre Emissäre, Mustafa und einen baumlangen Lazen namens Ibo, auf der Stelle verhaften können, doch sie akzeptierten sie als Sprecher, denn auch sie zeigten wenig Lust, Menschen zu töten.

Während Mustafa und Ibo mit der Polizei verhandelten, wurde Ahmet ein neuer Genosse vorgestellt, Mirhat Balık, ein kleiner drahtiger junger Mann, ein Kizilbasch, der bei den Linken İstanbuls als Legende galt. Viele der Geschichten um ihn mussten erfunden sein, dachte Ahmet, ehe er ihn das erste Mal im Kampf erlebte. Er soll am helllichten Tag eine der größten Juweliergeschäfte İstanbuls ausgeraubt und nichts vom Schmuck für sich zurückbehalten haben.

Niemand hatte um seine Unterstützung angesucht, er war einfach aufgetaucht wie ein erfahrener Spezialist, der den göttlichen Auftrag verfolgte, auf die Grünschnäbel, die Ahmet und seine Genossen nun einmal waren, aufzupassen. Niemand wusste zudem, welcher Organisation er angehörte. Dass man ihn nicht als Agent vertrieb, lag an dem guten Ruf, den er überall genoss. Im Vergleich zu ihnen, die nur Pistolen und Mauser hatten, war er bis an die Zähne bewaffnet. Ein Schnellfeuergewehr hing ihm am Rücken, zwei Pistolen steckten im Hosenbund, und eine beachtliche Sammlung an Molotowcocktails und selbstgebastelten Dynamitgranaten hatte er schon in der Dämmerung, lange bevor sie anmarschiert waren, am Fuß eines Sandhaufens in Stellung gebracht. Mirhat Balık war gekommen, um mit ihnen zu sterben. Und er war quietschvergnügt.

Ahmet und er hatten nicht viel Zeit zu reden, ein kurzer Händedruck reichte, ein kurzes freundliches Lächeln. Mirhat Balık war nicht politisch gebildet, möglicherweise konnte er nicht einmal lesen, er kämpfte aus reiner Menschenliebe. Das klingt heute seltsam. Doch nie hatte sich ein prinzipientreuerer Alevit zu den Kommunisten verirrt. Er war der Inbegriff des treuen Genossen.

Mustafa und Ibo kehrten zurück. Die Polizei gab der Menge fünfzehn Minuten, den Weg freizugeben. Fast heulend beschworen sie die Siedler, dieses Mal klein beizugeben, doch das machte diese nur noch wütender. Dann begannen die Caterpillars, die ersten Hütten niederzureißen. Steine flogen, einige Polizisten schossen ohne Befehl drauflos, einer der Siedler wurde tödlich getroffen, mehrere wurden verwundet von ihren Angehörigen weggetragen. Verzweifelt schrien die Genossen einander an, was sie nun tun sollten. Und alle hofften sie insgeheim, dass sie sich zur Flucht entschließen könnten. Doch Mustafa erhob seine Pistole und schrie: Wir kämpfen. Und dann eröffneten sie das Feuer, denn wenn sie stürben, so würden sie nicht als Verräter, sondern Märtyrer in Erinnerung bleiben. Wie zu erwarten liefen die Siedler bei den ersten Schüssen davon. Und die Weltgeschichte sah eine ihrer verrücktesten Schlachten, wie sich vierzehn Straßenkämpfer mit Pistolen auf ein Kontingent von Hunderten Polizisten stürzten. Dass nur vier von ihnen an diesem 1. Mai ihr Leben ließen, lag an den vielen Sand- und Erdhaufen, hinter denen sie Deckung suchten.

Mirhat Balık bat um Feuerschutz, und beide Pistolen abfeuernd lief er auf die Feinde zu, schleuderte seine Molotowcocktails und setzte zwei Tanks in Brand. Dann sprintete er unverletzt zurück und hechtete hinter einen Sandhaufen, der kurz danach von einer Panzergranate zerstört wurde. Ahmet war der festen Überzeugung gewesen, dass Mirhat Balık das unmöglich überlebt haben konnte. So viel Tollkühnheit hatte keiner der Genossen je gesehen noch sich vorstellen können.

Der Besatzung der brennenden Tanks wurde es bald zu heiß, und sie kam aus den Luken gekrochen. Als Cem Kaya, ein Genosse aus Yeyladere, auf sie zu schießen begann, rief ihm Mirhat Balık hinter dem Sandhaufen zu, dass er sofort damit aufhören solle. Mirhat empfand es als feige, diesen armen, schutzlosen Kerlen, denen er schließlich beinahe einen Feuertod beschert hätte, in den Rücken zu schießen. So bekamen die Kombattanten des 1. Mai nicht nur ein Zeichen, dass er noch am Leben war, sondern zudem seiner sprichwörtlichen Ritterlichkeit. Das war das Letzte, was sie von ihm hörten und sahen, denn dort, von wo aus er geschrien hatte, detonierte bald eine weitere Granate.

Keine zwanzig Minuten dauerte der Kampf. Als Ahmet klar wurde, dass es für Mustafa keine Rettung gab, war er davongelaufen. Wie die anderen Kameraden auch. Vier hatten sie tot, zwei verwundet zurückgelassen.

Zwei Tage später wurde Ahmet verhaftet. Er wusste nicht, warum, aber die Siedlung wurde nicht abgerissen. Man nannte sie in Erinnerung an diesen traurigen Tag Siedlung des 1. Mai. Sie bildet heute das Herz eines Bezirks, den man auf – wie auch anders – Mahalle Atatürk taufte. Doch im Gedächtnis der älteren Leute ist er noch immer als Mahalle 1 Mai, Viertel des 1. Mai, bekannt.

Mirhat Balık in Bayrampaşa

Mit Mirhat Balık veränderte sich im politischen Trakt des Baryrampaşa-Gefängnisses alles. Am Tag nach Ahmets Rettung aus den Fängen der Kriminellen war er alleine und unbewaffnet zum Padişah gegangen und hatte vor den Augen der versammelten Menge dessen Stellvertreter halbtot geschlagen. Dann fragte er in die Menge, wer als Nächstes wolle. Dem Padişah drohte er mit dem Tod, sollte nur einem der politischen Häftlinge je nur ein

Haar gekrümmt werden. Wie waren die Kriminellen feig. Seitdem kuschten sie und wurden – vor allem im Kampf um Gefangenenrechte – ehrfurchtsvolle Verbündete der Politischen. Mit diesen organisierte Mirhat Balık Gefangenenmilizen und Diskussionsrunden. Obwohl er von Theorie kaum eine Ahnung hatte, war er einer der treibenden Motoren dafür, dass all die konkurrierenden linken Splittergruppen hier im Gefängnis zu einer brüderlichen Einheit zusammenwuchsen, die irgendwann gemeinsam diese Gesellschaft verändern würde. Dazu kam es nie, denn unmittelbar nachdem die meisten von ihnen per Generalamnestie entlassen worden waren, putschte das Militär.

Mirhat Balık war im Gefängnis von Gaziantep drei Monate hindurch beinahe täglich am rechten Arm aufgehängt worden. Die geschwollenen Füße schlug man so lange, bis sie platzten. Dann ließ man ihn durch Salzlauge waten. Er soll nie geschrien haben, und keinen seiner Genossen hatte er je verpfiffen. Ahmet hatte er erzählt, wie stolz sein Vater auf ihn gewesen sei. Bevor du einen Kameraden verrätst, ist es besser, du stirbst, hatte er ihm zugesteckt.

Baryrampaşa, scherzte Mirhat Balık, sei ein Kuraufenthalt im Vergleich zu Gaziantep. Dort hätten ihn seine Lebensgeister beinahe verlassen, aber hier fühle er sich wieder lebendig und froh, hier nehme er es mit jedem auf. Niemand würde es je glauben oder es für Martial-Arts-Fantasien abtun, doch Ahmet hatte es mit eigenen Augen gesehen. Mirhat schien unbesiegbar, seine Gegner spürten, dass jede seiner Körperzellen ein perfekt aufeinander abgestimmtes Ganzes bildete, das stets zum Letzten entschlossen war. Hätte man seinen Körper zerhackt, seine Arme hätten weitergekämpft, hätte man davon die Hände abgetrennt, sie wären ihren Gegnern noch an die Gurgel gefahren. Eine Druckwelle der Entschlossenheit ging von ihm aus. Dabei fehlte ihm jeglicher Sadismus, jegliche Angeberei, jegliche Freude an der Aggression. Diese setzte er nur im Notfall ein. Sobald er sein Ziel erreichte, ließ er vom Gegner ab. Wir Schwächlinge, wusste Ahmet Arslan, hätten in unserer Wut, die immer eine Wut der gekränkten Schwäche ist, noch auf die Darniederliegenden eingetreten. Mirhat Balık war von beinahe kindlicher Freundlichkeit.

Ahmet Arslan verachtete sich ein wenig für das Blitzen in seinen Augen, wenn er trotz seiner vorgeblichen Ablehnung von Gewalt bei vorgerückter Stunde die alten Erlebnisse dann doch wie Actiongeschichten vortrug. Zur Zeit, als sie sich ereigneten, bedeuteten sie Angst und Schmerz oder seelische Abgestumpftheit und nackte Notwendigkeit. Doch sie waren nun einmal Erlebnisse, Wegmarken der eigenen Biografien, und er und seine Leidensgenossen hatte nur diese. Das ununterdrückbare Ausschmücken der Heldentaten entschädigte für die Demütigungen und Entmännlichungen, die man ihnen tagtäglich zufügte.

Niemand wusste, was aus Mirhat Balık geworden war, ehe Ahmet seine Spur fand. Er lebte als Autohändler in einer Kleinstadt südwestlich von Stockholm und war mit einer Schwedin verheiratet, deren Namen er angenommen hatte. Er hieß nun Mirhat Svenson. Vor sechs Jahren besuchte ihn Ahmet. Welch ein Erlebnis war das, den wildesten Kizilbasch aller Zeiten als kleinen, sanftmütigen Familienvater in seinem kitschig eingerichteten schwedischen Holzhäuschen wiederzutreffen, etwas bevormundet von seiner korpulenten Greta Svenson, die als Krankenschwester im örtlichen Spital arbeitete. Es schien ihm unangenehm, an seine Abenteuer erinnert zu werden. Das hatte Ahmet sehr gerührt, denn ein richtiger Kizilbasch ist nicht stolz auf die Gewalt, die er anwenden muss. Nach der halben Flasche Cognac, die er Ahmet mitgebracht hatte, wurde der Kizilbasch aber ein Mensch und beinahe zu kindisch stolz auf seine Vergangenheit. Doch wollte er weiter nicht, dass seine Kinder und seine Frau von seinem früheren Leben erführen. Die Kinder vielleicht. Aber erst, wenn sie erwachsen seien. Ahmet hatte ihm geraten, seiner Frau doch ein bisschen davon zu erzählen, das könne ihrem Liebeslieben unerwarteten Aufschwung verschaffen. Betrunken gekichert hatte Mirhat Balık, und hinzugefügt, dass das nicht mehr so wichtig sei. Es reiche ihm, sich in Gretas wunderbaren Busen zu kuscheln. Was für ein liebenswerter Bauer. Ein schüchterner Superman, aus dem nie ein Macho wurde, Mirhat Svenson Balık.

Dilek

Ahmet Arslan verließ das Klo. Die Autobusstation bot ihm einen bizarren Anblick und bestätigte ihn in seiner Annahme der spirituellen Vereinigung von religiöser Notdurft und Konsum. Das WC war eine große Halle, und in ihr gab es mehr Armaturen für rituelle Waschungen als Waschbecken und Pissoire zusammen. Dort saßen die Gläubigen, zogen ihre verschwitzten Socken von den Füßen, und wuschen diese, zogen sich Wasser in die Nasen und spuckten krächzend Rotz zu Boden. Dann begaben sie sich in den Gebetsraum.

Ahmet musste den Deutschen finden, um sich bei ihm zu entschuldigen. Und um seine Angst zu besänftigen, dass der Deutsche bereits Selbstmord begangen haben könnte. Doch der saß an einem Tisch in der hintersten Abteilung des geräumigen Speisesaals apathisch vor einem dampfenden Teller Köfte.

Wie sich die Raststationen verändert hatten. In seiner Erinnerung waren das klebrige Imbissbuden. Die waren blitzblanken Servicezonen gewichen mit über Drehkreuze begehbaren riesigen Selfservicekantinen. Von der Wand dahinter glänzten orientalische Fliesen. Und daneben fing die Shoppingmall an.

Wie Fremdkörper irrten die anatolischen Bauern durch die Konsumzone, wie falsch besetzte Komparsen in einem Werbefilm für die neue Türkei. Ahmet merkte ihnen an, wie unwohl sie sich in dieser Umgebung fühlten, wo die nächste Wand so weit entfernt war wie die Tenne im Dorf. Sie saßen stumpf wie der Deutsche da und tunkten Weißbrot in ihre Linsensuppen, welche sie nach allerhand demütigenden Ungeschicklichkeiten aus dem Kantinenlabyrinth zum Tisch befördert hatten. Ein Teil der Mitreisenden war gleich draußen auf den Stufen geblieben und verspeiste dort Sucuk. Ahmet Arslan fühlte sich ihnen tief verbunden. Vielleicht wurden die Videos der Überwachungskameras an Privatfernsehstationen geschickt, damit das städtische Publikum in Comedyshows über seine eigene Vergangenheit lachen konnte.

Ahmet Arslan brauchte eine Zigarette. Vor der automatischen Glastür stand die Kemalistin und rauchte. Es war zu spät, ihr auszuweichen.

Mit süffisantem Lächeln bot sie ihm eine Zigarette an.

Sie sehen wie ein eiserner Nichtraucher aus, der sich zwischendurch wieder mal eine gönnen mag.

Da haben Sie leider recht.

Ahmet Arslan und Dilek Demir kamen ins Gespräch. Es dauerte keine Zigarettenlänge, bis sie sich beschnuppert hatten. Als sie gemeinsam ins Stationsgebäude zurückgingen, wusste sie, dass er ein in Wien lebender Intellektueller und ehemaliger politisch Verfolgter war, der nun endlich in sein Heimatdorf zurückkehrte – Ahmet hatte das so kurz wie möglich referiert, aber nicht ohne die Geschichte in eine Lasurlösung aus Romantik zu tunken –, und er wusste, dass sie Modedesignerin und Tochter eines reichen Agas aus Solhan war, der eine Geburtstagsparty für sie hat ausrichten lassen, die sie nicht versäumen dürfe, weil Papa ihr dort die Schlüssel ihres neuen Geländewagens überreichen würde. Dummerweise habe sie den Flug versäumt und müsse nun diese beschwerliche Busreise auf sich nehmen. Man müsse das positiv sehen, immerhin lerne sie ihr Land von einer anderen Seite kennen. Ahmet beschloss ihr die restliche Pause ein charmanter Zuhörer zu sein und sie in dem Bild zu bestätigen, das sie zu vermitteln versuchte. Von ihrer sprudelnden Vertraulichkeit ließ er sich mitreißen, denn sie besaß ein unerwartetes Maß an Selbstironie – und schon war geschehen, was er gerne vermieden hätte: Sie war ihm sympathisch geworden.

Wissen Sie, Herr Arslan, auf was ich jetzt wirklich Lust habe?

Sie leckte sich die Lippen und schenkte ihm einen schalkhaft verführerischen Blick.

Nur Pommes mit Ketchup und Mayo, sagte sie. Dafür eine Riesenportion. Und ein Bier.

Ahmet nickte freudig. Menschen wie sie pflegen ihre kulinarischen Vorlieben wie weltanschauliche Bekenntnisse auszubreiten. Genau das Gleiche wolle er auch zu sich nehmen, verriet er ihr. Wenn das so sei, dann solle er sich einen Platz suchen, und sie werde Speis und Trank holen. Sie müsse üben, ergänzte sie, denn noch nie in ihrem Leben habe sie einen Mann bedient.

Er blickte ihr nach. Und war bereits etwas verschossen in sie. Markierte sie die Ulknudel, weil sie spürte, dass er sie für ein verwöhntes Mädchen hielt? Dabei waren dieser sorglose Humor und die schlagfertige, aber kindliche Koketterie doch das sicherste Indiz für ihre Verwöhntheit. Gut nur, dass er bei Elazığ ausstieg, wo würde das noch enden? Auf der Hacienda ihres Vaters?

Ahmet erinnerte sich plötzlich des kleinen Rekruten und suchte nach ihm. Der saß einige Tische weiter, mampfte traurig seinen Bohneneintopf und ließ sich nicht anmerken, dass er Ahmets Blicke bemerkte.

Die Kemalistin kam mit zwei Pagoden dampfender Pommes frites zurück, die beiden Bierdosen hatte sie zwischen Teller und Brust geklemmt. Ahmet half ihr beim Abstellen.

Sie fragte ihn, was er in Wien so mache.

Er habe Philosophie und Politikwissenschaften studiert und eine Zeit lang an der Universität unterrichtet, das habe nicht viel eingebracht, er sei nun Sozialarbeiter, unterrichte an Volkshochschulen politische Bildung, lektoriere Diplom- und Doktorarbeiten und reiche hie und da ein Projekt ein.

Dilek fand das alles höchst interessant. Sofort offenbarte sie ihre Vermutung, dass er in der Türkei ein linker Widerstandskämpfer gewesen sei. Ahmet aß die Pommes zu schnell, während Dilek nach einigen Minuten noch immer dasselbe Stück zwischen den Fingern hielt und zum Gestikulieren verwendete.

Sie finde solche Leute wie ihn unglaublich interessant, jemanden, der Prinzipien und Werte habe, für die es sich zu kämpfen lohnt, ja, für die er sein Leben zu geben bereit sei.

Viele ihrer Freunde hätten die Türkei nur aus wirtschaftlichen Gründen verlassen, sie selbst habe zwei Präsentationen in der Schweiz gehabt, eine in Basel, eine in Fribourg. An Angeboten habe es beileibe nicht gemangelt. Aber man müsse im Leben kämpfen. Auch wenn sie nicht so aussehe, auch sie habe Durststrecken durchlaufen, ehe sie mit ihrem Start-up Erfolg hatte. Es sei so einfach, einem zurückgebliebenen Land wie der Türkei den Rücken zu kehren und dem Ruf des besseren Angebots, der besseren Nachfrage zu folgen. Mutiger sei es doch, sich der Herausforderung zu stellen, im eigenen Umfeld etwas auf die Beine zu stellen.

Ahmet konnte nicht einmal ärgern, dass sie ihm da – unabsichtlich zumal und indirekt – Fahnenflucht vorgeworfen hatte, da wäre ihr hektisches Nachhaken gar nicht nötig gewesen, dass sie damit keinesfalls ihn meine, der – so zumindest ihre Annahme – aus politischen Gründen das Land verlassen musste. Ahmet nickte lächelnd und schluckte.

Sie und ihre Freundin Özlem hatten die Idee, eine Art Fair-Trade-Kampagne für kleine Textilproduzenten aufzuziehen und auch das Self-Empowerment bäuerlicher Produzentinnen zu fördern. Aber, sagte sie entschieden und stach mit ihrer Pommes ein Loch der Aufmerksamkeit in Ahmets Blickfeld, glauben Sie, diese armen, unterdrückten Geschöpfe Gottes würden sich helfen lassen.

Letzten Sommer fahre ich extra nach Kappadokien raus in eines dieser Yörükdörfer. Sie wissen schon, die sesshaften Nomaden. Natürlich wissen Sie. Verzeihen Sie. Die stellen in Heimarbeit diese wunderschönen Hamamtücher her. Großartige Arbeit. Wirklich. Wir wollten Pareos und Kleider daraus machen. Für so was sind die noch nie verwendet worden. Diese Mädels waren wirklich super. Keine Frage. Total freundlich und trotzdem stolz und eigenwillig. Aber leider auch sehr dumm. Die verkaufen das Zeugs pro Stück zu fünf Euro an ihre Cousins in Antalya, die sie um 20 Euro oder mehr weiterverkaufen. Ich mache Ihnen einen Vorschlag. Ja? Dreihundert Laufmeter zu 1500 Euro. Das ist unsere Schmerzgrenze.

Ahmet nickte mit vollem Mund und versuchte, sein Schmatzen zu dämpfen.

Sie berät sich mit den anderen Frauen, kommt zurück und sagt brühwarm Nein. Nein. Stellen Sie sich das vor. Okay. Ich versuch's mit Argumenten. Rechne Ihnen vor, was für einen Gewinn sie dadurch machen. Was für Prestige ihr Dorf bekommt. Was sie sich dadurch leisten könnten. Sie sagt mir, nein, nein, wir sind zufrieden damit, wie es ist, und wollen keine Großproduktion anfangen. Ich sage ihr, liebe Frau, ich kenne eine chinesische Firma, die stellt den Laufmeter für 40 Cents her, aber voll Turkish Style. Wissen Sie, was sie mir geantwortet hat? Das freut mich aber, sagt sie, dann lassen sie doch die Chinesen ihre Ware herstellen. Ich weiß nicht mehr, vielleicht bin ich etwas lauter geworden. Aber was macht sie? Sie drückt mir drei Handtücher, in jeder Farbe eines, in die Hand, sagt, das sei ein Geschenk, und wünscht mir einen guten Tag und dass Allah mich beschütze. Sie hat mich mit einem Lächeln auf den Lippen aus dem Dorf geschmissen. Verpiss dich. … Ja, ja, ich weiß, super, super, an Ihrem stillen Lächeln, so blöd bin ich auch nicht, merke ich, dass sie die Frauen toll finden, ja, stolz, unabhängig, klar. Verstehe schon. Mir geht es ja genauso. Toll, wie die sich dem freien Markt versperren. Ja, Rebellinnen. Aber sie kennen doch als gebildeter Mensch sicher den Ausdruck *rebel without a cause*. Und in diesem Fall ist die Rebellion nämlich gar nicht cool. Vom ökologischen Standpunkt, vom Frauenstandpunkt her … und … nun, der dritte Standpunkt fällt mir nicht ein. O Gott, das Bier wirkt schon. Sehen Sie meine Wangen? Die müssen total glühen. Zumindest fühlt es sich so an. Ich brauche nur einen Schluck von dem Zeug nehmen, und schon beginne ich zu glühen.

Nein, Frau Demir, Ihre Wangen haben bloß einen leichten Anflug von Abendröte. Man merkt es kaum und es sieht sehr reizvoll aus.

Na da sieh her. Ist das Viennese Style? Çok güzel. Schauen Sie, ich weiß vieles nicht und benehme mich manchmal total daneben. Aber auf meine Menschenkenntnis lasse ich nichts kommen. Ich hab Sie von Anfang an durchschaut.

Nun waren es Ahmets Backen, die sich röteten.

Machen Sie mir nichts vor, ich kenne euch kurdischen Krieger. Ich weiß, was Sie von mir halten.

Und was halte ich von Ihnen?

Ja, ja, stehen Sie dazu, Sie halten mich für eine verwöhnte Taksim-Tusse aus der Ausbeuterklasse, selbstbezogen, dämlich, unerträglich laut und schnatternd wie eine Ente. Eine gottverdammte luxuriöse Platzverschwendung. Eine, die noch nie was Richtiges erlebt hat, und deshalb den Mund umso voller nimmt. Eine, der es einmal richtig besorgt gehört, von uns wütenden Klassenkämpfern.

Nein, danke, dafür besteht kein Bedarf.

Sehr witzig.

Liebe Dilek, seitdem uns Ihre Verteidiger der Säkularität und des Fortschritts täglich Elektroden an die Schwänze hängten, sind wir völlig impotent. Sie haben also nichts zu befürchten.

Dilek warf ihm ein Stück Pommes ins Gesicht.

Verzeihen Sie.

Verzeihen Sie, ich wollte zunächst nur einen Scherz machen. Es tut mir leid, dass unser nettes Gespräch diesen Verlauf genommen hat. Aber ja, ich gebe zu, dass ich, bevor ich Sie kennen lernen durfte, einiges von dem, was Sie soeben sagten, geglaubt habe. Wenngleich nicht so drastisch, wie Sie es ausdrücken.

Dilek Demirs Gesicht nahm einen spöttischen Ausdruck an.

So, so, und was hab ich bis jetzt Superkluges von mir gegeben, dass Sie Ihre Meinung geändert haben?

Ich finde Sie klug und selbstkritisch.

Küsschen, Küsschen. Sagen Sie mal, da ich mal einen echten Indianer vor mir habe. Was mich schon immer interessiert hat, wie ist das mit euch Kurden? Ich meine, ihr habt ja diese verschiedenen Dialekte, nicht wahr. Ich habe einen kennengelernt, der bestand darauf, kein Kurde zu sein, sondern … wie hieß das Zeug noch?

Zaza?

Genau, so klang das. Zaza. Zazaki. Lustiges Wort.

Gut. Kurdisch besteht im Großen und Ganzen aus zwei Großdialekten, Kurmandschi und Sorani. Sorani wird eher im Irak und im Iran gesprochen. Dann gibt es noch das Gorani im Iran und das Zazaki, mit welchem ich aufgewachsen bin. Bei uns in Dersim spricht man sowohl Zazaki als auch Kurmandschi. Ein bisschen verwirrend ist, dass wir dazu nicht Zaza sagen, sondern Kırmancki, in Ost-Dersim nennen sie es Dımıli, und Kurmandschi nennen wir Kırdaşki, was so viel wie Sprache der Kurden heißt, was eigentlich ein Beweis sein könnte, dass wir Kirmancki- oder Zazakisprecher uns nicht als Kurden empfinden. Da aber außerhalb Dersims unsere Sprache Zaza heißt und die Linguisten der Meinung waren, dass sie so heißen soll, heißt sie so in der großen Welt, die von Zaza ohnehin nichts wissen will. Und jetzt wird es noch komplizierter. Linguistisch ist dieses Zaza Gorani näher als den anderen kurdischen Dialekten. Sind wir also Kurden? Nun, da unsere türkischen Freunde auch uns Bergtürken getauft haben, weil sie uns für Kurden hielten, wurden wir welche. In gewisser Hinsicht sind die Kurden ebenso eine Erfindung wie die Türken …

Hören Sie, fiel ihm Dilek, die seinen genüsslichen Ausführungen kaum zugehört hatte, ins Wort, Sie haben doch nicht die geringste Ahnung, wie sehr ich mich verachte. Mich, meine Herkunft, mein behütetes Leben. Meinen Sie, ich merke den Unterschied zwischen uns beiden nicht. Ich liebe die Kurden, und es schnürt mir jedes Mal das Herz zu, wenn ich daran denke, welches Unrecht Ihnen angetan wurde. Ich wirke nur so selbstsicher. Ich bin schon 33, und stehe erst am Anfang meiner Politisierung, aber ich möchte unbedingt lernen. Denn dazu ist das Leben ja schließlich da. Lachen Sie nicht, aber mich interessiert am meisten der Umweltschutz. Vor drei Jahren habe ich eine Gruppe von Jungs kennengelernt, die haben gegen Staudämme in Ostanatolien protestiert. Super Typen, lange Haare, Bart, super. Ja, natürlich war ich in einen von ihnen verliebt. Es läuft am Anfang immer übers Persönliche. Es hat nicht funktioniert zwischen mir und Ekin. Er war im Gefängnis. Sie waren auch im Gefängnis. Ja, ja, ich weiß, das waren nicht die Leute, mit denen Sie im Widerstand waren, sondern richtig süße Ökojungs aus guten İstanbuler Familien. Verdammt, man kann ja nichts für seine Herkunft, oder? Ich weiß, dass Sie sich schon die ganze Zeit wundern, warum ich meine Pommes kalt werden lasse und wir

44

gleich in den Bus zurückmüssen, und ich weiß auch, dass ich das Bier nicht vertrage. Aber sei's drum. Ich brauche Ihre Hilfe, mein Herr. Ja, Ihre Hilfe. Ich habe bislang nur mich selbst, mein gottverdammtes Ego im Kopf gehabt. Und meinen Erfolg. Was auf das Gleiche hinausläuft. Ich will mich engagieren, ich will endlich aus meinem kleinen Schneckenhäuschen ausbrechen. Wer bin ich schon? Und was sind meine Probleme gegen die Probleme der Welt? Ich frage Sie jetzt nicht, was ich lesen soll? Das können mir meine studierten Freunde auch verraten. Ich sehe Ihre innere Ruhe, ja, mein Herr, Sie ruhen in der Sache, das hab ich genau gemerkt. Viele Kurden haben das. Ich kann es nicht beschreiben, ohne kitschig zu werden. Ich weiß, dass Sie mich insgeheim verspotten, weil ich mich für Bäume und Tierarten und Flüsse stark mache und glaube, wir können die Welt schon verändern, wenn wir ein paar alternative Boutiquen einrichten. Da ergriff sie Ahmets Hand.

Was soll ich tun? Wie kann ich lernen, für eine Sache einzutreten? Wie kann ich die Welt verändern? Wo ansetzen? Wie schaffe ich es überhaupt, mich für irgendwas zu interessieren, und es nicht gleich nach wenigen Augenblicken wegzuwerfen. Lachen Sie mich bitte nicht aus.

Ahmet blickte finster auf die letzten drei Pommes und die gelben Fetttröpfchen auf seinem Teller. Die Mayonnaise hatte er nicht angerührt, denn er hasste Mayonnaise. Seine Augen benetzte ein glasiger Schlimmer. War es das Bier oder die Traurigkeit, die kurz seine Sinne geflutet hat? Er holte tief Luft.

Ich danke Ihnen, dass Sie mir Ihr Vertrauen schenken, und, glauben Sie mir, nichts läge mir ferner, als über Sie zu lachen. Das sind ernste und schwierige Fragen, die Sie mir stellen, und zunächst muss ich Ihnen gestehen, dass Sie mich überschätzen. Denn ihre Fragen nagen nicht nur an Ihrer, sondern überraschenderweise auch an meiner Seele. Und das ist gut so. In meiner

Selbstwahrnehmung lebe ich nämlich von früheren Gedanken, Leiden, Erfolgen. Ja, Sie haben Recht, ich war ein sehr politischer Mensch, sowohl als Aktivist als auch als theoretischer Denker. Als ich vom Land nach İstanbul kam, war ich dumm, aber voller Kampfeslust, getrieben vom nackten Ethos, mich im Kampf gegen jede Ungerechtigkeit zu bewähren. Aber das bequeme Leben in Wien hat mich faul gemacht. Ich sehe noch immer das Unrecht, ich interessiere mich immer noch für politisches Denken, aber alles nur halb und ohne wirkliche Überzeugung. Der Antrieb ist schlecht durchblutet. Und ich wärme mich an den glosenden Ascheresten meines früheren Feuers. Ich bin müde. Und deshalb ein schlechter Berater für Sie. Diese Welt scheint sich in vielen Belangen zum Besseren zu wenden und doch ist das nur ein Clinch, bevor die nächsten Schläge folgen. Ich bin alt und feige und kehre in mein Heimatdorf zurück, um meine Mutter noch einmal zu sehen und Frieden mit meinem Bruder zu schließen – mit dem ich mich nie überworfen habe. Ich versuche mein Wissen an jüngere Menschen weiterzugeben, aber hüte mich, sie zu mehr Radikalität anzustacheln, weil das ein Stachel in mein eigenes Fleisch wäre. Ich habe mich mit der Welt abgefunden, und zu große Umwälzungen würden bloß meine Urlaubspläne durcheinanderbringen.

Ich kann Ihnen nur aus eigener Erfahrung raten, meine Liebe, nicht auf ihr Ich zu verzichten, und im Übrigen ist nichts eitler als prahlerische Selbstlosigkeit. Ich weiß schon, was Sie meinen. Sie meinen diese wunderbare Freude von Kindern, die die Welt erforschen und dabei sich selbst vergessen. Wir sollen uns aber selbst gefallen. Das Problem beginnt erst dann, wenn wir die Wahrheit zurechtkneten, damit wir Gefallen bei anderen Menschen finden. Das ist der Sündenfall. Nicht der harmlose Egoismus.

Wir sind alle Kinder unserer Herkunft, liebe Dilek. Ich bin in Armut aufgewachsen. So etwas macht einen nicht automatisch zum Kapitalismuskritiker. Die meisten werden nur Neider. Aber es sensibilisiert für den Kern aller Probleme. Wenn man materiell sorglos aufwächst, ist man stärker mit sich selbst beschäftigt und sieht die Welt mehr als Design, als ästhetischen Aufputz der eigenen Allmachtsfantasien. Man interessiert sich für die Bäume, die Schmetterlinge, für Dekor und Lifestyle und Psychologie und nimmt die Gesellschaft als Kulturen wahr; dann schult man seinen Gerechtigkeitssinn dadurch, dass man glaubt, Kulturen wollen anderen ihre Kulturen wegnehmen. Dabei sind das Scheinrealitäten. Ich weiß nicht ...

Seien Sie nicht so hart gegen all die einfachen Menschen, die ungebildeten Frauen, die ihr Kopftuch tragen. Das sind keine Islamistinnen. Das Problem: Sie sind leicht manipulierbar. Ich bin ein Bauernsohn. Ich weiß, wie dumm Bauern sein können. Aber sie haben mitunter auch eine wunderbare Großzügigkeit und Herzensgüte. Und das sage ich ohne jede Spur der Idealisierung. Doch die Moderne hat sie verwirrt. Sie widerstehen den gefährlichen Ideologien, wie religiösem Eifer, Nationalismus und Faschismus schon aufgrund ihrer eigenen Unbeweglichkeit am längsten. Sobald es sie aber einmal erwischt hat, werden sie ihre willfährigsten Vollstrecker. Ich hatte mit 18 an den Leninismus wie an eine Religion geglaubt. Und musste erst lernen, ihn kritisch zu befragen. Aber stellt ihr Liberalen mehr Fragen als die Leute, denen ihr euch so überlegen fühlt?

Dilek, Schwester, ich kann dir nur sagen, bekämpfe das Wirtschaftssystem. Dort wo es sich smart und zivilisiert und ausgewogen und vernünftig gibt. Ich habe keine schönen Aussichten. Zeit meines Lebens habe ich gegen Apokalyptiker geschimpft, und das mit guten Gründen. Aber diesmal ist es anders. Ich kann in die Zukunft sehen, und was ich dort sehe, macht mir Angst. Die Türkei ist konservativer geworden, doch gleichzeitig scheint es, dass sie toleranter gegenüber Minderheiten und wirtschaftlich erfolgreicher ist. Glaub mir, das ist nur eine Phase. Die Ouvertüre zum nächsten Faschismus. Und wir werden nirgends vor ihm fliehen können. Auch nicht in Europa. Die Hölle kehrt wieder. Schwester, du musst dich jetzt schon rüsten gegen die Wiederkehr der Barbarei. Die Hüter des westlichen Lebensstils und der offenen Gesellschaft werden dir ritterlich die Hand und Schutz gegen die Barbaren anbieten. Nimm ihre Assistenz an, um das Schlimmste hinauszuzögern, aber vergiss nie, dass ihre Geschäftsgrundlagen die nie versiegende Quelle der scheußlichen Ideologien sind, gegen die wir uns zu wehren haben. Wer sie zuschüttet, macht dem Spuk ein Ende. Ich fürchte, der Faschismus des vorigen Jahrhunderts war nur ein Aperitif, ein erster Versuchslauf. Wenn ich betrachte, wie die Ökonomie ihre Diktatur festigt, welche Rattenfänger sie auf den Plan ruft und wie schwach und dumm die Linken sind, so steuern wir auf eine schreckliche Eiszeit zu. Und wenn ich realistisch wäre und nicht Berufsverbot, Irrenhaus und Ächtung fürchten müsste, dann würde ich dir raten, sofort alle Banker, Bosse und Spekulanten des freien Marktes zu töten. Würden der Papst und der Dalai-Lama und … komm hilf mir, Schwester … nenne mir noch irgendjemanden, den jeder liebt und cool findet und nicht auf der Straße verbluten lassen oder von der Polizei zusammenschlagen lassen würde wie einen rechtlosen Flüchtling.

Johnny Depp?

Ja, warum nicht. Also würden der Papst und der Dalai-Lama und Johnny Depp gemeinsam in die nahe Zukunft reisen, würden sie nach ihrer Rückkehr keine Sekunde zögern, sie alle umzubringen, wie eine Notmaßnahme, wie das Ausschalten des Zeitzünders in der letzten Sekunde. Und die Blicke des Papstes und des Dalai-Lamas und von Johnny Depp wären entschlossener als meine, weil sie vielleicht wirkliche Idealisten wären, ich mich aber nur am erlöschenden Idealismus meiner Jugend wärme. Ich wäre mit dieser Einsicht Public Enemy, und alle Mitstreiter, Liberalen, Pazifisten, selbst die Revolutionäre würden sich von mir abwenden, weil solche Gedanken ja doch nur dazu beitrügen, Linke als stalinistische Massenmörder darzustellen und die Rechten als eigentliche Humanisten. Aber Benedikt und Dalai und Johnny hätten vielleicht eine winzige Chance: Sie würden in Anbetracht ihrer schrecklichen Erfahrungen aus der Zukunft sofort Privatarmeen rekrutieren und zur gleichen Zeit in alle Chefetagen der neoliberalen Schaltzentralen eindringen und alles bis auf die mittlere Ebene niedermetzeln. Und die Sicherheitskräfte wären dann plötzlich in der unangenehmen Situation, den Papst, den Dalai-Lama und Mr. Depp zu erschießen, und bevor die das Feuer eröffnen, werden die drei ihnen zurufen: Um Himmels willen, geht nach Hause und vertraut uns, wir müssen das tun, um die Welt zu retten. Man wird sagen, dass das ein abscheulicher, bloß symbolischer Akt war, der nur einzelne Menschen geopfert hat, aber das System nicht in seinem Kern traf. Irrtum, das Räderwerk würde kurz stillstehen, lange genug, um zu enteignen und die Drähte aus den Computern zu ziehen. Und es würde Jahre dauern, bis man erkennt, dass sie einen Zug gestoppt haben, der auf den Abgrund zuraste. Aber warum würde ich mich nicht diesen drei Helden anschließen? Weil ich ein feiger Hund bin, Dilek. Und weil ich ein feiger Hund bin, werde ich weiter wählen gehen, meine Rosen gießen und ein blödes Demokratengesicht aufsetzen.

Du siehst, Schwester, ich kann dir nicht wirklich helfen und bin ebenso ratlos wie du. Und was mir soeben über die Lippen gekommen ist, entlarvt mich auch in deinen Augen als gefährlichen Irren. Verzeih mir, ich war vermutlich noch nie so ehrlich. So, und jetzt müssen wir in den Bus. Der *Kaptan*, der Fahrer, sucht bereits nach uns.

Während sie sich gleichzeitig erhoben, lächelte ihn Dilek an.

Nein, nein, das hat alles schon Sinn.

Und siehst du, wandte Ahmet ein, das macht mir auch Angst,

dass dich meine Gewaltfantasien nicht ängstigen. Du hast zu viel *Kill Bill* gesehen.

Ahmet war sehr stolz, dass er mit einer kulturellen Anspielung prahlen konnte, die ihm nichts bedeutete, ihr aber einiges bedeuten könnte.

Nein, sagte Dilek, du hast mir mehr geholfen, als du ahnst. Und ich habe dich sehr gut verstanden. Ich weiß nicht, wie weit ich gehen kann. Zumindest lass ich mich von meinen reichen Verehrern nicht mehr zum Dinner einladen. Dein Massaker aber, lass dir das von einer Frau vom Fach gesagt sein, hat einen Schönheitsfehler. Es hat zu wenig gute PR. Auch deine drei Musketiere, das wäre wirklich ein amüsanter Actionfilm, bräuchten gezielte Werbestrategien, sonst wäre alles umsonst. Nach meiner Rückkehr werde ich mit den drei Herren mal Kontakt aufnehmen und ihnen vorsichtig das Projekt *Save the World* unterbreiten. Ich werde dich jetzt nicht länger belästigen. Ich habe gekriegt, was ich wollte. Du setzt dich an deinen Platz, ich an meinen. Und dort werde ich sehr viel nachdenken. Sag mir, falls es mir bei meinem Vater zu langweilig wird, darf ich dich in Dersim mit meinem neuen Jeep besuchen kommen? Wie heißt dein Dorf?

Natürlich darfst du. Mein Dorf heißt Holike, nördlich von Elazığ zwischen Hozat und Pertek.

Die beiden küssten einander vor der Station auf die Wangen und bestiegen den Bus. Ohne einander anzusehen. Oktay hatte woanders Platz genommen und wich Ahmets Blick aus, als dieser an ihm vorbeiging. Der Deutsche schlief.

Oktay und die Liberalen

Ahmet fragte sich nach dem Grund seiner guten Laune. War es das Interesse der jungen Frau an ihm? Oder dass ihm solch ein prägnantes Pamphlet gelungen war, an das er selbst nicht glaubte – noch dazu in einer Sprache, die er nur noch bei seinen Männerabenden in Wien pflegte? Dort redete man nicht nur aus Rücksicht gegenüber den türkischen Freunden Türkisch. Auch nicht deshalb, weil es sich bei den Muttersprachen der Kurden um Dialekte handelte, die untereinander schwer verständlich waren. Und nicht einmal der Umstand, dass die meisten von ihnen von Abstammung her Kurden waren, aber nie Kurdisch gelernt hatten. Einige holten es nach und radebrechten dann in Kurmandschi, obwohl sie aus Gegenden kamen, in denen Zaza üblich war. Die meisten aber plauderten bei ihren Treffen in von Kurden geführten Pizzerias in der Sprache, in der sie politisiert wurden, in der sie Gedichte schrieben und in der auch ihre Helden Nâzım Hikmet, Yaşar Kemal und Aziz Nesin schrieben.

In theoretischen Belangen hatte sich Ahmet Arslan stets unzulänglich gefühlt. Auch wenn er in Wien von Fachkollegen und -kolleginnen konsultiert wurde, schwärte lange noch diese Wunde in ihm. Seine Organisation damals in İstanbul war leninistisch ausgerichtet gewesen. Viele seiner Genossen aber hatten den maoistischen Weg gewählt, der von all den linken Wegen, die die wenigsten, die darauf schritten, auch wirklich verstanden, der dümmste war. Der chinesische Bauernkommunismus sprach die opferbereiten Dorfburschen am meisten an. Moderne, Industrialisierung, Urbanität und Zivilisation waren ihnen fremde Konzepte, und ihre ersten Marxtexte lasen sie wie epische Dichtungen oder Zaubersprüche, die man eingerollt in Glücksamuletten mit sich herumträgt, am liebsten hätten sie diese zur Saz gesungen, so wie sie auf Kurdisch sangen: *Bîrnakim ha bîrnakim, riya Lenin bîrnakim* – Vergiss nicht, vergiss nicht den Weg Lenins.

Als die Nachrichten von der Kulturrevolution, von Hungersnöten und Staatsterror auch nach Holike, Çemişgezek oder in die Vororte İstanbuls drangen, wandten sich viele von Mao ab und suchten Ersatz. Da die Leninisten und Trotzkisten zu viel umständliches Zeug redeten, fanden sie ihn in Maos europäischer Filiale, bei Albaniens Diktator Enver Hoxha. Ein Genosse hatte ihm das Verhältnis zu diesem neuen Leitstern einmal folgendermaßen erklärt: Wenn es in Tirana regnete, spannten wir in İstanbul die Regenschirme auf.

Ahmet Arslan begann ein Politologiestudium an der Istanbuler Universität und trat der *Dev-Yol,* einer Nachfolgeorganisation der *Dev-Genc,* bei. In Wien setzte er sein Studium fort. Hatte er in İstanbul die gesamte Theoriegeschichte bis zur Frankfurter Schule rezipiert (die ihm das größte Kopfzerbrechen bereitete, und das nicht nur wegen der schlechten Übersetzungen), so stürzte er sich in Wien mit Ehrgeiz auf all die neuen französischen Lehren, die bereits in der Türkei die Vorherrschaft des Neomarxismus an den Unis zu unterwandern begannen. Doch fand er in ihnen keinen Halt. In der Wiener Szene gab es zwei Intellektuelle, die er bereits in İstanbul gekannt hatte. Er und sie gehörten völlig verschiedenen Welten an, obwohl der österreichische Blick ihrer aufgeschlossenen Bekannten sie ein und derselben zuordnete. Cahir und Alparslan hatten sich in der Heimat schon die neuen Jargons zugelegt. Sie gehörten zu der Schicht, die Ahmet und die anderen anatolischen Landeier belächelte, wenn diese mit unsicherer Leidenschaft halbverstandene Slogans aus dem marxistischen Fundus predigten. Es waren Jungs aus İstanbuler Bürgerfamilien. Linksliberale – Ahmet und die seinen nannten sie etwas abfällig *Liboşlar.* Dabei bewunderten die Liboşlar sie, die Genossen und Genossinnen aus Dersim, Gaziantep, Erzurum, Diyarbakır, Hakkari, den Tauros- und den Pontosbergen, und suchten ihre Freundschaft. Intellektuell nahmen die Liboşlar sie nicht für voll. Sie waren deren Indianer. Edle Wilde aus dem Osten. .

Ahmet Arslan verstieg sich wieder einmal in Reflexionen über sein Verhältnis zu den liberalen Genossen, mit denen er noch die eine oder andere Rechnung offen hatte.

Die Liboşlar versuchten sowohl unsere grobschlächtige Unmittelbarkeit als auch unsere naiv-blumigen Redewendungen nachzuahmen. Wir waren ihre Reservoirs für ihr Selbstbild als Revolutionäre: Männlichkeit, Ehre, verträumte Rauheit, Brüderlichkeit, Sazspiel. Sie klaubten uns die Distelkletten von den speckigen Jacketts und steckten sie sich auf ihre bunten Pullis. Mit ihren langen Haaren und Bärten sahen sie wie Banditen aus den Bergen aus, während wir Bergbanditen lange Zeit unsere Scheitel kämmten und Schnurrbärte stutzten, bis wir selbst der Mode erlagen. Dennoch scherzten wir darüber, wie ihre Mütter ihnen vor den Demonstrationen die Mähnen und Schnauzer frisierten und sie sich diese dann, kaum außer Haus, wieder zerrupften. Ausgiebig naschten sie von unserer Entschlossenheit im Straßenkampf. Doch während wir uns mit den Grauen Wölfen Schusswechsel lieferten, warteten sie lieber mit gezückter Pistole hinter der Ecke ab, wie die Schlacht ausging. Trieben wir die Feinde in die Flucht, und meistens taten wir das, kamen sie aus ihren Deckungen hervor, umarmten uns und feierten mit uns den gemeinsamen Sieg. Der Unterschied: Sie gingen nach der Aktion, nach der Demonstration, nach der Schießerei nach Hause, weil Mamas Abendessen auf sie wartete und sie *Dallas* nicht versäumen wollten. Das, wie mich mein kluger Freund Erol Sentürk aufklärte, gar nicht so dumme Kapitalismuskritik sei, zumindest schön zeige, wie Macht in repressiv-imperialistischen Gesellschaften gestaffelt ist. Ich verstand nichts, ich verstand nur, dass sich wir anatolischen Helden in den Baracken am Stadtrand verstecken mussten. Doch vielleicht nehme ich den Mund zu voll. Denn ich teilte mit zwei anderen Freunden eine Wohnung in Cihangir mit Bosporusblick, und mein Vater finanzierte mein Studium mit, so gut es halt ging.

Ich war so etwas wie ein Missing Link zwischen den Liboşlar und den ruhmreichen Bauernterroristen. Und dennoch lud mich Erol Sentürk nie zu sich nach Hause ein. Und die Liboşlar uns Bauern allgemein nicht. Teils weil sie sich für ihren Wohlstand genierten, teils weil sie dort unter sich sein wollten, ihren Deleuze und Guattari diskutieren und die neueste Led-Zeppelin-Scheibe hören wollten. Von uns erwarteten sie alevitische Lieder. Von den wichtigen gesellschaftlichen Fragen des sozialistischen Umbaus der Gesellschaft, der Hegemonien und der Praxen der Macht schlossen sie uns aus. Anstatt ihr Wissen mit uns zu teilen, sahen sie Analphabeten oder moskautreue Totalitäre in uns, was für sie aufs selbe rauslief. Und diese feinen Eselsöhne hatten sogar recht, doch hatten sie kein Recht, rechtzuhaben. In ihren klimatisierten Kinderstuben glaubten sie, bloß eine repressive Demokratie zu erleben, die sich eben wie die USA ihrer linken Opposition erwehren musste, und die es mit friedlichen und demokratischen Mitteln zu einer gerechten Gesellschaft zu transformieren galt. Ich wurde selbst nicht aus ihnen schlau. Für uns verhielten sie sich in ihrem Denken wie bei den Straßenkämpfen. Unsicher wankten sie zwischen linkem Kemalismus, Eurokommunismus, Sozialdemokratie oder Anarchismus hin und her, aber nicht wie wirkliche Zweifler, deren Unentschlossenheit die Ehre selbstquälerischen Denkens ist, sondern eher wie solche, die abwarten, wer angeschossen am Boden zurückbleibt, um dann die Partei des Siegers zu ergreifen. Es stimmt, wir waren totalitär. Das war unser Fehler. Sie waren feig. Das war der ihre. So kann man es belassen.

Ihre Türkei war eine andere als die unsere. Unsere war die der Bauern, Kurden, der Landlosen, Tagelöhner und Getretenen. Wir hatten nichts zu verlieren. Sie ihre Häuser, Plattenspieler und Haare. Ja, wir beteten den Moskauer Katechismus nach, aber wir taten es mit den besten Absichten. Sie wollten den Faschismus nicht wahrhaben. Wir erlebten ihn. Wenn wir uns in den

Fabriken gewerkschaftlich organisieren wollten. Wenn wir uns in der Schule weigerten, die Liebesgedichte für Atatürk aufzusagen. Wenn wir einen der Grauen Wölfe abknallten, nachdem er einen der unseren umgelegt hatte, und wenn ein Polizist mal eine blutige Nase abbekam, nachdem er Dutzende unserer Nasen eingeschlagen hatte, warnten sie uns oft vor der Sinnlosigkeit gewaltvoller Eskalationen. Jahrzehnte hatte es gedauert, bis ich erkannte, dass all ihre subtilen, komplizierten Theorien der Gesellschaft auch die Funktion hatten, den einzigen klaren Unterschied zwischen Zivilisation und Barbarei auf der einen, den zwischen Kapital und Arbeit auf der anderen Seite mit interessanten Spekulationen auszupolstern, bis man ihn nicht mehr sah. Darauf bauten sie ihre akademischen und politischen Karrieren.

In Wien dann versuchte ich wie sie zu werden, weil wir dort die Annehmlichkeiten einer sozialen Demokratie genossen. Wir begegneten einander freundlich, doch ich spürte weiter ihre Herablassung. Noch immer war ich ein Indianer in ihren Augen. Und zwar ein Indianer, der den *Liboş* spielen konnte, das machte mich zu ihrem natürlichen Feind. Denn gegenüber den reinrassigen kurdischen Indianern konnten sie selber ein bisschen den Bruder und den gefühlvollen Anatolier raushängen lassen. Ich aber drang in ihr Revier ein, ich kannte ihre Lieder, durchschaute sie und konnte mich gut ausdrücken, obwohl ich ihnen gegenüber noch immer die alte Unsicherheit verspürte.

Auf Podien, auf die uns wohlmeinende Österreicher einluden, welche unsere unausgesprochenen Konflikte nicht kannten, entwickelten sich kultivierte Gespräche. Die *Liboşlar* erweckten den Eindruck, als wären wir alte Kumpels, ein Debattierclub gar, der sich wöchentlich trifft. Nach der Podiumsdiskussion wurde nicht politisiert. Wir misstrauten einander. Wir waren noch immer die dummen Radikalinskis und sie die feigen Arschkriecher, die sich mit ihrer seriösen Verbindlichkeit gewinnbringend den Weg zu ansehnlichen Positionen im akademischen und kulturellen Bereich geebnet hatten. Als ich meine Dozentur an der Uni hatte, hofierten sie mich und richteten mich hinter meinem Rücken aus. Als Sozialarbeiter war ich schließlich bedeutungslos für sie.

Ahmet Arslan legte den Kopf in die Nackenstütze und musste schmunzeln. Wie sehr ihn das noch immer bewegt. Wenn er es sich recht überlegte, handelte es sich bei der Gegnerfront der Wiener *Liboşlar* aus der Türkei doch bloß um eine Handvoll Menschen. Und vielleicht tat er ihnen doch unrecht, denn sie waren zumindest Linksliberale geblieben, während so mancher seiner radikaleren Freunde unpolitisch oder AKP-Sympathisant geworden war.

Noch immer war Ahmet in ihren Augen also das unkorrumpierbare Ausrufezeichen vor ihrer Anpassung. Wie sehr sie ihn überschätzten. Sie wussten offenbar nicht, dass ihm selbst der Hüftspeck der Konformität gewachsen war. Und vielleicht war er es, von dem die abweisenden Signale kamen. In Wirklichkeit wartete er auf die große letzte Aussprache, in welcher er mit ihnen souverän und gut begründet abrechnen würde. Und das wussten sie, und deshalb vermieden sie diese Option durch unverbindliche Höflichkeit, um derentwillen er ihnen einfach grollen musste. Und zeigte er seinen Groll, dann hatten sie gesiegt, weil dann er derjenige war, der die Probleme macht. Er wusste, dass sie es noch immer mit den Kemalisten hielten; es waren dieselben Leute, welche, um von den Grünen und den Multikultifeministinnen gemocht zu werden, jede Kopftuchträgerin mit liberalen Theorien verteidigten, aber beim İstanbultrip mit größter Verächtlichkeit über sie spotteten.

Genug der schlechten Gedanken, dachte sich Ahmet, er müsse noch mit Oktay ins Reine kommen. Drei Sitze vor ihm auf der rechten Seite saß der junge Reservist. Geduldig wartete Ahmet, bis sich Ali nach ihm umdrehen würde. Und als er es tat, konnte er Ahmets Blicken nicht mehr ausweichen. Dieser schlug mit der flachen Hand auf den leeren Sitz neben sich und schickte Oktayein vertrauensseliges Lächeln, das von dessen breitem Kindergesicht erwidert wurde. Oktay kam zurück. Als er sich entschuldigen wollte, wehrte Ahmet mit einer eindeutigen Handbewegung ab. Eine halbe Stunde plauderten die beiden in bester Eintracht, ehe sie bei Sonnenuntergang in Ankara einfuhren und es Zeit war, Abschied zu nehmen. Sie umarmten einander. Dann verließ der Rekrut den Bus. Er wurde draußen von einem jungen Mann und dessen Frau erwartet. Oktay blickte nicht mehr zurück. Ahmet stellte sich vor, wie man den Reißverschluss über Oktays bleichem Gesicht zuzieht, wenn er dereinst seinen Eltern überstellt wird.

Ahmet überlegte sich, ob er sich zu Dilek setzen sollte, denn eine gierige Spätnachmittagswollust hatte in ihm das Bedürfnis entfacht, ihr nah zu sein, sie zu riechen, seinen Oberschenkel an ihrem zu reiben. Er blickte zurück und sah sie mit offenem Mund schlafen. Auch recht.

Als der Bus Ankara verließ, hatte sich blaue Dunkelheit über das Land gelegt.

2.
Meltem und Hatice

Ertappt

Bleich war Meltem im Gesicht. Und bleich war auch die ältere Frau. Beide trugen sie Kopftuch. Meltem am Hinterkopf geknotet und einmal um die Stirn geschlagen. Das Tuch der anderen bedeckte auch Hals und Teile der Schulter, doch eine grauschwarze Tolle ragte über der Stirn heraus und verlieh ihr einen noblen Anstrich. Lächelnd fragte die Ältere die Jüngere, ob der Platz neben ihr noch frei sei. Meltem nickte, laute Musik drang aus ihren Kopfhörern. Als sie erkannte, dass noch zwei Sitzreihen im Bus nicht belegt waren, war es zu spät.

Die ältere Frau lächelte still in sich hinein, während sie Meltem aus den Augenwinkeln fixierte. Alles in Meltem krallte sich zusammen vor Schmerz. Was lächelt die so blöd? Schon draußen in der Station war ihr die schwarz gekleidete Frau mit der kleidsamen grauen Strähne im schwarzen Scheitel aufgefallen. Sie sah gut aus, aber auch unheimlich. Auf ihrem linken Nasenflügel saß wie ein bleicher Käfer, der die Kunst der Mimikry beherrscht, eine Warze. Meltems EDV-Lehrerin hatte so eine Warze gehabt, allerdings über der Lippe. Und Meltems beste Freundin Meral hatte ihr im Unterricht zugesteckt, das sei der verschiebbare Deckel eines USB-Ports, wo man sich die Fantasie dieser Lehrerin runterladen könne. Diese habe in etwa ein Datenvolumen von 2,4 Kilobyte. Dann hatte Meltem, die von Meral geliebt werden wollte und sich deshalb von ihr zu schrägen Meldungen anstacheln ließ, gesagt, wenn die Frau Lehrer vor dem Wichsen an Kenan İmirzalıoğlu denke, steige das Volumen kurz auf 2,7 und falle danach sofort auf 1,8 runter. Und Meral hatte sie zwar mit Lachen belohnt, aber, weil sie immer das letzte Wort haben musste, noch eins draufgesetzt: Vielleicht hat die ja die Klitoris im Gesicht, und unten, wo sie sein sollte, ein blinkendes Kontrolllämpchen. Die beiden hatten so gekichert, dass sie von der Lehrerin mit dem Kontrolllämpchen unter dem braunen Cordrock aus der Klasse geschmissen wurden. Siehst du es blinken?, hatte Meral sie gefragt, und das Kichern hallte noch vom Gang in die Klasse, und die Lehrerin hatte sich vergessen und ihnen hässliche Komplimente nachgeschrien.

Was waren das für schöne und lustige Tage. In welchen Abgrund fiel sie nun. Und was wollte die Alte bloß von ihr? Die Alte ging von kurzen, durchdringenden Seitenblicken zu direktem Anstarren über. Meltem presste ihre Wange fest ans Fenster, doch spürte sie, dass diese seltsame Frau nicht mehr von ihr ließ. Schließlich riss sie sich die Kopfhörer runter und fragte sie:

Warum starren Sie mich so an?

Die ältere Frau fasste nach Meltems Hand. Meltem zog sie zurück.

Wo war es?, fragte Hatice. Gülbahar Caddesi oder bei Dr. Arınç?

Meltems bleiche Wangen füllten sich mit Blut.

Woher wissen Sie …?

Die lächelnde Frau ergriff abermals Meltems Hand. Nun ließ es Meltem zu.

Nenn mich Hatice.

Das klang vertrauensvoll. Wollte diese verrückte Frau sie trösten?

Was wollen Sie?

Gerechtigkeit!

Meltem fasste sich an den Mund. Durch Anspannung der Zungenwurzel gelang es ihr, den Brechreiz zu unterdrücken. Sie war zu schwach für Diskussionen. Die Tränen schossen ihr über die Lider.

Bitte lassen Sie mich in Ruhe! Bitte!

Ich weiß, was du getan hast. Niemand von euch kommt ungestraft davon.

Da sammelte Meltem all ihre Kraft und versuchte, diese Hatice so gehässig und herablassend anzustarren, wie es ihr nur möglich war, doch das Machtspiel verlor sie nach Sekunden, denn schon hatte Hatices Hand nach ihrem Gesicht gepackt und dieses zusammengequetscht.

Wo steigst du aus?

Bingöl.

Gut. Ich auch. Wir werden beide zur Polizei gehen, und du wirst Selbstanzeige erstatten. Das mindert das Strafmaß.

Hatice ließ sie los.

Meltem sprach: Sie können mich nicht einschüchtern, ich war in der siebenten Woche. Ich kenne die Gesetze.

Da packte sie Hatice am Ohr.

So, so, sie kennt die Gesetze. Will mir einen juristischen Vortrag halten. Die Gesetze Gottes scheinst du nicht zu kennen. Was hält eigentlich dein Vater davon?

Mein Vater ist tot.

Schon spürte Meltem einen Streich auf den Kopf.

Lügen kann sie auch, das Miststück. Ich hab doch vorher gesehen, was du deinem Baba geschrieben hast. Morgen um zehn bin ich zu Hause, Baba. İstanbul war sehr schön. Tante Serap lässt dich grüßen. – Weiß Tante Serap davon, deckt sie den Mord? Eine schöne Familie.

Es hatte keinen Sinn, diese fremde Frau, ihre Nemesis, die wie aus dem Nichts erschienen war und plötzlich so viel Macht über sie gewonnen hatte, darauf hinzuweisen, dass sie kein Recht habe, in diesem Ton mit ihr zu sprechen. Meltems Kopf fiel nach vorne und kam mit der Stirn am rauen Kunststofffilz des Vordersitzes zu lehnen. Sie schluchzte.

Wein nur, du kleine Schlampe. Das hättest du dir früher überlegen sollen.

Seien Sie bitte nicht so laut!

Man kennt mich hier im Bus. Ich mache die Tour nicht das erste Mal.

I am a passenger and I ride and ride

Nachdem Hatice das Mädchen gebrochen hatte, begann sie ihr von ihrer Mission zu erzählen. Sie sei die Vizevorsitzende der AKP-Frauenorganisation von Kaleönü und erst wenige Monate zuvor von der Staatsministerin und der Generaldirektorin für den Status der Frau, Nimet Çubukçu, mit dem Verdienstabzeichen der Republik Türkei ausgezeichnet worden. Während Hatice ihren Vortrag über die Verdienste der Regierung für die Rechte der Frau hielt, dachte Meltem bloß an das Butterflymesser in ihrer Handtasche, das ihr Meral geschenkt hatte. Mit diesem wollte sie bereits den Typen umbringen, der ihr den Embryo angehängt hatte. Nun stand die Waffe vor ihrer Bewährung. Zwei Optionen standen offen. Entweder würde sich Meltem am Klo der nächsten Busstation die Pulsadern öffnen. Oder … Wieso ihr junges Leben opfern? Ihre Fantasie schlug einen extremen und doch so logischen Pfad ein. Sie würde Frau Hatice töten. Ein Stich ins Herz. Schnell. Weglaufen. Nein, zuvor die Wertsachen an sich nehmen. Identitätskarte nicht vergessen. Und das Zeug irgendwo verschwinden lassen. Bis sie identifiziert ist, dauert es ein paar Tage. Raubmord, klarer Fall. Der Beifahrer wird zwar die Businsassen vor der Weiterfahrt abzählen, aber die Jungs haben ständig

Stress, er wird sich einbilden, die Passagiere seien vollzählig. Meltem wird sich schlafend stellen, und in ein paar Stunden, nach ihrem Aufwachen, den Busfahrer darauf hinweisen, dass die komische Frau fehle, die doch nach Bingöl wollte. Nein, keine gute Idee. Sie ist einfach auf dem Weg ausgestiegen. Kann ja sein. Bloß keinen Staub aufwirbeln.

In Wirklichkeit wollte sie die Alte abstechen wie den Ziegenbock, den ihr Bruder beim letzten Opferfest geschlachtet hatte. Das erste Mal hatte sie ein Tier sterben sehen. Das ängstliche Mähen, als wüsste es, was ihm bevorsteht, das Röcheln, das Zittern, der ewig lange Todeskampf in den Augen. Meltem hatte weinen müssen und nichts von den Innereien angerührt. Aber die Vorstellung, diesen Ausdruck im Gesicht der alten Hexe zu sehen, ihr kotziges Röcheln, während der weit geöffnete Hals das Grinsen ihres hässlichen Mundes übernimmt …

Dieses kurze Aufwallen eingebildeter Macht versiegte jäh. Und so ließ es Meltem sich gefallen, dass Frau Hatice den linken Arm um ihre Schultern legte und sie an sich drückte, an diesen verwitternden Körper mit dem muffigen Geruch des Anstands.

Weißt du, Kleine, sprach sie, eigentlich ist es ja gut, dass es diese Kliniken und Ärzte gibt. In unserer Zeit taten wir es mit Stricknadeln. Zwei Freundinnen habe ich so verloren. Mach dir keine Sorgen, das bleibt unser kleines Geheimnis. Ist dein Vater streng?

Er würde mich umbringen, antwortete Meltem.

Es würde mich freuen, wenn du zu unseren Sitzungen kommst. Du hast wahrscheinlich ein völlig falsches Bild von uns. Weißt du, mir sind Menschen, die überhaupt keine Religion haben, lieber als die Heuchler, die nach außen hin Anstand wahren, die Gesetze lieblos befolgen, die Feiertage einhalten, aber sich nichts daraus machen. Man sagt, die Atheisten kämen in die Hölle. Ich persönlich glaube das nicht. Ich habe nichtreligiöse Menschen kennengelernt, die eine sehr hohe Moral hatten. In die Hölle kommen die Gedankenlosen, die nur glauben, sie seien Muslime. Die wie du ein Kopftuch tragen und ab und zu beten und auch in die Moschee gehen, aber nichts empfinden dabei. Ich habe in Deutschland gelebt. Dort glaubt man, der Islam sei eine Frauenunterdrückerreligion. Oh diese Unwissenden. Komm uns besuchen, Meltem. Dann wirst du ein anderes Bild bekommen. Es ist die Unwissenheit über ihre Religion, die Männer dazu veranlasste, Frauen zu unterdrücken, weil sie glauben, dies wäre erlaubt. Ebenso ist es Unwissenheit der Frauen, dass sie ihre gottgegebenen Rechte nicht einfordern. Kinder werden erwachsen, um die Dummheit ihrer Eltern zu verewigen. Über die islamische Geschichte hinweg haben Frauen und Männer beiderseits als Gelehrte und Lehrer des Glaubens Respekt geerntet. Die Bücher des Ridschal beinhalten Namen von vielen prominenten Frauen, beginnend mit Aisha und Hafsa.

Sie werden mich also nicht verraten?, fragte Meltem.

Das hängt ganz von dir ab, mein Kind.

Sie wollen, dass ich Ihrer Organisation beitrete?

Weißt du, mein Kind, ich bin nicht sehr religiös aufgewachsen. Mein Vater war Trinker. Er arbeitete im Hafen von İstanbul. Ich trug kein Kopftuch. Geschminkt hab ich mich und amerikanische Musik gehört. Ich trug Lederjacken und Jeans, und die Haare ganz kurz. Da staunst du. Wenn ich so ein Landei wie dich gesehen hätte mit dem Fetzen auf dem Kopf, hätte ich mich bloß lustig gemacht über dich. Selbst als Gottlose hatte ich mehr Persönlichkeit als ihr Jungen. Weder Fisch noch Fleisch seid ihr.

Und dann zeigte Hatice Meltem auf ihrem Handy ein Foto von sich als junger Frau, und Meltem staunte über diesen hübschen Punk auf dem Scan eines ausgebleichten Fotos aus irgendeiner längst zurückliegenden Zeit. Als Hatice Meltems Lächeln sah, verdunkelte sich ihre Miene. Ganz gleich ob es aufrichtig war oder nicht, Hatice kannte kein anderes menschliches Motiv als Berechnung. Wütend packte sie ihr Handy ein.

Schwänze, nicht wahr?

Wie bitte?

Du stehst auf Schwänze.

Seien Sie bitte leise.

Ach was. Wenn man einmal die Wahrheit sagt, muss man leise sein.

Das Grinsen auf Hatices gekräuselten Lippen bedeutete nichts Gutes.

Du hast geglaubt, es sei Liebe, nicht? Wie heißt er denn, der Vater deines ermordeten Kindes?

Ekrem.

Wie passend.

Hatice kicherte sich in die höheren Register hoch.

Bitte, die Leute schauen schon auf uns.

Tatsächlich wandten sich ein paar Passagiere nach der etwas lauten Frau um, schenkten ihr aber keine weitere Beachtung. Für Meltem war der Mord hiermit abgeblasen, und es würde wohl der Freitod werden.

Du hast Angst, aufzufallen, was? Bist überhaupt ein ängstliches Häschen. Aber wir Frauen werden nie was erreichen, wenn wir uns ständig ducken. Allahu ekber. Ich liebe Allah. Er ist mein Licht. Er ist mein Pfad der Freude und der Zuversicht.

Und dann begann sie zu singen.

I am a passenger, I am a passenger, I am a passenger and I ride and ride.

Wieder und wieder sang sie mit verfehlter Tonlage diese eine Zeile und Meltems Wangen füllten sich mit der Hitze der Scham.

Iggy Pop, sprach Hatice, das haben wir damals gehört. Verstehst du. Und was hörst du? Tarkan. Ha?

Dabei parodierte sie die schmatzenden Kussgeräusche aus Tarkans Hit *Şımarık*.

Und glaubst du, Tarkans Schwanz riecht nach Rosen?

Als sie merkte, wie peinlich Meltem ihr Benehmen war, sang sie mit triumphierendem Lächeln weiter.

Singing la la la la la la la la, singing la la la la la la la …

Meltem setzte sich die Kopfhörer auf. Hatice riss sie ihr runter.

Wäre es ein Mädchen oder ein Junge geworden?

Ich weiß nicht. Wirklich nicht.

Und dein Ekrem hat sich aus dem Staub gemacht.

Woher wissen Sie …?

I am a passenger, and I ride and ride.

Du warst über beide Ohren verliebt in ihn. Du hast ihn gebeten, ein Kondom zu nehmen oder zumindest aufzupassen.

Meltem nickte.

Als der Streifen rosa war, hast du dich gefreut, und dir vorgestellt, wie du im Ikea von Bingöl gemeinsam mit deinem Ekrem Möbel aussuchst.

Meltem starrte Hatice fassungslos an.

Lass mich raten, dein Ekrem arbeitet bei einer Versicherungsgesellschaft.

Damit war Hatice zu weit gegangen. Ekrem war Baggerfahrer, und Meltems Erstaunen war wieder nüchterner Abneigung gewichen.

Ach, Sie wissen überhaupt nichts.

So nahe beugte sich Hatice zu Meltems Gesicht hinunter, dass ihre Nasenspitzen einander beinah berührten.

Ich weiß überhaupt nichts, sagst du? Ich weiß nicht viel. Aber das Wichtigste weiß ich. O ja! Ich weiß, dass immer, wenn er seinen stinkenden Bockschwanz in dich gejagt hat und seine ganze Verachtung, seinen Triumph in dich gerammt hat, dann hast du geglaubt, er liebt dich, und je brutaler er dich mürb gefickt hat, desto mehr hieltst du das für Leidenschaft, du selten blödes Weiberschaf.

Aus Meltems tränenschweren Augen loderte Hass, und dieser Hass gab Hatice recht.

Ihr seid alle so dumm. Mit euren dummen Mädchenträumen. Amán, amán, wie dumm ihr seid. Sie waschen ihre Elefantenrüssel nicht einmal, so sehr verachten sie uns. Und am liebsten würden sie hundert Löcher in uns schneiden, um uns auch dort demütigen zu können, nachdem unsere Fotzen von tausend Vergewaltigungen, Geburten und Fehlgeburten ausgeleiert sind wie die Lippen alter Esel. Und wenn sie unsere Seelen aufgefressen haben, dann kommen die Europäerinnen dran, und selbst die Feministinnen fallen auf sie herein. Am Anfang ist es antirassistische Sozialarbeit, wenn sie sich die Eselsschwänze unserer Männer reinstecken lassen, aber wenn unsere Mustafas ihren ganzen Hass dann in Sybille und Susi reinficken, dann glauben auch die, dass es Liebe ist. Ich war dort und hab es gesehen.Nirgends ist die Würde der Frau besser aufgehoben als in unserer alten Religion, glaub es mir, Canım, wir müssen sie nur für uns zurückerobern.

Das war Hatices Hauptthese, und sie verspürte Lust, diese zu wiederholen. So wollte es Meltem scheinen. Doch wie alle Menschen mit Mitteilungszwang war die Alte schwächer, als sie sich anfangs dargestellt hatte. Achteinhalb Stunden blieben Meltem, sie für sich einzunehmen. Also nickte sie und gab Interesse vor. Doch Meltem war eine schlechte Schauspielerin. Denn Hatice hatte nicht nur Sendungsbewusstsein, sondern wie alle unaufrichtigen Menschen einen Sinn für die Aufrichtigkeit anderer. Oder nennen wir es Verfolgungswahn, der eher aus Zufall als aufgrund von Beweisen recht behält.

Und du kleine Hure glaubst wirklich, dass du mich reinlegen kannst. In Bingöl und Umgebung hat unsere Organisation tausendsiebenhundert Mitglieder, wir haben Informantinnen in beinahe allen Kliniken und Organisationen des Landes. Ich werde mit dir zu deinen Eltern gehen. Und selbst wenn du entwischst, wir finden dich. Die gottlosen Gesetze mögen dich schützen, aber der gerechten Strafe Gottes entgehst du nicht. Als uns der Präsident vor vier Monaten besuchte und wir ihn auf das Gesetz ansprachen, da hat er uns bei der Ehre seiner Mutter geschworen, dass er alles dafür tun werde, es zu Fall zu bringen. Mein Kind, die Zeiten ändern sich.

Ein plötzlicher Schmerz durchzuckte Meltems Unterleib.

Ha, schickt dir dein Töchterchen Grüße aus dem Paradies? Möge der Frieden und Segen auf unserem Propheten Muhammad, seiner Familie und seinen Gefährten sein.

Wieder keimte in Meltem der Wunsch, Hatice zu töten. Ihr Und in Gedanken flehte sie Ekrem um Hilfe an. Und der kam auch – in Gedanken – und stieß der Hexe das Butterflymesser in den Nacken. Meltems Fantasien korrigierten sich. Nichts würde von Ekrems Entsatz künden. Nur plötzlich, gerade in dem Moment, wenn das Weib die niederträchtigsten Beschimpfungen ausstieß, würde plötzlich die Messerspitze aus ihrem Adamsapfel treten und Hatices Tiraden würden in ebenso grässlich anzuhörendem Röcheln ersterben. Ekrem würde sie an der Hand nehmen und mit ihr gemeinsam flüchten, nach Almanya. Und ihre schändliche Tat würde sie bis an ihr Lebensende aneinanderbinden. Der Bus hielt in der Station von Bolu. Der Kaptan kündigte durchs Mikrofon an, dass die Pause wegen einer kleinen Reparatur länger dauern würde.

Hatice ließ nicht mehr von der jungen Frau.

Komm mit!

Sie nahm Meltem an der Hand und führte sie zur Toilette.

Was wollen Sie von mir?

Wir gehen in den Gebetsraum.

Ich muss zuvor pinkeln.

Aber mach schnell.

Als Meltem ihre mit Blut vollgesogene Binde sah, und darauf kleine Gewebsstücke zu erkennen glaubte, musste sie wieder heulen. Die Tränen hörten auch nicht auf zu fließen, als sie in den großen Vorraum zurückkam, wo die Zahl der Fußwaschhähne die der Waschbecken übertraf und wo Hatice ungeduldig auf sie wartete.

Hatice hieß sie auf einem der kleinen Hocker neben einem der Wasserhähne Platz nehmen, zog ihr grob die Sneakers aus, streifte die Socken von ihren Füßen und wusch diese. Das kitzelte. Mit strengem Blick gebot Hatice Meltems Lachen Einhalt.

Dann gingen sie in den Gebetsraum, wo ein dutzend Frauen kniete oder stand und betete.

Hast du schon gebetet?, flüsterte Hatice.

Natürlich, erwiderte Meltem, und versuchte eine möglichst ungehaltene Miene aufzusetzen. Hatice wusste, dass sie log. Und dass ihre Familie auf stumpfsinnige Weise traditionell, aber nicht besonders religiös sein mochte.

Ich meine, mit dem Herzen gebetet.

Meltem schwieg.

Vom Band eierte der Singsang des Vorbeters. So modern diese All-inclusive-Station auch sein mochte, einen PC oder zumindest einen CD-Player leistete sich die Religionsabteilung nicht, so als ob sich das Eiern der Muezzinkassetten zwischen 1970 und 1990 so sehr in Gewohnheit und Tradition der Gläubigen eingeeiert hätte, dass besonders alte Kassetten dazu auserkoren wurden, digitalisiert zu werden, oder – mutmaßte Meltem, ein Gedanke, der ihre Stimmung kurz aufhellte –, dass es eigene Soundprogramme gab, die einen Eierfilter über echten Gesang legten. Oder aber – wie sehr wünschte sie sich jetzt ihre Freundin Meral herbei, die hätte sicher noch eins nachgesetzt, und sicher wäre Merals Witz besser gewesen – oder in den Koranschulen würde eine neue Generation von Sängern heranwachsen, die eiernd singen könnten, damit es so klänge wie die Kassetten ihrer Großväter oder die MP3-Files ihrer Väter.

Meltem lachte still in sich hinein, während sie die Verbeugungen ihrer Kidnapperin imitierte. Als Hatice ihr Lachen sah, erschrak Meltem und erwartete die verdiente Ohrfeige, doch nein, die Alte begann selbst mädchenhaft zu kichern, und wie es in den letzten Stunden schon einige Male geschehen war, änderte sich ihre Persönlichkeit. Meltem kam es unheimlich vor, wie sich diese Frau plötzlich kindisch gegen die ernste Würde dieser Rituale mit ihr verschwor.

Hatice beugte sich zu ihr herunter und sang:

I'm a passenger. I'm a passenger. And I ride and ride.

Einige der betenden Frauen drehten sich um und schnalzten mit den Zungen.

Da tat Hatice einen lauten Schrei.

Dann packte sie Meltem an den Haaren und sprach zu den Anwesenden:

Schwestern, denkt nicht schlecht von unserer Meltem. Sie hat sich gegen ihr eigenes Fleisch versündigt, doch sie bereut vor Allah. Schließen wir unsere Meltem in unsere Herzen.

Meltem riss sich los und lief aus dem Gebetsraum.

Das Blatt wendet sich

Meltem hätte davonlaufen können. Versucht hatte sie es. Als sie eine Freundin in Ankara anrufen wollte, hatte sie bemerkt, dass ihr Handy weg war.

Sie setzte sich an einen der Tische und schloss innerlich mit ihrem Leben ab. Langsamen Schrittes sah sie Hatice auf sich zukommen. Diese telefonierte mit Meltems Handy. Hatice musste sie im Bus beobachtet und den Sicherheitscode auswendig gelernt oder notiert haben.

Aber sicher, Frau Kirvatoğlu, es geht ihr schon viel besser. Nein, das kann ich Ihnen jetzt nicht sagen. Aber ich verspreche Ihnen, dass ich Ihre Kleine morgen wohlbehalten zu Ihnen zurückbringe. Nein, das geht jetzt leider gar nicht. Sie ist noch unter Schock. Ja. Ja. Aber natürlich. Schlafen Sie gut, Frau Kirvatoğlu. Ich danke Ihnen. Gott sei mit Ihnen.

Meltem fühlte nichts. Sie saß da, ihre Hände gegen die Wangen gestützt, und blickte ihrem Untergang entgegen.

Hat du Hunger, Canım?

Meltem regte sich nicht.

Hatice warf einen Hundertliraschein auf den Tisch und befahl ihr, zwei Linsensuppen mit Weißbrot zu bringen. Und ein Coke. Sie, Meltem könne trinken, was sie wolle, auch Rakı, ihre Seele gehöre ohnehin schon dem Teufel.

Wie hypnotisiert nahm Meltem das Geld, erhob sich und führte den Befehl aus. An der Kantinentheke wurde sie von einer dicken Frau in bodenlangem beigem Mantelkleid angesprochen. Ihr hässlich-gemütliches Gesicht – sie glich einem dieser russischen Präsidenten aus dem vorigen Jahrhundert, seinen Namen wusste Meltem nicht, aber es war der mit den dichten Augenbrauen – war ihr schon im Gebetsraum aufgefallen. Diese Frau berührte sie vertraulich auf dem Oberarm und sprach zu ihr leise:

Ich kenne sie. Du musst dir das nicht antun. Wenn du willst, hole ich die Polizei.

Meltem bedankte sich höflich. Doch sie komme schon klar. Sie nahm keinen Rakı, sondern eine Dose Bier. Nie zuvor im Leben hatte sie Bier getrunken. Da kam ihr eine Idee. Sie kaufte zum Cola eine zweite Dose Bier. Das Cola steckte sie in ihre Jackentasche. Dann trug sie das Tablett zum Tisch.

Hatice starrte Meltem entsetzt an.

Wo ist mein Coke?

Meltem öffnete mit kühlem Blick die Dose und schenke ins Glas ein.

Da trink!

Bist du verrückt?

Ja. So wie du.

Ich bin nicht verrückt.

Wie bitte?

Ich hau dir eine runter.

Da legte Meltem ihr Butterflymesser aufs Tablett. Blitzschnell griff Hatice danach. Meltem war schneller. Dreimal wiederholten sie das Spiel. Kein einziges Mal gelang Hatice, dem Mädchen zuvorzukommen. Es musste plötzlich lachen, und eine Rotzfontäne schoss ihr aus der Nase. Da wusste die ältere Frau, dass sich etwas zwischen ihnen umkehrte.

Was ist los? Willst du mich abstechen?

Das wollte ich, seit du mich im Bus blöd angemacht hast.

Das ist unerhört. In der Hölle sollst du braten. Und Gott soll dir die Beine brechen, respektloses Ding!

Du hast mir das Handy gestohlen und mich bei meiner Mutter verpfiffen. Das war dein Fehler.

Hatice schüttelte den Kopf.

Ich habe Ekrem verloren, ich habe mein Kind verloren, ich werde meine Eltern verlieren. Du hast mich zu früh verpfiffen. Hättest es dir aufheben sollen. Jetzt ist mir alles egal. Und jetzt trink, im Koran steht kein Wort, dass der Mensch kein *Efes* trinken darf, weder Männer noch Frauen.

Meltem hob lachend das Glas und bot es Hatice zum Anstoßen an. Diese tat es ihr missmutig gleich und sagte *Şerefe*.

Cam cama değil can cana – Glas an Glas, Seele an Seele, dabei ließ Meltem die Gläser aneinanderschlagen und rieb ihre Handfläche an der Handfläche der älteren Frau.

Diese Geste rührte Hatice. Ein mildes Lächeln entrang sich ihren Lippen, das sofort in der Bitterkeit des Biers ertrank. Meltem ging es ebenso.

Öf, schmeckt das scheußlich.

Die beiden lachten.

Ach was, prahlte Hatice, in deinem Alter hab ich ganz anderes Zeug zu mir genommen.

Sie nahm einen kräftigen Schluck und wischte sich unsichtbaren Schaum von den Lippen. Dann beugte sie sich, als wolle sie ihr ein Geheimnis verraten, weit zu Meltem vor.

Hältst du mich wirklich für verrückt?

Meltem antwortete gleichfalls leise:

Ja und nein.

Was heißt ja und nein?

Du spielst eine gewisse Art von Verrücktheit, um eine andere Art von Verrücktheit zu verstecken. Dazwischen aber bist du normal.

Du bist ein kluges Mädchen, Meltem.

Dann zückte Hatice einen Ausweis und legte ihn vor Meltem auf den Tisch. Es war Hatices Ausweis der AKP-Frauenorganisation Bingöl. Und einen Zeitungsausschnitt glättete sie, der bezeugte, wie ihr die Staatsministerin Nimet Çubukçu ein Abzeichen auf die Brust heftete. Das Zeitungsfoto war unscharf und aufgeraut, es hätte irgendeine Frau sein können, aber der Ausweis gehörte zweifellos Hatice.

Meltem stieg die Röte ins Gesicht, und das Bier zeigte noch andere Wirkungen: Hatice verriet Meltem, dass sie das Gespräch mit ihrer Mutter bloß simuliert habe. Sie, Meltem, sei also durchaus noch in ihrer Macht. Das sage sie ihr bloß, weil sie sich bereits zu sicher gewesen sei.

Meltem biss sich auf die Unterlippe. Der leichte Rausch verlieh ihr den Mut zu bluffen.

Dann sag es ihr doch. Kannst Mama jederzeit anrufen. Mein Leben ist nichts wert.

Sie trank das halbe Glas Bier mit einem Schluck.

Aber Kind, sag so was doch nicht. Du hast *Tawbah* bewiesen. Deine Sünde hat dich auf den richtigen Pfad gebracht, den Pfad eines ehrbaren, gottesfürchtigen Lebens.

So ein Leben wie deines etwa?

Meltem musste laut rülpsen. Verschämt blickte sie um sich und genauso lachte sie auch.

Hatice, die wie viele Moralisten die offensichtlichen Regelverstöße übersah, weil sie zu sehr damit beschäftigt waren, eingebildete zu tadeln, hakte sofort ein.

Ja, so wie meines. Es ist nie zu spät, damit anzufangen. Das Bier schmeckt echt gut. Wie ich bereits angedeutet habe, hatte ich eine sehr wilde Jugend.

Erzähl mir davon.

Nur, wenn du das Messer wegsteckst. Das macht mir Angst. Überhaupt bist du mir ein bisschen unheimlich.

Unglaublich, dachte Meltem, wie die das umdreht. Aber von dieser unheimlichen Frau unheimlich gefunden zu werden, dieser angsteinflößenden Frau Angst einzuflößen, schmeichelte Meltem. Der Alkohol hatte ihre Seele so weit geöffnet, dass man ihr diese befriedigte Eitelkeit deutlich vom Gesicht ablesen konnte. Und befriedigte Eitelkeit sieht nie die Berechnung des Schmeichlers. Denn Hatice war bei weitem nicht so verrückt, wie sie berechnend war. Diese Schlauheit lernt man aus vielen bösen Erfahrungen. Im Idealfall kann ein gewisses Maß an Berechnung einem guten Charakter nichts antun, wenn jedoch so viele Zigaretten auf einer Seele ausgedämpft wurden wie auf der Hatices, bleibt vom Charakter nichts als die feste Einbildung, ihn nicht zur Gänze verloren zu haben.

Na, willst du das Messer wegtun?

Nur wenn du mir das Handy zurückgibst.

Hatice überreichte der jungen Frau deren Handy. Diese hob das Messer auf, öffnete die Augen weit, setzte ein Räubergesicht auf und fuchtelte ein paar Mal mit dem Butterfly in der Luft herum, ehe sie es in der Handtasche verschwinden ließ. Meltem war wirklich besoffen. Von einem kleinen Glas Bier.

Dann begann Hatice ihre Lebensgeschichte zu erzählen. Und die war so unglaublich, dass es Meltem nach einer Weile bereute, sie danach gefragt zu haben. Hatices Mutter war eine Bauerntochter aus dem Umland von Bingöl, sie sprach kaum Türkisch, ihr Vater war Beamter im Magistrat. Er stammte aus Yozgat und sei – so Hatice – ein richtiger Türke gewesen. Damals habe niemand gefragt, ob jemand Türke oder Kurde war. Wider Erwarten sprach sie von ihrem Vater nur in den höchsten Tönen, ein verständnisvoller, sanftmütiger und schöner Mann sei er gewesen. Und wider Erwarten war die Mutter die Hexe in der Familie. Wie oft hatte er sich schützend vor die Tochter gestellt, und er sei es gewesen, der sich um ihre Ausbildung gekümmert habe, und dass sie eine Mittelschule habe besuchen dürfen, und er hatte sie zu ihrer Tante nach İstanbul geschickt, wo sie auf eine bessere Schule gehen konnte. Und dort sei sie das Mädchen geworden, das Meltem auf dem Foto gesehen habe. Der coolste Fratz von Beyoğlu sei sie gewesen, habe Jungs verprügelt, und sich so gegeben, als hätte sie schon drei Leben hinter sich. Wie man verhütet, habe sie nicht gewusst. Zwei Abtreibungen. Jeden Tag habe sie sich mit Schnaps volllaufen lassen, und gekifft habe sie ganze Plantagen. Die Kinder – die musste im Rausch passiert sein, denn kein einziges Mal habe sie sich daran erinnern können, Sex gehabt zu haben. Und das war die größte Hölle, denn so sehr wünschte sie sich, diesen Sex, den die einen als Schande verdammten und die anderen als die himmlischste Sache der Welt priesen, voll zu spüren. Doch der Junge, in den sie verliebt war und mit dem sie dann auch zusammen war und dem sie vermutlich die Abtreibungen verdankte, was er aber stets ableugnete, der war irgendwann auf Heroin, und es war mit ihm nichts mehr anzufangen, so fing sie selber mit dem Zeug an.

Hatice wurde vom *Kaptan* unterbrochen. In fünf Minuten gehe es weiter. Hatice steckte Meltem einen Schein zu und bat sie, noch ein paar Dosen Bier für die Reise zu kaufen. Meltem ertappte sich dabei, dass sie diese Frau lieb zu haben begann.

Die Trennung

Ankara ließen sie im Sonnenuntergang hinter sich. Die Dunkelheit überholte den Bus nach Bingöl von hinten. Meltem hielt Hatices Hand. Hatices Hand war kalt und knochig.

Sie lehnte ihren Kopf an Meltems Schulter.

Versprich mir, dass du mich nie wieder verlässt.

Meltem schwieg.

Bitte.

Meltem schwieg weiter.

Hatice schnellte hoch und starrte ihre neue Freundin prüfend an. Triumphierendes Amüsement blitzte aus ihren Augen.

Jetzt habe ich dir einen schönen Schrecken eingejagt, Kleine. Hast dir schon gedacht, dass du die verrückte Alte bis an dein Lebensende am Hals hast.

Nein, nein, stammelte Meltem, aber … ich verstehe nicht. Wenn ich dich wieder verlasse, heißt das ja, dass wir schon einmal zusammen waren und ich dich schon einmal verlassen habe.

Du langweilst mich mit deiner Logik, Kleine.

Hatice schmiegte ihren Kopf erneut gegen Meltems Schulter.

Dann erzählte sie dieser des Langen und Breiten von ihren lesbischen Erfahrungen und hielt einen Vortrag über die Überlegenheit der Liebe zwischen Frauen gegenüber der zwischen Mann und Frau, welche ja nie eine richtige Liebe sein könne, weil Männer zu dumm dazu seien und doch nur ihre Sauschwänze unterbringen wollten.

Meltem war dieser Monolog nicht unangenehm, denn Hatice hielt dabei zwar ihre Hand, aber versuchte sie kein einziges Mal anzumachen, indem sie etwa mit dem Daumen ihren Handrücken zu streicheln versuchte oder den Druck ihres Oberkörpers erhöhte. Außerdem merkte sie, wie die Müdigkeit Hatices Glieder und Worte befiel. Meltem schlief zuerst ein.

Der kleine Ruck einer Bremsung und das pfeifende Zischen der Türhydraulik weckten sie. Hatice saß nicht mehr neben ihr. Gerade noch sah sie, wie diese seltsame Frau in ihrem schwarzen Mantel und mit dem silbernen Kopftuch aus dem Bus huschte. Dann glaubte sie Hatice kurz die Straße überqueren zu sehen. Zwei Lastkraftwägen rasten über ihren Schattenriss hinweg. Meltem erschrak. Doch im Scheinwerferlicht des startenden Busses war sie kurz auf der anderen Seite der Straße zu sehen. Sie verschwand in der Dunkelheit, querfeldein, ins Niemandsland. Der Bus setzte sich in Bewegung. Meltem versuchte im schwachen Licht der sich über den Bergkämmen ankündigenden Dämmerung Hatice auszumachen.

3.
Die Frau im Sarg

Doch was halten wir uns bei den Lebenden auf. Dort unten im Laderaum befand sich die interessanteste Form des Lebens, eines Lebens in seiner letzten Schwundform, dem letzten Gewaltakt sich bündelnden Bewusstseins, bevor es auf immer verpufft. Dort im Tannensarg lag eine alte Frau. Ein Hauch von weißer Baumwolle bedeckte ihr Gesicht. Ein Gesicht, das zu lächeln schien. Bevor die Totenstarre das Maul aufreißt, ein für die Angehörigen meist schrecklicher Anblick, bindet man die untere Kinnlade hoch. Der vergnügliche Anblick, der sich durch das zufällige Zusammenpressen der Lippen ergab, täuschte über den langen, qualvollen Todeskampf hinweg, den diese Frau durchleiden musste. Und er war noch immer nicht vorbei, denn alle Wünsche, die die Lebenden an das Jenseits knüpfen, sind Illusion, ihre Vorstellungen von Wiedergängern aber, von langsam verwehendem Leben, sind wahr. Anders zwar, als sie es sich ausmalen, doch herrenlose Gedankenfetzen irren wie versprengte Soldaten einer verlorenen Schlacht benommen durch den Äther und versuchen einander zu finden, einander zu verbinden, durch das erlöschende Kraftfeld des toten Körpers in Schwebe gehalten, ehe dieses der Erschöpfung erliegt, welcher der Körper zuvor erlag, und sie sich im Nichts verlieren.

Niemand könnte das Wimmern der toten und doch nicht ganz toten Frau hören, außer den wenigen, die das Ohr dafür haben. Und sie sind nicht zu beneiden, und sie meiden zu Recht die frisch Gestorbenen, die Krankenhausstationen, die Pathologie, die Aufbahrungen, ja, die frischen Gräber, denn was sie hören, ist nicht schön und macht ihnen Angst vor dem eigenen Tod.

Wiiiy, wiiy, wiiwiiiy, wiwiiiwiy. Wiiwiiiiwiiiiiiiiiiiyi.

Wo bin ich? Ihr bringt mich doch nach Yayladere ins Peri Vadisi. Ihr habt mir versprochen, mich nicht in İstanbul zu begraben. Nicht in der grauen Stadt. Ich habe die Fernbedienung nicht verlegt. Wie könnt ihr mir das vorwerfen? Habt ihr nicht einmal in der Stunde des Todes Respekt vor mir? Vor mir, die euch unter Schmerzen gebar. Dich, Kenan, auf einer Wiese im Sommer, und dich, Rıza, mein Augenlicht, im Bett. Jedes Wort, Rıza, habe ich gehört, als du neben meinem Sterbebett standst, jedes einzelne Wort. Ich weiß nicht, hast du gesagt, wo die Alte die Fernbedienung hingeräumt hat, sagtest du zu deiner Frau, die nicht abwarten konnte, dass ich starb. Ich hatte sie auf das Beistelltischchen neben die Samtcouch gelegt, als ich mich fertig machte für das Krankenhaus. Deine böse Frau hat mich nicht nur einmal verleumdet. In den Kühlschrank habe ich sie gelegt, hatte sie gelogen. Wieso sollte ich die Fernbedienung in den Kühlschrank legen? Heimlich hätte ich eure Videokassetten, hatte sie gelogen, heimlich hätte ich eure Videocassetten mit den unanständigen Szenen angesehen. Was glaubt ihr von mir, als wüsste ich nicht, wie die Kinder gemacht werden. Wie dankbar war ich, als euer Vater aufhörte, es zu tun. Was glaubt ihr denn?

Ach würde alles gleichzeitig sterben. Wieso musste ich sehen, als mein letzter Atemzug erstarb, wie du, mein Kenan, zum Handy griffst? Du hattest deine Hand auf meine Stirn gelegt, du hattest mich angestarrt wie eine geschlachtete Ziege, du hast dein Handy gezückt und Fotos von der frisch gestorbenen Mutter gemacht.

O wiiiwiiy, wiiwiiiy, wiwiiiwiy. wiiwiiiiwiiiiiiiiiiiy.

Ihr begrabt mich doch oben, wo die Knochen meines Vaters und meiner Mutter liegen, wo der Wind durch die Weißdornbüsche weht, wo Tarı und Sülbüs seit dem Anbeginn der Zeit den Himmel berühren. Niemandem wünsche ich Söhne, wie ihr es seid. Vor vier Jahren bat ich dich, Rıza, mich mit dem Jeep die Bergstraße hochzufahren, einmal noch in meinem Leben wollte ich auf den Sülbüs steigen, um zu beten und einen Stofffetzen zu hinterlassen, für deine Gesundheit und die deiner Frau wollte ich beten. Ich sei zu alt, und was für verrückte Ideen das seien.

Wie viel Liebe hab ich euch gegeben, schwanger war ich mit euch, schwanger war mein Herz mit Liebe. Nichts hab ich verlangt, nichts habe ich verlangt, alles habe ich gegeben, alles habe ich gegeben.

O wiiiwiiy, wiiwiiiy, wiwiiiwiy. Wiiwiiiiwiiiiiiiiiiy.

Was ist das Leben ohne Liebe? Liebe, die nicht verlangt. Ich verlangte nichts. Wer gibt, ohne zu verlangen, wird getreten.

Wiiiwiiy, wiiwiiiy, wiwiiiwiy. Wiiwiiiiwiiiiiiiiiiy.

Dornen bohren sich in unser Fleisch, bevor wir an der Blüte riechen können. Bis unsere Nase ihren Duft erhascht, verwelkt sie.

O wiiiwiiy, wiiwiiiy, wiwiiiwiy. Wiiwiiiiwiiiiiiiiiiy.

Geschuftet hab ich, drei Tage nach der Geburt habe ich die Viecher auf die Alm getrieben, nichts als Schmerz, nichts als Schmerz, nichts als Schmerz.

Ley-ley-ley o ley o ley o ley-ley-ley o wiiiwiiy, wiiwiiiy, wiwiiiwiy. Wiiwiiiiwiiiiiiiiiiy.

Sieben Jahre war ich, als uns die Soldaten zum *Harçîk Çayı* trieben, Mutter, Tante, Großvater, es knatterten die Maschinengewehre und begruben mich unter euren Leibern, an den Schotterhängen, euer Blut rann über mein Gesicht, drei Tage, die Hunde kamen und zerrten an Tante Dilan. Am vierten Tag fand mich mein zukünftiger Ziehvater. Sagt, rieche ich auch schon, wie ihr rocht, nach drei Tagen?

Und ihr schimpft mich wegen eurer verdammten Fernbedienung, amán, amán, amán. Ach hätte ich sie in den Sarg, ins Grab mitgenommen.

Der Arzt, der meine Augen schloss, hat gesagt, deutlich erinnere ich mich seiner Worte, nie habe er eine so schöne alte Frau gesehen, selbst im Tode sei ich schön. Mein Sohn, deutlich erinnere ich mich, mein Sohn hat spöttisch gelächelt, während der Doktor mich traurig betrachtete. Niemand je sagte mir, dass ich schön sei, niemand, ich wusste es, ich ahnte es, auf Fotos war es doch unübersehbar, nie war ich eitel, nie, warum, glaubtet ihr, es mir nie sagen zu dürfen, in der Schule, danach, wusstet ihr nicht, dass ich die Letzte bin, die sich darauf was einbildet.

Die schönen Worte, die ich je bekam, sind seltener als die Pilze auf den Almen gewesen. Nur hie und da mal ein schönes Wort, und eure Grausamkeit hätte ich verziehen.

Wiiiwiiy, wiiwiiiy, wiwiiiwiy. Wiiwiiiiwiiiiiiiiiiiy.

Die Sklavin Isaura, ich liebe dich mehr als meine Söhne, als meine dummen, verwöhnten Enkelkinder, die mich schlagen. Als Don Alvaro dich nahm, wusste ich, dass ich gehen darf. Dir wünsche ich alles Gute auf der Welt. Ich war schön wie du. Niemand sagte es mir. Ich spucke auf mein, auf euer Leben. Aber dir, meine schöne Blume, soll es besser gehen.

O wiiiwiiy, wiiwiiiy, wiwiiiwiy. Wiiwiiiiwiiiiiiiiiiiy

Oh wäre die Pelargonie, die ihr mir in die kalten Hände drücktet und die längst verwittert ist, die Fernbedienung. Ich hab sie nicht in den Kühlschrank gelegt. Das wisst ihr genau. Und ebenso wisst ihr, dass es nicht der Krebs war, dieses schwarze Tier, das in meinem Schoß wucherte, sondern die Tabletten von deiner Frau Aslı, dieser Hure, die ich schluckte, 20 Stück, und ihr wart glücklich, die Alte nicht Monate, Jahre in eurer schönen İstanbuler Wohnung vor dem Fernsehgerät sterben zu haben.

Wie schön war ich, sogar der Doktor sagte es, wie schön. In Yayladere sollt ihr noch einmal den Sarg öffnen, und erstarren sollt ihr in Ehrfurcht vor meiner Schönheit, und dann verfluche ich euch, meine Brut, meinen Mann, meinen Ziehvater, ich werde in euren Träumen wohnen und eure Angst vor mir wird mein Nektar sein.

Wiiiwiiy, wiiwiiiy, wiwiiiwiy. Wiiwiiiiwiiiiiiiiiiiy …

Die Fernbedienung. Aslı, ich habe dich doch geliebt. Die Fernbedienung. 83 Jahre Arbeit, Liebe, Arbeit, Liebe … Krebs,

Fernbedienung. Das ist alles. Könnt ihr mich nicht in Ehre gehen lassen, die ihr doch dreiundachtzig Jahre unter Verschluss hieltet. Ich verfluche euch, ich verfluche den Soldaten, der mich verfehlte. Ich verfluche euch alle. Fernbedienung …

Und langsam erstarb dieses Phantombewusstsein und stieg durch die Ritzen des Sarges nach oben, sättigte die Luft des Busses und stieg in die Nasen all der Reisenden, die nicht ahnten, wie und warum das Unheil im letzten Aufbäumen dieser traurigen Seele von ihnen Besitz ergriff.

4.
Das Dorf

Keineswegs hasst Ahmet Arslan die Türkei

Ahmet Arslan liebte diese Scheißgesellschaft, denn die Scheißgesellschaft, in der er sein neues Leben aufgebaut hatte, war
unter anderem deshalb beschissen, weil sie ihm jeden Tag das
Geständnis abringen wollte, dass sie besser sei als die Scheißgesellschaft, aus welcher er fliehen musste. Und war nicht schon
die Flucht ein Eingeständnis der zivilisatorischen Überlegenheit
des Fluchtlandes? Das und viele andere Gründe schürten in ihm
einen trotzigen Patriotismus. Denn wäre diese Türkei so demo-
kratisch, sozialistisch, pluralistisch, wie er es sich wünschte, wie
es seine neue Heimat in Ansätzen war, die türkische wäre gewiss
eine bessere Gesellschaft als die österreichische. Kein Zweifel.
Das Naturell dieser Menschen, gleich welcher Herkunft, befreit von Unterdrückung, Unwissenheit und Angst, würde seine
schönsten Früchte tragen. Freier, witziger, gastfreundlicher, rit-
terlicher, eine florierende Türkei, die bösen Seiten der urbanen
Moderne (Kemalismus, Kapitalismus) und die bösen Seiten der
ländlichen Zurückgebliebenheit (Sunnitentum, Patriarchat)
exorziert, die guten Seiten der Ersteren (Säkularismus, indivi-
duelle Freiheit) und die guten Seiten der Letzteren (Alevitismus,
kollektiver Sinn) glücklich obsiegend.

Was für einen Unsinn ein kritischer Mensch wie du nach dem
dritten Glas Wein von sich gibt, so hatten ihn seine kurdischen
Freunde in Wien gerne in die Realität zurückgepfiffen, wenn er
träumte. Er wusste, dass sie denselben Traum träumten. Aber es
machte ihnen, die mehr träumten als er, Spaß, auch ihn als Träumer bloßzustellen.

Before the Rain

Auch Ahmet Arslan war eitel. Er malte sich einige Szenarien seiner Rückkehr aus. Vorauseilende Schüchternheit legte sich schwer auf seine Brust, wie üblich bei bescheidenen Menschen, die sich bei Größenfantasien ertappen. Würde er als politischer Held empfangen? Als Vorkämpfer einer neuen Sache? Aber was. Sein Kampf in İstanbul hatte die Leute am Land nicht gewurmt, und wenn, dann schämten sich viele Eltern ihrer Söhne und Töchter, die Schande über sie und den Staat brachten, dessen Regierungen die Lebensbedingungen in der Region – man konnte es nicht leugnen – etwas verbessert hatten. Doch Ahmets Leid und das seiner Generation waren in Dersim längst durch viel schrecklicheres Leid übertüncht worden. Was bedeuteten die Verhaftungen, Ermordungen und Folterungen von damals gegen die Abertausenden gefolterten und geschlagenen Landbauern der 1990er-Jahre, gegen Hunderte angezündete Dörfer, Hunderttausende vertriebene Unschuldige ohne Kompensation, verelendet, sich selbst überlassen? Und so fragte er sich schließlich, ob seine wohlwollende Abneigung gegen die PKK nicht nur deren kurdischem Nationalismus galt, sondern von einem tiefen undurchschaubaren Neid genährt war. Dem Neid auf neuen Schmerz, neues Märtyrertum, welches das seine selbstgewiss aus der Geschichte radiert. Er begann sich zu schämen für das gute Leben, das er in Wien hatte führen dürfen, und wünschte insgeheim, dort in den noch immer glosenden Dörfern seiner alten Heimat als Vorkämpfer ihrer Kämpfe wenn schon nicht geehrt, so doch akzeptiert zu werden. Es ist nicht wahr, dass sie sich damals nicht als Kurden sahen, doch stand das nicht besonders weit oben auf der politischen Dringlichkeitsliste.

Ahmet Arslan liebte *Before the Rain*, den Film dieses mazedonischen Regisseurs, dessen Namen er vergessen hatte. Wie gerne würde er wie die männliche Hauptfigur, ein vom Leben gebeizter Kriegsfotograf, in sein Dorf zurückkehren. Im Dorf des Films lebten patriarchale mazedonische Bauernkrieger in Nachbarschaft ihrer albanischen Widersacher kurz vor Ausbruch einer Katastrophe. Nichts hatte diese vermutlich reale Balkanwelt, aber fiktive mazedonische Welt mit seiner kurdischen zu tun, und doch sah er sich gerne als dieser coole Typ, mit langen grauen Haare, Bart, mittleren Alters, gelassen, abgebrüht und dennoch menschlich. Im Film gerät dieser zwischen die Fronten, weil er ein albanisches Mädchen, das einen Dorfbewohner nach einem Vergewaltigungsversuch getötet hat, vor seinen Vettern rettet. Und das tragische Ende dieses Vorbilds, das ihn mit der verschütteten Tragik seiner eigenen Vergangenheit verband, rührte ihn immer wieder zu Tränen. So möchte auch er, Ahmet Arslan, in sein Dorf zurückkehren. Gelassen über die Zäune steigen, den Rucksack geschultert, militarisierten Jugendlichen Ohrfeigen verpassen, die mit der Kalaschnikow vor ihm herumfuchteln, und die Liebe seiner Jugend im verfeindeten Nachbardorf besuchen. Gab es so eine in Holike? Am ehesten kam Ruken diesem Bild nahe. Zwischen ihnen war einmal etwas gewesen. Nicht wirklich. Aber wirklich genug, dass er seinen Selbstmord plante. Ruken hatte İzzet geheiratet, einen gebildeten Finanzbeamten und ausgesprochen netten Kerl, den Ahmet in guter Erinnerung hatte.

Ahmet dachte über den Namen des Hauptdarstellers von *Before the Rain* nach, einen dieser schwer aussprechbaren serbischen Namen. Oder war er Kroate? Rade Serbedschia. Oder Serbe Radedschia?

In den Balkaniern, welche die Wiener wie Türken und Kurden ohne Unterschied *Tschuschen* nannten, fanden er und viele andere Kurden Identifikationsfiguren; ein interessantes Phänomen, das ihn oft beschäftigte. In Wien hatte er sich unter den Migranten unweigerlich mit diesem balkanischen Element konfrontiert gesehen, das er als eine Art Missing Link zwischen der österreichischen Gesellschaft und seiner erkannte und eine gewisse Faszination auf ihn ausübte. Einerseits fühlten er und viele der ländlichen Intellektuellen aus Ostanatolien sich den jugoslawischen Gastarbeitern überlegen. Sie dünkten ihnen oft schmierig, derb, bloß auf den jeweils geringsten materiellen Vorteil aus, während sie sich Ideale, Ritterlichkeit, Ehre zuschrieben. Andererseits empfanden sie sich ihnen gegenüber auch als unterlegen. Das hatte weniger damit zu tun, dass diese Jugos westlicher waren, sondern unmittelbarer, frecher, herzlicher, selbstbewusster, mit einer gesünderen moralischen Ambivalenz. Im Vergleich zu ihnen, mutmaßte Ahmet, fühlten sich die Kurden von zu vielen Zwängen gehemmt und gaben sich in Gesellschaft jugoslawischer Menschen großsprecherischer, als sie wirklich waren. Eine Form der Spiegelung oder Mimikry, bei welcher Zwetschkenschnaps und Bier keine geringe Rolle spielten. Sarkasmus, Ironie und Witz hatten sie selbst erst in İstanbul gelernt, die schienen diesen Balkan-Apachen in die Wiege gelegt zu sein. Selbstironie fehlte denen indes völlig. Darin waren die Kurden mit ihren fein austarierten Minderwertigkeitskomplexen besser. In diesem gesamten postosmanischen Kosmos, den sie mit den Jugos, aber nicht den Österreichern teilten, waren die Balkan-Apachen irgendwie die gewiefteren und streitbareren Antagonisten der Türken als die ehrenvollen bettelarmen Kurden-Schoschonen. Wie gerne würde Ahmet Arslan wie der poetische Macho Serbe Radedschia heimkehren. Oder hieß er Rade Serbedschia?

Dersim

Wie ein roter Ball stieg die Sonne über den Bergen hoch. Ahmet Arslan, frisch erwacht, presste seine Wange an die kalte Fensterscheibe des Busses und starrte mit kindlich staunenden Augen der Heimat entgegen. In der Ferne leuchteten noch die Nachtlichter von Elazığ, dahinter wölbten sich die Berge gegen den Himmel. War das schon Dersim, oder begann Dersim erst mit dem nächsten Höhenzug? Ahmet wusste es nicht mehr. Wie oft hatte man Dersim zerstückelt, um ihm sein Gesicht zu nehmen.

In Europa hatte er sich immer als Mann aus Dersim präsentiert. Und den Bergwind durch dieses mythische Wort pfeifen lassen. Bereits bei diesem stolzen Bekenntnis, das schlimmstenfalls Auslegungssache war, kratzte in ihm das schlechte Gewissen des ehrlichen Lügners. Sein Dorf lag nördlich des Keban-Stausees und damit nachweislich im Süden Tuncelis, wie die Türken Dersim nennen, und doch glaubte er, dass ihm diese Herkunft nicht zustand, denn das richtige Dersim, das begann doch immer etwas weiter im Norden. Das je wildere, bessere, unabhängigere, aus dem die besseren, todesmutigeren Genossen wuchsen wie die Disteln im Frühling.

Es gab – Ahmet Arslan wusste es nur zu gut – zwei Dersims: das romantische und das reale. So wie es zwei Ahmet Arslans gab, den Träumer und den Träumezerstäuber. Er nahm sich das Recht heraus, sich nach so langer Absenz von der Heimat ein wenig zu belügen. Deshalb wollte er die vielen Angeber, die er in Wien und anderswo kennengelernt hatte und die sich mit den Mythen Dersims schmückten, nun aus seinem Sinn verbannen. All die Maulhelden, die mal die größten Sozialisten, mal die größten Kemalisten, mal die stolzesten Aleviten, mal die wichtigsten Kurden waren, wie es ihnen gerade in den Kram passte. Und dann doch nur kleine Gauner waren, entweder in der Politik oder in echter Kriminalität ihr Auskommen suchten.

Wie oft hatte er ihnen ihr Kunst-Dersim zerstört, wie sehr war er von ihnen gehasst worden dafür. Doch jetzt, da er diesem anatolischen Miniaturhimalaya entgegenrollte, wollte er alle seine

Zweifel für zwei Wochen im Keller seines Bewusstseins einsperren und das ewige Kind in ihm dem Dersim seiner Träume, seines Stolzes, seiner Tränen die Bruderhände entgegenstrecken: dem Dersim der nie bezwungenen Hochlandstämme, Dersim der Ritterlichkeit seiner Männer wie seiner Frauen, Dersim der hohen Gipfel, Dersim des Heiligen Düzgün Baba, des mächtigen Sülbus und seines schroffen Bruders Tarı, das Dersim der düsteren Munzur-Berge, Dersim der Steinrebhühner und Pilze, wo jede Quelle, jeder Fels und jeder Baum, ja, jeder Windstoß heilig ist und die Menschen nicht wie Knechte, sondern wie Epiphanien des Göttlichen zu ihnen beten; Dersim der nie geknickten Halme, der Räuber, Teufelskerle, gefürchtet von allen Nachbarn, doch nie unterworfen, Dersim, wo Zaza und Kurmandschi Brüder sind und Kizilbaschi auch ihre sunnitischen Brüder nicht bespucken, wie diese es mit jenen anderswo tun; Dersim, wo die Aleviten zugleich das älteste Substrat der Religion mit dem modernsten verbinden, Animismus mit Atheismus, wo das Individuum nicht nur heilig, sondern wehrhaft und tapfer ist, wo Stammesegalität keinen Ağa und keinen Bey über sich duldet, wo die Menschen ihre armenischen Brüder nicht verrieten, beraubten und mordeten, sondern schützten; Dersim, wo das Wasser des Munzur, das Blut der in ihm Ausgeronnenen und die Freiheitsphilosophie natürliche Sozialisten zeugt, welche die türkische Linke ebenso führten wie den kurdischen Widerstand, obwohl sie so stur und eigensinnig sind, dass sie oft nicht einmal Kurden genannt werden wollen.

Dersim der satten Weiden und der freien Menschen, ich grüße dich, mein Herz, mein Abyss, meine lachende Plazenta, noch einmal soll dein Bergwind mir den Scheitel ziehen, noch einmal will ich von deinen Quellen trinken, deine Bäume küssen, deine Mütter grüßen, die Gräber deiner Väter besuchen.

Ich weiß doch, dass das ein Märchenbild ist, das meine dürstende Seele an die Scheibe dieses Busses haucht, doch nur ein winziger Teil des je kleinstes Elements davon kann wahr sein und dadurch wahrer als alle anderen Mythen – so sei ich zufrieden damit, und jetzt gebt Ruh, ihr gegen die verschlossene Verliestür meines Bewusstseins polternden Zweifel. Mein Dersim, ich komme.

Kerim Bey

Kerim erwartete ihn an der Abfahrt Richtung Elazığ. Dort stand er über die Oberkante seiner geöffneten Autotüre gebeugt. Ahmet wusste sofort, dass der Land Rover eine wichtige Rolle bei der Begrüßungszeremonie spielen würde. Kerim musste ihn zuvor zur Reinigung gebracht haben, denn so sauber kriegt man keinen Wagen durchs Hochland. Er glänzte wie seine Spiegelbrille. Ahmet hatte seinen Bruder schon eine Weile vom Bus aus beobachtet. Er verhielt sich genauso, wie er es erwartet hatte. Drei Sequenzen würde die Begrüßungsszene durchlaufen: 1. Kerim blickt, da er sich noch unbeobachtet wähnt, gelangweilt in die Luft. 2. Kerim starrt seinen Bruder durch die Spiegelbrille ohne Regung an. 3. Ein zartes Lächeln löst seine steinerne Miene, wobei noch nicht ausgemacht ist, ob es sich um brüderliche Freude oder brüderlichen Spott handelt.

Kerim hatte einen beachtlichen Bauch bekommen, sein Schnurrbart war von grauen Haaren durchzogen, am Kopf trug er ein Tuch im Stil der Piraten, dies und das Safarigilet mit den unzähligen Taschen und Patronenschlaufen sollten ihm einen jugendlichen Anstrich geben.

Sehr spät begann Kerim zu lächeln. Ahmet war ihm schon auf halbem Weg entgegengekommen. Kerims lächelndes Gesicht verzog sich zu einer schmerzlichen Miene. Er breitete die Arme aus und lief auf den Bruder zu, der ließ den Trolley stehen und die Handtasche fallen. Ich verfluchter Kurde, dachte Ahmet, als er den Bruder umarmte, die Tränen rannen ihm die Backen runter, und als er klatschende Nässe auf dem Gesicht seines Bruders spürte und sich ihre Tränen wahrhaftig vermischten, löste sich seine Reserve in geschlechtslose Zärtlichkeit auf.

Kerim holte sein Taschentuch, und tupfte dessen Zipfel unter die Brillengläser.

27 Jahre. Du verfluchter Kizilbasch, brach es aus ihm heraus.

Hättest mich besuchen können, du verfluchter Kizilbasch, erwiderte Ahmet.

Weiter als İstanbul bin ich nicht gekommen. Das hat mir schon gereicht.

Tolles Auto.

Ja, ja. Komm, lass uns zuerst auf einen Tee und eine Suppe gehen.

Kerim lud das Gepäck ein, machte ein Selfie von sich und seinem Bruder und dann fuhr er diesen zu einem Lokanta am Stadtrand von Elazığ. Der Besitzer, es musste Yakub Beg aus Pertek sein, begrüßte ihn mit Kuss und scherzte: Na Kerim, heute noch nicht in der Moschee gewesen?

In die Moschee geh ich nur zum Scheißen, antwortete dieser und zwinkerte seinem Bruder zu.

Mein kleiner Bruder ist zurück, stell dir vor.

Der hagere Mann wischte sich die Hände in der Schürze ab und küsste Ahmet auf die Wangen.

Merhaba. Willkommen daheim, Ahmet Can.

Eine verblasste Farbfotografie über der Küchentheke zeigte Yakub Beg beim Sazspiel, daneben eines dieser kitschigen Abbilder von Hadschi Bektasch Weli, dem großen Mystiker und von Bektaschen wie Aleviten verehrten Weisen.

Der Tee dampfte und die Suppe nicht minder. Sie schmeckte nicht besser als die anderen Linsensuppen, die Ahmet auf dem Weg hierher zu sich genommen hatte, doch die Situation, hier mit seinem Bruder in der Heimat, machte sie zur außergewöhnlichsten Suppe seines Lebens. Ahmet genoss es, wie der Zitronensaft am Suppenteller vorbeispritzte, wie dessen Tropfen auf der schweren Pampe schwammen und wie auch ein, zwei Kerne darauf zu liegen kamen.

Mama kann es kaum erwarten, sagte Kerim, wo ist deine Frau geblieben?

Arbeit. Aber das nächste Mal nehme ich sie mit. Bestimmt. Wie geht es deiner Aslı?

Asye!

Verzeih.

Macht nichts. Ich nenn sie manchmal Svetlana, dann gibt es Haue.

Ahmet lächelte seinen Bruder an. Der war nie um einen Scherz verlegen, und gefiel sich dabei. Die verschmitzte Fratze, die er jetzt zog, und wie er dabei mit dem Weißbrot den Teller aufwischte, allein dafür hätte Ahmet Kerim ein weiteres Mal umarmen können.

Und, habt ihr wenigstens ein großes Fest für mich ausgerichtet?, wollte Ahmet zwinkernden Auges wissen.

Bist du uns das wert?

Ein dünner Schmerz bohrte sich in Ahmet.

Nimm es nicht persönlich, mein Guter, sprach Kerim, aber du wirst das Dorf nicht wiedererkennen.

Ein etwas unangenehmes Schweigen legte sich zwischen die Brüder. Es bedurfte einer Dose Bier, um es zu lösen. Zeit, in die Berge hochzufahren. Nachdem die beiden so ziemlich alle Familienverhältnisse des Dorfes durch hatten, versiegte das Gespräch, doch das störte Ahmet nicht, denn der Anblick der Landschaft ertrug ohnehin keine Geschwätzigkeit.

Sie nahmen die Fähre über den Stausee. Zu ihrer Linken entzückte Ahmet die kegelförmige Felseninsel, auf der die mächtige Festung von Pertek düster und verlassen prangte. Ein glatter, blauer Spiegel war der See an diesem Morgen. Und Ahmet erinnerte sich an die Hochzeitsgesellschaften, die vom Standesamt in Elazığ zurückkehrten, und an die Reihe der Halay-Tänzer auf der hochgefahrenen Rampe des Schiffs und die Trommler und Zurnaspieler.

Nachdem sie die Kreisstadt Pertek passiert hatten, drangen sie auf Serpentinen in die südliche Bergflanke Dersims vor. Und Ahmet hing wie ein kleiner Junge an der Fensterscheibe, als sähe er diese Landschaft zum ersten Mal. Vom See aus hatten die Hügel nackt und wüstenhaft ausgesehen, doch bald nahm die Vegetation zu und Dersim bot einen Vorgeschmack auf die Vielfalt seiner Szenarien. Oben auf einem Hochpass öffneten sich die Kämme wie von göttlicher Hand auseinandergeschoben und gaben den Blick weit in den Nordosten frei. Dort im warmen Licht der Mittagssonne glitzerten am Horizont der mächtige Düzgün Baba und rechts davon die Kuppeln von Sülbüs und Tari. Ahmet bat seinen Bruder anzuhalten und um eine Zigarette, so aufgeregt war er, der das Rauchen vor sechs Jahren aufgegeben hatte.

An drei *Kalekollar*, Militärforts, fuhren sie vorbei, und Ahmet musste an den kleinen Reservisten Oktay denken, und die Soldaten, die da oft in unterirdischen Bunkern hausten, taten ihm leid. In den 90er-Jahren waren diese stacheldrahtbewährten Ritterburgen immer wieder von Partisanenverbänden angegriffen worden. Nicht weit vom zweiten *Kalekol*, das sie passierten, wurden sie von einer Polizeikontrolle angehalten.

Keine Angst, Bruder, sprach Kerim und wies diesen mit einer kurzen Handbewegung auf den Faschistenbart eines der beiden Polizisten hin. Diese kontrollierten ihre Ausweise. Kerim zwinkerte vergnügt.

Willkommen in Kurdistan, flüsterte er dem Bruder zu.

Schließlich gab ihm der Beamte die Ausweise zurück, nicht ohne höflich, aber bestimmt hinzuzufügen:

Ich würde Ihnen raten, am Steuer nicht zu trinken. Vor drei Tagen hat ein betrunkener Fahrer zwei Kinder auf dem Weg von der Schule angefahren.

Ahmet fuhr es wie ein Stich in den Rücken, als sein Bruder begann, vor ihm mit Frechheit zu prahlen.

Hören Sie mal, Herr Inspektor, ich dachte, Sie wären hier, um Terroristen zu jagen. Kriegen Sie als Verkehrspolizist Sonderzulagen?

Der Polizist sprach ruhig: Schauen Sie, dass Sie weiterkommen. Sie wissen, dass ich Sie jederzeit verhaften kann.

Ich weiß, sagte Kerim genervt und startete los.

Bist du verrückt, Bruder?

Kerim lachte.

Ha, dein Ausdruck in den Augen. Hättest dir beinahe in die Hose gemacht. Wien hat dich weichgeklopft. Keine Angst, mein Junge. Die kennen mich.

Der Adrenalinstoß beflügelte Kerim, er fuhr noch waghalsiger in die Kurven, öffnete die zweite Bierdose, und schob mit lässigem Schwung eine CD in den Player. Şivan Perwer tremolierte sein Intro, das in ein wildes Tanzlied überging. Die Brüder sangen laut mit. Desgleichen taten sie zu Mikail Arslan und Aynur Doğan. Die Sonne machte sich daran, hinter den Bergkämmen zu verschwinden, es wurde kühl, und die Fenster beschlugen sich mit Fröhlichkeit.

Graue Wolken hingen am Himmel, als sie in die Talsenke runterfuhren, in der das Dorf lag. Die Ortstafel mit dem türkischen Namen Beyköy war von Einschusslöchern durchsiebt. Ahmets Puls schlug wild im Hals. Keine Kinder und Alten kamen, um den verlorenen Sohn zu begrüßen. Keine Tische waren gedeckt, keine bunten Glühlampen leuchteten. Nicht einmal die Hunde schienen ihn zu erwarten.

Doch das alles störte Ahmet nicht, denn nichts war aufzuwiegen mit der Freude, die das Wiedersehen zwischen einer Mutter und ihrem verschollenen Kind bedeutet.

Ahmet erschrak, als er an der Stelle, wo einst ihr schönes armenisches Steinhaus gestanden hatte, einen unsäglich hässlichen Neubau erblickte, der kleinbürgerlichen Wohlstand mit ebensolcher Geschmacklosigkeit vereinte. Ahmet unterdrückte seinen Zorn, als er seine Mutter aus der Haustür treten sah.

Am Stock humpelte sie ihm entgegen, der Wind blies durch ihr weißes Kopftuch. Ahmet drückte ihren klapprigen schmerzvollen Körper vorsichtig, um sie nicht mit seiner Liebe zu zermalmen.

Nicht weinen, Mama, nicht weinen. Ich bin doch da.

Aber du weinst ja selber, meine Sonne, mein Lämmchen.

Die Mutter blickte ihn mit unruhigen Augen zwischen verwitterten Lidern an, ihre Lippen, die in der zahnlosen Mundhöhle verschwanden, pressten sich zu einem vergnüglichen, spöttischen Ausdruck zusammen.

Dick bist du geworden, Junge.

Die füttern mich gut in Wien.

Wird Ali auch kommen?

Ali ist tot, sagte Kerim.

Ali, der älteste Bruder, war schon mit vierzehn bei einem Autounfall ums Leben gekommen. Die Mutter und die Brüder schritten aufs Haus zu. Kerims Frau Asiye kam die Stiegen runter. Höflich und förmlich fiel die Begrüßung aus. Ahmet wusste auf Anhieb, dass er seine Schwägerin für eine langweilige, bigotte Kuh halten würde. Außerdem trug sie ein Kopftuch, obwohl sie noch keine vierzig war, und sie trug es auf eine Weise, die ihm gar nicht gefiel. Ganz gleich, ob Kerim wirklich nur die stets sauberen sanitären Anlagen der Moschee aufsuchte oder bloß vor ihm mit seiner Religionsfeindlichkeit angeben wollte, seine Frau ging bestimmt in die Moschee, und zwang auch ihre Kinder dazu. Die zwei jüngeren Kinder befanden sich in Elazığ bei Asiyes Schwester, wo sie zur Schule gingen. Kerims und Asiyes älteste Tochter aber war zugegen und drückte dem Onkel schüchtern die Hand. Sie gefiel ihm am besten, nicht weil sie hübsch und siebzehn war, sondern weil sie etwas Rebellisches ausstrahlte, eine wütende Unnahbarkeit. Jede Generation birgt Hoffnung in sich. Da er keine Kinder hatte, würde dieses Mädchen, Elif hieß sie, den Kampf weiterführen müssen.

Holike

Das Dorf Holike, dem die Regierung vor über 50 Jahren wie so vielen anderen kurdischen Dörfern einen türkischen Namen, nämlich Beyköy, verpasst hatte, lag zu einem Teil flach im Tal des Derê Saniku, zum anderen an einen Hügelhang geschmiegt, welcher ein Ausläufer eines ansehnlichen Bergsockels war und das Tal überschattete. Aus diesem ragten wie Zwillinge die Gipfel des Koyo Derg und des Koyo Serd hervor. Wie in vielen anatolischen Dörfern standen die Häuser in großzügigem Abstand zueinander. Zwischen ihnen erstreckten sich Wiesen und Obstgärten.

Ahmet musste über die geneigten Satteldächer aus türkisem Wellblech staunen, welche den Flachdächern seiner Jugend aufgesetzt worden waren. Eine sinnvolle Innovation, denn das Schneeschaufeln auf dem Dach und die Bildung von Pfützen und Erosion nach Regenfällen erübrigte sich hiermit. Noch mehr erstaunten ihn aber die Sonnenkollektoren auf den Dächern. Praktische Investitionen, die Energieunabhängigkeit gewährten und nach keinen Umweltpreisen schielten.

In den 90er-Jahren war Holike zwar das Schicksal so vieler anderer Dörfer Dersims erspart geblieben, keine Häuser waren von

98

der Armee angezündet, keine Menschen deportiert worden, doch die Schikanen und Verhaftungen hatten etliche Einwohner zum Umzug nach Elazığ, Ankara oder İstanbul getrieben, und seit die Berge und Almen zum militärischen Sperrgebiet erklärt worden waren, gab es kaum Viehwirtschaft mehr in Dersim. Nie hatten die Dersimer große Herden besessen, doch die Ziegen, Schafe und Kühe waren jeden Sommer auf die Hochweiden getrieben worden.

Nun saßen vornehmlich alte Leute in ihren Dörfern, lebten von Rente und Sozialunterstützung und kauften tiefgefrorenes Fleisch aus Georgien und Argentinien in den Supermärkten von Hozat, Pertek oder Çemişgezek. Manche Hiergebliebene hatten sogar die Gartenwirtschaft aufgegeben, so sehr saß ihnen die Lethargie in den Seelen. Freilich, seit der Jahrtausendwende war es besser geworden, die Jungen kamen zumindest im Sommer in die Dörfer zurück und Leute der mittleren Generation, die es im Ausland zu etwas gebracht hatten, bauten in ihrer Heimat Häuser, um den Lebensabend dort zu verbringen, wo sie aufgewachsen waren. Schon bei der Hinfahrt war Ahmet hinter dem Hochpass eine solche Neubausiedlung aufgefallen. Wie groß musste das Heimweh gewesen sein, dass diese Menschen aus Stuttgart oder Nürnberg oder Malmö ihre Sommer an diesem rauen Platz verbringen wollten, an dem selbst die Wölfe nur geduckt vorbeischleichen, weil der Wind so eisig weht.

Doch hatte die Landflucht schon lange vor den 90er-Jahren eingesetzt. Kerim Arslan gehörte zu den wenigen Menschen, die es in den Städten oder im Ausland zu mehr hätten bringen können, die sich aber dafür entschieden, ihre Fähigkeiten den Orten zu schenken, die sie genährt hatten. Zweimal war er *Muhtar*, Bürgermeister, gewesen. Seinem diplomatischen Geschick verdankte es sich, dass die Armee dem Dorf – abgesehen von den üblichen Verhaftungen und Folterungen – nicht übel mitspielte, was den

Verdacht der Kollaboration auf seine Schultern lud. Doch seiner Initiative verdankte sich das Stromnetz, die Kanalisation, die Asphaltierung so manches Eselspfades und sogar der Internetzugang. Außerdem hatte er ein zweisprachiges Ortsschild am Dorfausgang durchsetzen können. Im Umkreis von zwanzig Kilometern war er der einzige Unternehmer, ein einsames Vorbild, dem kaum jemand folgen mochte. Kerim galt als der größte Sturschädel weit und breit, bewundert und verachtet wurde er, aber beliebt war er nicht. Seine spitze Zunge konnte tief bohren, und es schien ihm egal, ob man ihn mochte. Aber er besaß auch Humor, und das versöhnte viele mit ihm. Kerims mürrische, oft abweisende Art löste bei vielen Leuten einen Reflex aus, der Ahmet missfiel. Sie waren so eingeschüchtert, dass sie sich ihm unterordneten, sich seine Beleidigungen gefallen ließen, seine Unfreundlichkeit mit Selbstbewusstsein verwechselten und wie geprügelte Liebende für ihn dahinschmolzen, wenn er sich ausnahmsweise mal bei guter Laune, charmant, witzig und großzügig zeigte. Er hatte wie sein älterer Bruder in İstanbul zu studieren begonnen. Doch das Studium der Rechtswissenschaften brach er im vierten Semester ab. Immer wieder schob er als Grund vor, dass das Geld dafür fehlte, weil die Unterstützung durch die Eltern für Anwaltskosten wegen des inhaftierten Bruders draufging. In Wahrheit erhielt er aber ein Staatsstipendium und zeigte auch keine Lust, wie so viele andere zu jobben. Er kehrte, was niemand verstand, weil er ein gebildeter und weltgewandter Junge war, ins Dorf zurück. Ein gemeinsamer Bekannter der Brüder, den es nach München verschlagen hatte, erzählte Ahmet einmal, Kerim sei nur aus Trotz zurückgekehrt, um seinen Bruder und das gesamte Dorf beharrlich für das Platzen seiner Träume verantwortlich zu machen. Zudem hatte dieser Bekannte gemeint, Kerim sei durchaus hilfsbereit, doch jeder, der seine Hilfe in Anspruch nehme, müsse zuerst einsehen, ein Dummkopf zu sein. Kerim sah sich als der Einzige weit und breit,

100

der Probleme lösen konnte. Und herrschte mal Mangel an Problemen, so fiel es ihm nicht schwer, neue zu schaffen.

Leistungsschau

Nach dem Frühstück zeigte Kerim seinem Bruder, was er geleistet hatte. Und dieser konnte kaum abwarten, die Führung durch Holikes Mikroökonomie hinter sich zu haben, so sehr lockten der Pappelwald am Fluss, welcher der Lieblingsplatz seiner Kindheit war, die kleine Klamm, die Wunder der Natur, von denen er in Wien unzählige Male geträumt hatte.

Kerim führte Ahmet zu einem schmucklosen, flachen, unverputzten, quaderförmigen Häuschen mit angerostetem Wellblechdach. In der Nacht hatte er schon die Schreie der Kühe gehört. In Reih und Glied standen sie dort. Eine kleine Frau unbestimmbaren Alters und mit dunklem Teint schaufelte den Kot in eine Schubkarre.

Merhaba, sagte Ahmet zu der Gehilfin. Sie erwiderte schüchtern den Gruß.

Das ist Figen. Ich zahle ihr 900 Dinar im Monat. Das ist nicht viel. Aber mehr, als eine Zigeunerin im Osten verdient.

Kerim stellte dem Bruder jede der Kühe einzeln vor. Echte Holstein-Rinder – und Kerim lieferte auch die für Ahmet völlig uninteressante Information nach, wie sehr unter dem Marktpreis er die Kälber eingekauft habe. Im Übrigen war die eigentliche Botschaft der Firmenpräsentation, was für gerissener Businessman er doch nicht sei. Kerim hatte seine deutschen Kühe auf die Namen der türkischen Ministerpräsidenten der vorangegangenen Jahrzehnte getauft. Ahmet verbeugte sich vor jeder ehrfürchtig und freute sich über Figens Lachen.

Darf ich vorstellen: Demirel, Ecevit, das ist Özal, Erbakan, Yılmaz, das ist meine geliebte Tansu Çiller, sie liebe ich besonders.

Wie zu erwarten gab Kerim Tansu Çiller einen heftigen Klaps auf den Hintern, und Ahmet beobachtete Figen, die auf die Schaufel gestützt ihren Chef anhimmelte.

Figen, hast du den Schlüssel für die Käserei?

Kerim führte vermutlich die erste staatlich zertifizierte Biolandwirtschaft von ganz Dersim. Ohne es zu wissen waren wohl die meisten Bauern Ostanatoliens Biobauern, denn weder konnten sie sich Kunstdünger leisten noch verfügten sie über das Kapital, ihre Betriebe zu industrialisieren. Mit Stolz zeigte Kerim seinem Bruder eine Plakette, die ihn als biologischen Agrarökonomen nach EU-Norm auswies.

Wie er sich diese Auszeichnung erschwindelt habe, wollte Ahmet wissen.

Drei Jahre zuvor seien Vertreter des Landwirtschaftsministeriums mit einem echten vollbiologischen deutschen Agrarprüfer in Holike gewesen.

Ahmet verstand nicht. Was habe die EU mit Bauern in der Türkei zu schaffen?

Tatsächlich, Kerim war der Beweis, unterstützte die EU auch Landwirtschaften in der Türkei, die sich der biologischen Produktionsweise verschrieben hätten.

Sag bloß, du bekommst Agrarsubventionen aus Brüssel.

Verschmitzt nickte Kerim und hielt einen nicht enden wollenden Monolog über Höhe und Art der Zuwendungen, die er sowohl vom Europäischen Agrarfonds als auch vom türkischen Landwirtschaftsministerium lukriere. Und damit produziere er seine eigene Marke Munzur-Butter, die er um 50 Lira das Kilo zu den Alternativmärkten nach İstanbul verkaufe; am meisten gefragt sei aber sein Tulum-Peynir-Käse, den er aus einer Mischung aus Kuh- und Ziegenmilch herstelle und mit echt Dersimer Kräutern würze, die er billig aus Armenien beziehe. Kerims Gesicht war fortan eine Maske schelmischer Selbstzufriedenheit.

Wollte der Kerl wirklich vor ihm damit prahlen, was für ein Schlitzohr er sei, oder war das wieder mal eine seiner Provokationen, mit denen er Ahmets Wunschbild von Dersimer Edelmut foppen wollte? Kerims Gewinnspannen – denn davon handelten seine Ausführungen – waren beachtlich und übertrafen Ahmets Wiener Gehalt bei weitem. Stolz zählte Kerim die İstanbuler Alternativ-Cafés und Biorestaurants auf, die ihren Käse von ihm bezogen, er nannte seine Kunden abfällig die „Hippies", und eröffnete feierlich, dass nächstes Jahr Abnehmer in Berlin und Köln hinzukämen.

In Wien fänden Kerims Produkte sicher auch Absatz.

Nun, wollen wir es nicht übertreiben. Ich weiß ja nicht mal, wie ich die deutschen Aufträge bewältigen soll. Ich müsste am Ende gar noch jemanden einstellen.

Aber ich bitte dich, Bruder, als ob es in der Gegend nicht genug fleißige Leute gäbe, die so einen Job brauchen könnten.

Kerim schwieg und zeigte dem Bruder die Ziegenbälge, in denen der Käse reifte.

Ahmet hoffte auf ein baldiges Ende der Führung, um dorthin zu verschwinden, wo die Wildnis, gleich hinter dem Dorf, anfing, wo es zwar unberechenbar zuging, aber auch nicht so berechnend wie hier beim örtlichen Wirtschaftswunder.

Hinter der Käserei stand ein weiteres Häuschen, ein lieblos hingeklotzter Neubau, darin war Figen untergebracht. Es hatte sich keine Gelegenheit ergeben, aber Ahmet würde sich mit der Frau bald unterhalten, sie fragen, woher sie komme, aus welcher Sippe, was ihre Leute jetzt machten, wie Kerim sie behandle. Ahmet hatte tiefen Respekt vor den Zigeunern Ostanatoliens. Dort waren sie bei weitem nicht so diskriminiert wie in Europa, und am wenigsten in Dersim, und am allerwenigsten von den Linken, denn ohne die Hilfe der Zigeuner wären viele von ihnen verloren gewesen. Nie hatte Ahmet bessere Menschen gefunden.

Obwohl sie meistens sehr arm waren, fanden ihre Gäste immer einen vollen Tisch vor, und nicht nur ein Mal hatten sie ihn und seine Genossen und Genossinnen vor Polizei und Militär versteckt und sich mit diesen, völlig blind gegenüber ihrem eigenen Schicksal, Gefechte geliefert. Den Zigeunern hat man nicht viel vormachen müssen, sie verstanden genau, es genügten ihnen die Worte Gerechtigkeit und Gleichheit und Freiheit, schon warst du ihr Bruder, und wenn sie mal für dich und deine Sache kämpften, kämpften sie wie Pitbullterrier. Von späteren Flüchtlingen nach Wien hatte Ahmet viel von der selbstlosen Unterstützung erfahren, welche PKK-Kämpfer durch die Zigeuner erfahren hätten. Und ihm war nicht behaglich dabei gewesen, dass das Leben dieser großartigen Menschen durch einen nationalistischen Krieg gefährdet werde. Wie dem auch sei, dafür dass die Zigeuner nicht wenige türkische Polizisten umgebracht hatten, konnten sie sich erstaunlich gut aus der Affäre ziehen. Sie waren Nomaden, seit Hunderten Jahren kannten sie jedes Versteck, sie und die turkmenischen Yörük beherrschten die Kunst, sich vom Erdboden verschlucken zu lassen. Viele von ihnen hatten nicht einmal einen Staatsbürgerschaftsnachweis und waren in keinem Taufregister eingetragen. Die meisten waren sesshaft geworden. Am Rand der Städte. Dort lebten sie wie Hunde. Vorher hatten sie wie Wölfe gelebt.

Wie schön waren die Zigeunerfrauen in ihren bunten Kleidern und mit ihren dunklen indischen Gesichtern anzusehen, wenn sie am Rande des Dorfes lagerten. Ihre Männer waren wunderbare Zurna- und Davul- und Klarinettenspieler. Die Region war eine der wenigen, wo auch Kurden die Klarinette spielten. Aber die Zigeuner waren es, welche sie darin unterrichtet hatten. Die Überheblichkeit gegenüber den Zigeunern, wusste Ahmet, begann erst mit zunehmendem Wohlstand. Aber in der Gesellschaft, aus der er kam, war man nicht reicher als sie, doch stärker an Ort, Gesetz und Sitte gebunden. Deshalb beneidete man diese Zugvögel. In den Zigeunern lebte jener Ethos fort, den die Aleviten sich selber zuschreiben. Ahmet wusste, dass das schlimme Idealisierung war, abgedämpft aber durch die gesunde Kritik an den eigenen Leuten.

Ahmet hatte Kerim unter Verdacht, dass er sich an Figen verging.

Der erste Streit

Ob er auch den kleinen Dursun und die kleine Sakine sehen werde, wollte Ahmet am zweiten Tag seines Aufenthalts wissen. Er werde sie am Wochenende aus Elazığ abholen, versprach Kerim und fügte hinzu, dass die gar nicht mehr so klein seien. Dursun sei vierzehn und Sakine werde im Juli zwölf.

Elif, die Älteste, hatte die Grundschule abgeschlossen und wollte Friseuse werden. Doch schrieb sie kaum Bewerbungen und verbrachte die meiste Zeit in ihrem Zimmer mit Kopfhörern vor dem Computer. Am liebsten trug sie ein blaues Superman-T-Shirt, das sich über ihren üppigen Busen spannte, und Ahmet untersuchte genau, wo Kerims Augen hinstarrten, wenn er mit ihr sprach – und was er nicht wusste: Kerim prüfte seine Blicke. Doch beide glichen sich doch darin, dass sie nicht wagten, dort hinzusehen, und nicht nur, weil sie unter Asiyes Beobachtung standen.

Jeder Versuch Ahmets, Elifs Vertrauen zu gewinnen, prallte an ihr ab. Sie interessierte sich schlicht nicht für ihren Onkel aus *Avusturya*, sie interessierte sich auch nicht für ihren Vater, die Großmutter war Luft für sie, schlechte Luft, denn immer, wenn sie das Wohnzimmer, in dem die Alte fernschaute, betrat, verzog sie ihr Gesicht und öffnete das Fenster. Am wenigsten aber interessierte sie sich für ihre Mutter. Die schien sie aufrichtig zu hassen. Bald musste Ahmet einsehen, dass sich Elif für gar nichts interessierte. Als er sie während des Mittagessens nach ihren Lieblingsautoren fragte, schenkte sie ihm erstmals ein Lachen. In diesem Lachen war Schüchternheit mit Spott verrührt. Antwort gab sie keine. Ständig starrte sie auf ihr Handy, tauschte SMS mit Freunden aus oder spielte irgendwas.

Kerim, der sonst nachsichtig und sanft zu ihr war, platzte der Kragen:

Musst du dich ständig mit dem Ding spielen! Wenn dein Onkel mit dir redet, dann antworte ihm gefälligst! Soll der glauben, dass du zurückgeblieben bist?

Sofort nutzte Ahmet die Gelegenheit, sich Elif anzubiedern und pochte auf ihre Freiheit, zu tun und zu lassen, was sie wolle. Doch sie schenkte ihrem Verteidiger keinerlei Aufmerksamkeit, sondern sprang hoch, grunzte ihren Vater an und verschwand. Man hörte die Tür ihres Zimmers knallen. Dann erschallte laute Popmusik. Vielleicht war sie wirklich zurückgeblieben, dachte Ahmet bei sich und ahnte bereits, wie sich dieses traurige Leben fortsetzen würde. Er hoffte darauf, dass sie einen netten, verständnisvollen Jungen zum Mann bekomme. Doch zu nett und verständnisvoll solle er vielleicht auch nicht sein. Denn dann würde er Schaden nehmen. Och, was für ein trauriges Leben.

Sie ist in diesem schwierigen Alter, sagte Kerim. Ahmet hielt sie für dumm. Wäre sein Urteil, fragte dieser sich selbstkritisch, weniger vernichtend ausgefallen, wenn sie netter zu Onkel Ahmet gewesen wäre, ihn für seine Abenteuer bewundert und ihn als geistigen Mentor akzeptiert hätte. Doch Onkel Ahmets Abenteuer waren in dieser Familie so ziemlich das Letzte, worüber man sich unterhielt.

Den ganzen Tag saß Kerim vor dem Computer, einem klobigen Riesenbildschirm aus den 90er-Jahren mit einer grauschmutzigen Patina, die sich so ausnahm, als stamme sie vom Rauch der von der türkischen Armee angezündeten Häuser. Doch wie die Häuser in Holike hatte der PC diese schlimme Zeit unbeschadet überstanden, ebenso wie der Mann, der mit über die Nase geschobener Brille gebückt vor ihm saß und versuchte, seine eigenen Excel-Tabellen zu verstehen.

Was hatte er da groß zu arbeiten mit seinen zehn Kühen? Ahmet vermutete, dass diese angeblichen Pflichten ein praktisches Mittel waren, den Kontakt mit ihm zu vermeiden. Ahmets Unterstellungen gingen weiter. Kerim sandte ihm durch seine angestrengte Betriebsamkeit eine Botschaft: Ich schufte mich hier ab, ich trage zur Hebung des Wohlstands bei, ich stelle mich den Anforderungen der Zeit, während du in Wien mit deinen Berufskurden im Café sitzt oder mit den Wiener Künstlern abhängst und davon zehrst, dass du zwei Tage deines Lebens gefoltert wurdest, während ich mich hier Tag für Tag foltere, um Werte zu schaffen, Werte, die allen nützen.

Er tippte mit einem Finger. Ahmet schmunzelte. Und was ihm noch komischer vorkam: Kerim machte ein so großes Tamtam wegen der Buchhaltung, wegen der undurchschaubaren Exceltabellen, tat so, als bestünde sein Leben aus schwierigen Bilanzrechnungen, der Kalkulation von Arbeitsposten, Onlinetransaktionen, als würde sein Zehn-Kühe-Business auf der İstanbuler Börse notieren. Und dann, wenn es ans Zahlen ging, was tat er dann? Wie der bärbeißigste Ziegenhirt holte er ein dickes Büschel Lira aus der Hosentasche und zählte die Scheine runter. Im Teehaus war es Ahmet bereits aufgefallen. Seine Buchhaltung trug er in der Hose und sein Schwanz bekam permanente Akupressur durch die Einnahmen.

Ach komm schon, Kerim, lass uns endlich einen Spaziergang machen.

Kerim tat so, als würde er rechnen, streckte den Kopf vor, presste seine Lippen zusammen und nahm die Brille ab.

Du hast recht, Bruder. Schluss mit dem Unsinn. Er fuhr den Rechner runter und nahm seinen Bruder am Arm. Dieser schlug ihm anerkennend auf die Schulter.

Kerim schlüpfte in eine gewachste Parkajacke mit Cordkragen und setzte sich eine beige-karierte Tellermütze auf. Aha, der Muhtar macht auf Landlord und zeigt dem Gast nun seine Ländereien. Als Reiterstiefel mussten Gummistiefel herhalten.

Ahmet freute sich auf die Gelegenheit, seinem Bruder nahe zu kommen. Doch dieser lenkte ihr Gespräch auf politische Themen.

Sie schlenderten entlang des Flusses ins Tal hinein. Alles was Kerim sagte, war darauf ausgerichtet, Ahmet zu provozieren. Kerim kommentierte dessen Bemerkungen so, als würde Ahmet als Heimkehrer hier alles verklären oder sich einfach nicht mehr auskennen. Und in der Tat ärgerte es Ahmet, aber nicht weil er verklärte, sondern weil ihm sein Bruder Naivität unterstellte. Zum Beispiel plauderten sie mit einem alten Mann, der seine Freude über Ahmets Rückkehr kundtat, worauf ihm Kerim steckte, wie unglaublich dumm und zurückgeblieben die Leute im Dorf doch seien. Natürlich sagte er das nur, weil ihm Ahmets enthusiastische Neugier missfiel und er ihm insgeheim unterstellte, er sähe in diesen alten Bauern Emanationen edler Bodenständigkeit und uralter alevitischer Weisheit. Wenn er sagte, dass die drei Eichen am Fluss unbedingt gefällt werden müssten, weil sie den Fahrweg verengten, so wollte er den städtischen Ökologen in Ahmet herausfordern, und überhaupt seien die Aleviten abergläubische Götzenanbeter und würden ihre Frauen gar nicht besser behandeln als die Sunniten, die Linken seien dogmatisch, die Kurden eine Erfindung nationalistischer Intellektueller, die PKK keine Freiheitskämpfer, sondern Spinner, die das Leben so vieler Zivilisten zur Hölle gemacht hätten, die Dersimer allesamt Banditen, die sich gegenseitig umgebracht hätten, ehe Atatürk mit seinen

Maschinengewehren ordentlich reingepfeffert hätte – dann aber sei Ruhe gewesen. Ahmet durchschaute seinen Bruder, und ließ ihn mit zaghaftem Protest all die frechen Dinge behaupten, die er selbst nicht glaubte. Das ganze Theater hatte bloß den Zweck, sich als nüchternen Pragmatiker darzustellen, der mit beiden Beinen auf jenem harten Boden steht, den der Bruder verraten hat, um im Exil seinen Luftschlössern nachzuhängen. Dieses ganze Dersim sei eine Erfindung der Linken aus den 70er-Jahren.

Ich schätze deinen kritischen Geist, Kerim, aber ich werde den Eindruck nicht los, du kitzelst ein Gespenst. Ich kenne Dersimer Kurden, die basteln wirklich ein edles Super-Dersim mit philosophischen Aleviten und freien Frauen und genetischen Vollkornsozialisten zusammen, und bei denen spiele ich dann den Spaßverderber. Halte mich nicht für so dumm. Du übertreibst in die andere Richtung, Bruder. Ich versuche das Gute und das Schlechte zu verstehen. Aber dann bleibt genug Gutes über, auf das wir doch stolz sein können.

Der Begriff Vollkornsozialist hatte Kerim entwaffnet. Lange musste er darüber lachen. Das Eis taute, Kerim lenkte ein. Und gab dem Bruder recht. Ein Clinch, eine Waffenpause war das indes. Denn auf dem Heimweg ging der Disput weiter.

Wir sind keine richtigen Dersimer, glaub es mir, und ich bin froh darüber.

Ich weiß, dass unser Stamm die Scheich Hassanan sind, die aus Malatya hierherkamen. Aber mütterlicherseits stammen wir von den wilden Rayber ab.

Und darauf bist du stolz? Kannst du dich nicht an Vaters Erzählungen erinnern, wenn diese Banditen jeden Sommer aus den Bergen runterkamen und uns die Herden wegführten und die Männer vor den Augen der Frauen verprügelten. Ob du es wahrhaben willst oder nicht, 1938 war ein schrecklicher Völkermord, aber irgendwer hat eine Verwaltung in diese Anarchie bringen müssen. Ich weiß, was deine kurdischen Freunde in Wien erzählen – ich kenne diese Type zu gut –, dass die Dersimer nie getötet hätten, es sei denn im Kampf gegen den Staat. Solch ein Schwachsinn. Banditen, Blutrache, massenweise haben sie sich gegenseitig dezimiert, stinkende, grausame Banditen. Und Frauen haben sie wie Dreck behandelt. Bis zu Großmutters Zeiten mussten die verschleiert rumlaufen. Also rümpfe nicht so die Nase, wenn meine Asiye ein Kopftuch trägt. Aber sicher rümpfst du die Nase. Ich hab es doch gesehen. Auch wenn du mich für einen Bauern hältst, ich habe die Geschichte sehr genau studiert. Aber im Vergleich zu euch halte ich die Wahrheit aus. Wenn die Bauern Intellektuelle werden, kommen Spinner raus. Die hassen den Fortschritt, sie würden am liebsten die Elektroleitungen kappen, und dann träumen sie von einer Vergangenheit, die es nie gegeben hat, von edlen Ökorebellen, die den Menschen über Gott stellen. Und besser sind als alle anderen Menschen. Die einzigen, die was taugten in Dersim, waren die Armenier. Und die haben sie auch vertrieben.

Ahmet wusste nicht, ob Kerim glaubte, was er da sagte. Aber er hatte es geschafft. Seine Provokation war ein Volltreffer.

Du weißt ganz genau, du Eselssohn, dass die Armenier nirgends so viel Schutz erfahren haben wie in Dersim. Warum sagst du das?

Weil du blind bist. Im Süden wurden Armenier von ihren Nachbarn ermordet. Und wenn nicht das, dann hat man dabei zugesehen, wie sie weggetrieben wurden.

In Ovacık hat Sayit Rıza 20.000 Armenier beschützt. Die Mirakjan wurden auch von ihren Nachbarn verteidigt.

Das war in Ovacık im Norden.

Sagte ich doch.

Und die Mirakjan waren Banditen wie die Dersimer Kurden. Das hat sie ihnen sympathisch gemacht.

110

Natürlich hat es auch hier Raub und Mord an den Armeniern gegeben. Aber das war nicht die Regel. Und Alevit zu sein und Zaza oder Kirmancki zu sprechen führt nicht automatisch zu mehr Menschlichkeit. Dass man aber die leerstehenden Häuser der Armenier bezog, kann man den Leuten doch nicht vorwerfen.

Kerim zog ein breites Grinsen auf.

Wir sind alle Armenier. Nur manche von uns sind Kurden geworden. Die unterschieden sich dann von ihren Nachbarn nur dadurch, dass sie Kurdisch sprachen und ihre Nachbarn bestahlen.

Ahmet verzog die Augenbrauen.

Ja, ich habe auch die Reiseberichte von Antranig Yeritsyan gelesen. Und die Wahrheit ist die: Obwohl es stimmt, dass der Anteil der Armenier an der Bevölkerung Dersims weitaus größer ist, als man wahrhaben will, und viele der Zazas und Kurden assimilierte Armenier sind und vermutlich auch etliche Armenier assimilierte Kurden, hat Yeritsyan aus nationaler Voreingenommenheit das armenische Element übertrieben. Ich kann mir nicht vorstellen, dass du das als vernünftiger Mensch anders sehen kannst.

Na, dann rate mal, von wem wir die Häuser haben, an denen du so hängst.

Das weiß ich doch, du Narr. Aber wir hätten sie ihren rechtmäßigen Besitzern zurückerstattet, wenn die ihre Ansprüche angemeldet hätten.

Kerim blieb stehen, legte den Kopf zur Seite und lächelte siegessicher.

Wer sagt, dass sie das nicht haben.

Was willst du damit sagen?

Das ist der Unterschied zwischen uns, Bruder. Ich bin hier aufgewachsen. An einem schönen Tag im Jahr 1956 kam ein Herr in Anzug, mit grauem Haar. Kannst du dich an Hüseyin erinnern, den Mann von Tante Zelal? Ja? Mit Steinen hatte er ihn verjagt.

Und Vater hat bloß zugesehen. Wir wussten, dass der türkische Staat ihnen nicht beistehen würde, dass diese Überlebenden kein Rechtsmittel in der Hand hatten als unsere alevitische Humanität. Und die haben wir ihnen gezeigt.

Ahmets Augen wurden nass.

Wer weiß, was wirklich vorgefallen ist. Es gibt auch Hochstapler. Jeder kann behaupten, der Besitzer von irgendwas zu sein. Schriftliche Besitzurkunden gab es nicht.

Kerim hörte nicht auf zu grinsen. Er hatte seinen Bruder verunsichert.

Wir kannten diesen Mann. Das war Saig Davidian, der Sohn von Mustafa Davidian. Und Mustafa Davidian war unser Urgroßonkel.

Schweigen.

Jetzt weißt du, wie müßig die Frage ist, ob Zaza Kurden sind oder nicht. Wir sind ohnehin alle Armenier.

Unsinn, zischte Ahmet.

Onkel Piro

Der Streit zwischen den Brüdern wurde durch einen Gast unterbrochen, dessen Existenz Ahmet beinahe vergessen hatte. Dieser wartete an der offenen Haustür und machte sich schließlich durch Räuspern bemerkbar. Sofort fiel ihm Ahmet in die Arme. Die Lederkappe, der buschige weiße Bart über einem freundlichen Gesicht – früher mochte er vielleicht grau gewesen sein – und ein imposanter Bauch, um den sich stets ein kariertes Flanellhemd spannte, so hatte er Onkel Piro in Erinnerung. Als Kind war er ihm schon alt vorgekommen, doch schien er nicht älter geworden zu sein. Onkel Piro war sein Spitzname. Er hieß Mesut Xeç und stammte aus dem Dorf Merxo am gleichnamigen Fluss, das auch unter dem türkischen Namen Doluküp bekannt ist und sich zehn Kilometer südwestlich von Tunceli befindet. Obwohl Piro in gewisser Hinsicht wirklich Ahmets und Kerims Onkel war, nannte ihn jeder in Holike so. Er war der *Mısayıv*, der Wahlbruder ihres Vaters Dursun. Und die *Mısayivêni* war ein weitaus engeres Band als die Blutverwandtschaft.

Da Ahmet ihn eigentlich vergessen hatte, musste er ihm auch das Gastgeschenk schuldig bleiben, wofür er sich fürchterlich schämte. Aber schließlich hatte er auch keine Ahnung, dass Onkel Piro von Merxo nach Holike gezogen war. Kerim konnte ihn nicht ausstehen und äußerte sich abfällig über den alten Langeweiler, der seine Nase in alles und jedes stecke, doch Ahmet wollte dieses Urteil nicht bestätigen. Onkel Piro hatte zwar eine behäbige und umständliche Art, die Dinge auszubreiten, doch sollte er in ihm die nächsten Wochen einen guten Nachbarn, Freund und Gesprächspartner finden.

Seine Geschichte war traurig und führte Ahmet das Schicksal der gesamten Region vor Augen. Onkel Piro hatte eine Entziehungskur hinter sich, zu trinken begonnen hatte er, weil das Leben ihm übel mitspielte. Stundenlang erzählte der Onkel von den Ereignissen der 1990er-Jahre, welche Ahmet in Wien zwar zur Kenntnis genommen hatte, aber nun in all ihren drastischen Details aus erster Hand erfuhr. Am Höhepunkt des Krieges mit der PKK, im November 1994, brannten die türkischen Militärs Merxo wie Hunderte andere Dörfer in Dersim nieder. Onkel Piro, der im türkischen Militär Korporal gewesen war, versuchte den diensthabenden höchsten Offizier von seinem Vorhaben abzubringen und wurde mit Gewehrkolben niedergeschlagen. Doch er gab nicht auf. Er zapfte heimlich den Strommast an, um sein Telefon weiter betreiben zu können und ließ sich nach Tunceli zu irgendeinem General durchstellen, da er noch immer nicht glaubte, dass die Soldaten im Auftrag der Regierung handelten. Wir wissen, wie dein brennendes Dorf heißt, sprach der General und legte auf. Dann versuchte er es beim Abgeordneten für Dersim, Sinan Yerlikaya. Mit einigen anderen Dorfvorstehern der Region trat er die Reise nach Ankara an und wurde durch Vermittlung Yerlikayas sogar zu Ministerpräsidentin Tansu Çiller vorgelassen, um die sicher ahnungslose Frau von dem Unrecht zu unterrichten. Aber was antwortete die? Als türkische Soldaten verkleidete PKK-Terroristen hätten die Dörfer in Brand gesteckt. Onkel Piro sprach: Und dann platzte mir der Kragen. Ich sagte ihr, dass ich als türkischer Bürger den Wehrdienst in der Türkischen Republik abgeleistet habe und nicht so naiv bin, dass ich nicht zwischen den Offizieren und Soldaten und denen aus den Bergen unterscheiden kann. Zudem sind Hubschrauber über dem Dorf gewesen. Und was antwortet mir die Frau Ministerpräsidentin? Das waren PKK-Hubschrauber, sagt sie. Und der Innenminister, der auch dabei war, sagte uns, dass wir die Dörfer selber angezündet haben, um von der Regierung Schadenersatz zu verlangen.

Als er nach Ovacık, wohin sich die Dorfbewohner geflüchtet hatten, zurückkehrte, wollten die Militärs dort, dass er und die anderen schriftlich beeideten, dass die PKK ihre Dörfer angezündet hätte. Sie verweigerten die Unterschrift. In Ovacık hörten die Schikanen nicht auf. Auch hier wurde ihr Essen rationiert, weil man ihnen auch in der Kleinstadt unterstellte, sie würden die Terroristen verpflegen. Bei nächtlichen Razzien zwang man die Mädchen und jungen Frauen, sich nackt auszuziehen, um zu überprüfen, ob sie Striemen von PKK-Rucksäcken am Rücken hätten. Onkel Piro kehrte mit seiner Frau Bêrîvan nach Merxo zurück. Von den 150 Häusern waren nur noch 10 intakt. Nur alte Leute waren dort geblieben. Wegen der Lebensmittelrationierungen hungerten sie den ganzen Winter hindurch. Als er in Tunceli beim Militärpräfekten protestierte, wurde er kurzerhand

114

verhaftet und drei Tage lang grün und blau geprügelt. Die Netzhaut seines rechten Auges habe sich durch die Schläge abgelöst. Seither könne er mit dem Auge kaum noch sehen. Bêrîvan starb im darauffolgenden Sommer an Brustkrebs, Onkel Piro begann zu trinken und von Almosen zu leben.

Warum er nicht nach Holike gekommen sei, wo man ihn und seine Familie versorgt hätte. Onkel Piro schwieg. Die Antwort gab er Ahmet erst auf der Straße unter vier Augen. Sein Wahlbruder Dursun sei tot und von Kerim wollte er nicht abhängig sein. Kerim sei sicher ein guter Kerl, aber er kümmere sich um die alten Gesetze nicht. Onkel Piro ist nach Elazığ gezogen und hatte dort eine Stelle als Portier im Spital gefunden sowie eine wunderbare Frau. Wie er war Hêvîdar aus ihrem Dorf, Geriş bei Nazımiye, vertrieben worden. Sie arbeitete in der Spitalsküche.

Und da sie beim Thema waren, sprach Onkel Piro seine Einladung zum Abendessen aus. Niemand könne so gut *Zarrêvêt* zubereiten wie seine Hêvîdar. Ahmet hasste Zarrêvêt, das aus nichts als Weißbrot, Buttermilch, zerlassener Butter und Knoblauch bestand, doch er würde es sich nicht anmerken lassen.

Der dritte Tag

Der dritte Tag von Ahmets Aufenthalt in Holike ließ das Eis in mehrerlei Hinsicht schmelzen. Die Wolkenfront war einem strahlend blauen Frühlingshimmel gewichen. Den Schneefeldern auf den Almen des Koyo Derg und des Koyo Serd konnte man mit freiem Auge beim Schrumpfen zusehen. Und das Dorf begann Interesse für den Heimkehrer zu zeigen und Kerims Haus Besuche abzustatten. Seine ersten Besucher waren zwar alleinstehende Männer, die schon einige Entziehungskuren hinter sich hatten und die schöne alte Sitte des Hausbesuchs zum

115

Anzapfen von Kerims Bier- und Rakı-Quellen nutzten, doch bald fanden sich auch die nüchterneren Einwohner des Dorfes ein, um Dursuns älteren Sohn wiederzusehen. Der Alkoholismus war in den alevitischen Gegenden ein ernsthaftes Problem. Dort fand er sowohl Nachsicht als auch Ächtung, denn man wollte den Sunniten so wenig Stoff wie möglich für ihre Vorurteile liefern. Holike, einst ein Dorf mit etwa 40 Häusern und 300 Einwohnern, war ein verlassenes Nest. Zwar war es, nicht zuletzt dank der Diplomatie des dreimaligen Bürgermeisters Kerim Arslan, in den schrecklichen 90er-Jahren weitgehend von Zerstörung und Vertreibung durch die türkische Armee verschont geblieben, doch die Abwanderung und die Zerstörung der Viehwirtschaft hatten bloß noch an die 100 ganzjährige Bewohner zurückgelassen, davon war nur ein Drittel unter 60 Jahre alt. Im Sommer freilich kamen viele der Kinder und Enkel aus den Städten zurück, und der Ort bot einen annähernd so belebten Eindruck wie in Ahmets Jugend. Doch das Schreien der Tiere, das Bimmeln ihrer Glocken, das Bellen der vielen Hunde, ja sogar das entfernte Heulen der Wölfe würde verstummt sein, gewichen sein den brummenden Geräuschen der Geländewägen mit Allradantrieb, mit welchem manch Sohn des Dorfes zeigen wollte, dass er es zu etwas gebracht hatte.

Wie sich später herausstellte, waren manche der Familien nicht nur wegen des Wetters so zögerlich gewesen, Ahmet zu treffen. Man mied nach Möglichkeit Kerims Haus. Auf seinen Spaziergängen wurde Ahmet hingegen an jeder Häuserecke abgepasst und eingeladen. Wenige im Dorf konnten Kerim leiden. Er war bestenfalls gefürchtet. Aus unterschiedlichen Gründen, wie sich herausstellen sollte.

Hatte er sich bei seiner Ankunft übergangen und abgelehnt gefühlt, so konnte Ahmet sich nun des Zuspruchs nicht erwehren.

Die Gespräche waren nett, doch erschöpften sich bald die Themen, denn über die, welche Ahmet interessierten, die Geschichte, die Bräuche, die Ereignisse der jüngeren Vergangenheit, wollten die Leute nicht gerne reden. Mit nichts war er zufrieden, dieser Ahmet Arslan. So blieb ihm nur die Flucht in die Natur, und auf dem Weg bis zum Ortsrand hoffte er stets, so wenigen Menschen wie möglich zu begegnen. Er hatte sogar abenteuerliche Umwege gefunden, an möglichst vielen verlassenen Häusern vorbei, um den kürzesten Weg zwischen sich und seiner Vergangenheit nicht durch zu viel Gegenwart stören zu lassen.

Ahmet Arslan hatte zwar schon am Vortag einen Spaziergang durch den Regensturm gewagt, doch sein heiß erwartetes Wiedersehen mit dem breiten Wiesental des Derê Saniku am Fuß der zwei mächtigen Berge Koyo Derg und Koyo Serd würde erst an diesem dritten Tag stattfinden.

Er konnte seine Freude nicht fassen, als all das vor ihm in der Frühlingssonne leuchtete. Die glitzernden Bächlein, die gelb leuchtenden Sumpfdotterblumen, die Föhren- und Pappelhaine, der Duft der Kräuter. Und das Glück war erst perfekt, als die Steinrebhühner aufflatterten und eine seltene Pilzsorte ihre Verstecke verriet. Stets erschreckten die Rebhühner einen und trotzdem freute man sich über sie. Der Pilz, den er suchte, war eine der größten Delikatessen der Region, und es war kein Zufall, dass er seinen Aufenthalt für jene drei Maiwochen geplant hatte, in denen er zu finden war. Der *Kivkarike Kinkore* hatte seinen Namen von dem stechpalmenartigen Strauch *Kinkor*, nur in seinem Schatten gedieh dieses Kleinod. Die Dersimer behaupteten, dass der Pilz nur in Dersim endemisch sei, ein idiotischer Gedanke, denn wieso sollte das Verbreitungsgebiet einer Spezies sich ausgerechnet mit kulturellen oder verwaltungstechnischen Grenzen decken. Das erinnerte ihn an den bulgarischen Kollegen auf der Politologie, der der festen Überzeugung war, den Lactobacillus

117

bulgaricus gebe es nur in bulgarischem Joghurt und sonst in gar keinem. Dass Nationalismus ein Bazillus ist, ist kein Geheimnis, aber dass andere Bazillen diesem Gefolgschaft leisteten, war Ahmet neu. Ein Kilometer südlich der bulgarischen Grenze, hatte Ahmet den Bulgaren gefragt, müsse das griechische Joghurt also ohne den Lactobacillus bulgaricus auskommen und wanderte als patriotischer Bazillus mit, wenn sich die bulgarische Grenze nach innen oder außen verschob, und verschwindet der Bazillus sofort aus der Schafs- und Kuhmilch, wenn die slawischen Besitzer der Kühe und Schafe die griechische Sprache annehmen? Fragen über Fragen.

Die Dersimthese wurde frech von Bewohnern des Peri Vadesi infrage gestellt, welche Ahmet erst in Wien kennengelernt hatte. Die behaupteten, dass der Kivkarike Kinkor nur in ihrer Gegend, im Grenzland von Erzincan, Bingöl und Dersim, wachse, und die Pilzsorte, welche die Dersimer als solche bezeichneten, eine andere sei. Natürlich musste dieses Schwammerl überall in Anatolien wachsen. Interessanterweise konnten Bekannte aus anderen Regionen die Existenz des Pilzes nicht bestätigen.

Um diesen doch seltenen Pilz zu finden, musste man zunächst den Kinkorstrauch finden, und um den zu finden, musste man mindestens auf tausendfünfhundert Meter hochsteigen. Doch dann kam man bereits in die Nähe der verbotenen Zonen, welche man ohne Genehmigung nicht betreten durfte. Ahmet hatte sich vorgenommen, sich dadurch nicht zurückhalten zu lassen. Er würde auf die Berge rauf, so wie er es als Kind und Jugendlicher getan hatte, und niemand werde ihn daran hindern. Riskant sei es trotzdem, hatte ihn Kerim gewarnt. Zwar sei die Wahrscheinlichkeit, dass man ausgerechnet dort auf die *Özeltimler*, die Antiterroreinheiten stoße, die das Hochland nach PKK-Einheiten durchstreiften, gering, aber man könne nie wissen. Dort oben auf den verlassenen Hochweiden gebe es kein Gesetz. Alle paar

Jahre tauchten europäische Survival- und Kurdistanfreaks in der Gegend zum Bergwandern auf, und es sei noch nie was passiert. Doch, wusste Kerim, diese Einheiten bestünden aus kranken Typen, und wenn man jemanden umbringen will, dann sind die Berge der beste Ort, denn bis man die Leichen finde, ziehe schon mal der Winter ins Land, und die Wölfe und Raben sorgten dafür, dass die Todesursache schwer festzustellen sei.

Über einer Hangkante hinter einer Pappelfront fand Ahmet eine Wiese, die vollständig mit kleinen blauen Glockenblumen bedeckt waren, deren Blüten im frischen Wind zitterten. Aus dieser Wiese ragte ein kleiner Sandhügel hervor, auf dem ausschließlich purpurne Disteln wuchsen, schwer wiegten ihre Köpfchen im Wind. Er liebte die Glockenblumen, doch den Disteln fühlte er sich verwandt. Unter ihnen wollte er sich niederlassen, auch wenn ihre Dornen kratzten. Er ließ sich auf den Rücken fallen und die Sonne in ihn dringen. Links wachten die dunklen Umrisse der beiden Berge wie wohlwollende Kumpane über sein Nachmittagsschläfchen.

Wie Hegel Ahmet das alevitische Ethos verdarb

Ein gebildeter Freund, der seine Bildung gerne zur Schau trug, war Ahmet Arslan über den Mund gefahren. Du weißt, Ahmet Can, hatte er mit erhobenem Zeigefinger und erhobenem Ton gesagt, dass Stolz vom lateinischen *stultus* kommt und es bedeutet albern, dumm. Ahmet erinnerte sich, wie sehr ihm das verhalten triumphierende Lächeln dieses Kerls missfallen hatte. Ist doch mir egal, was die Wurzel eines Wortes irgendwann in einer anderen Sprache war. Auch beeindruckt es mich nicht, wie du mit deinen Kenntnissen türkischer Anreden vor mir glänzen willst.

Eine Freundin, sie war Psychotherapeutin, verriet ihm, dass Stolz eindeutig auf Narzissmus hinweise. Zwar noch nicht auf einen pathologischen, aber die Richtung stimme schon.

Und Hegel war es, der ihm in der *Phänomenologie des Geistes* verriet, wie falsch moralische Integrität sei, und wie sehr ein schlaues, berechnendes Bewusstsein diesem überlegen. Es sei näher an der geschichtlichen Bewegung zum Fortschritt hin. Eine größere Ohrfeige konnte sich ein Kizilbasch nicht vorstellen. Es war so, als würden ihn die Philosophen, in deren Namen er und seine Kameraden für die Verachteten und Unterdrückten der Welt ihr Leben riskiert hatten, laut auslachen.

Als sich Ahmet damals mit den philosophischen Wurzeln des Marxismus zu beschäftigen begann, war sein gesamtes Denken, das damals noch eher ein Fühlen war, in die Krise geraten. Wenn ihn das Wanken seiner Selbstverständlichkeiten schon so empörte, wie sehr musste es doch erst seine braven Genossen empören. Karl Marx hatte für sie alle ohne den Imperativ des richtigen Handelns, der Gerechtigkeit und der Liebe zum unterdrückten Volk überhaupt keinen Sinn. Wie jeder Intellektuelle hatte auch Ahmet sich mühsam beibringen müssen, politische Aussagen von der Poesie der Moral zu säubern. Denn die kam nicht gut und roch immer ein bisschen nach Stall und ländlicher Naivität. Doch verhasste Verhältnisse bloß zu analysieren, und die Leidenschaft der Empörung und die Liebe zur Gerechtigkeit im Universitätskeller in eigens dafür vorgesehene Spinde zu sperren, war ihm zunächst unerträglich gewesen. Er hatte das lange nicht verstanden. In Diskussionen stand man bald als Trottel da für Eigenschaften, die man bis dahin zu seinen größten Tugenden gezählt hatte. Irgendwann hatte er verstanden, dass die Wertungen ja nicht verloren gingen, wenn man auch ohne sie die Gesellschaft beschrieb. Oder doch nicht? Auch eine weitere Lehre hatte er erteilt bekommen: dass jene, die nie Stellung bezogen, mit der Nüchternheit der Distanz ihren Konformismus und ihre Gleichgültigkeit als geistige Überlegenheit verkaufen konnten. So kam Ahmet nach langwierigem innerem Ringen mit sich überein, dass das Pathos der richtigen Gesinnung ebenso verwerflich war wie Gesellschaftswissenschaft ohne Ethik. Dass er sich dialektisches Denken angeeignet hatte, hielt er indes für eine größere Leistung, als einem Pferd das Seiltanzen beizubringen.

Er konnte es drehen und wenden, wie er wollte, er und seinesgleichen waren nur Neffen von Karl Marx, aber die Söhne des *İnce Memed*, des gerechten Banditen aus Yaşar Kemals Roman. *İnce Memed*, der die Agas das Fürchten lehrte und die Felder unter den Bauern verteilte. Seine Kameraden hatten das Buch gelesen, und die nicht lesen konnten, kannten es aus Liedern und Erzählungen. Mehr als nur der Schlüsselroman ihrer Generation war es, *İnce Memed* verkörperte alles, wofür sich zu leben lohnte. Und selbst wenn niemand von ihnen das Buch gekannt hätte, hätte es keinen Unterschied gemacht, denn was für İstanbuler Liberale eine romantische Identifikationsfigur war, das war für ihn und die jungen Männer und Frauen aus Dersim unmittelbare Realität. Die Liboşlar wollten wie Memed sein, die Dersimer fanden sich in ihm wieder. Jeder hatte mindestens einen Onkel, eine Großmutter oder einen Cousin, der war wie er. Jeder wurde dort als naturhafter *İnce Memed* geboren. Mirhat Balık kam ihm am nächsten. Auf diese raue, unverrückbare Granitplatte seines Wertesystems wollte Ahmet nicht verzichten. Viel Humus an Theorie und Wissen hatte sich darauf geschichtet, doch würde der Verlust des Gedächtnisses all das einst wie ein Wolkenbruch wegspülen, das alevitische Fundament bliebe.

Gehe stolz und gerade durch die Welt, aber bilde dir nicht zu viel auf dich ein. Fürchte keinen Gott, keinen Ağa, keine Staatsgewalt, beuge vor niemandem dein Haupt, außer vor den Prinzipien der Weisheit, der Menschlichkeit und der Gerechtigkeit. Reiche Schwächeren deine Hand, ohne sie deine Stärke spüren zu lassen. Suche keinen Streit, aber geh dem Streit nie aus dem Weg, wenn deine Prinzipien beleidigt werden. Und wenn es notwendig ist, dann kämpfe – nein, nicht wie ein Mann, kämpfe wie eine Frau, denn niemand wird leugnen, dass Frauen das stärkere Geschlecht sind. Ein Dummkopf, wer das Märchen vom schwächeren Geschlecht erfunden hat. Frauen mögen Männern an Muskelkraft unterlegen sein, doch kämpfen sie entschlossener und setzen ihre Kräfte klüger ein. Nie würde Ahmet die Katzenmutter vergessen, die einen Bären in die Flucht schlug, der ihrem Wurf zu nahe kam.

Die stärkste Frau war seine Großmutter gewesen. Seinen Vater Dursun hatte er als guten Menschen in Erinnerung, doch hinterließ er in Ahmets Gedächtnis nie so tiefe Spuren wie seine Großmutter Nazemîn. Auf dem Weg von Holike nach Belekan auf den Schneefeldern des Kinkor-Passes war sie mit Dursun niedergekommen und hatte das frische, schreiende, blutverschmierte Kind gegen ein Rudel hungriger Wölfe verteidigt.

Ein verächtlicher, selbstgerechter Stolz strömte teeheiß durch Ahmets Adern. Und wieder erinnerte er sich des Bildes seiner Großmutter, wie sie jeden Morgen in ihrem Gebet mit ausgebreiteten Armen die Sonne begrüßte, und abends den Mond. Sie trug immer ein indigofarbenes Tuch wie einen Turban um die Stirn gebauscht. Auf dem Kinn war sie tätowiert. Sie rauchte ihre Pfeife und spuckte gerne zu Boden. So wie die Wölfe soll sie mit dem Gewehr als junges Mädchen eine ganze Horde von Banditen des Qerebash-Stamms vertrieben haben, die ihr Dorf überfielen. Sie selbst stammte von den Rayber und Abasan aus Ovacık, dem Stamm Sayit Rızas.

Immer wenn Ahmet schwach wurde, musste er an sie denken. Alle seine Versuche einer doppelten Buchführung, sich der modernen Welt in dem Sinne zu assimilieren, dass er sein Verhalten auf Zweck und Vorteil hintrimmte, waren gescheitert. Er war Kizilbasch geblieben. Dumm wie ein Ziegenhüter vielleicht, trotzig wie ein Halbwüchsiger vielleicht, stolz wie ein Selbstverliebter vielleicht. Es war eine Frage der Ehre. Nicht das, was die Sunniten, Tiroler oder meinetwegen die Sizilianer darunter verstanden, nicht die Ehre des Blutes, sondern die Ehre der Wahrheit.

Das waren die wenigen Momente, da er stolz auf sich war, aber nicht bloß auf sich, sondern auf alle, deren Beispiel er folgte und die dem seinen folgten. Seine Freunde hatten ihm geraten: In dieser Welt musst du flexibel sein. Deine Rechtschaffenheit und Prinzipientreue in Ehren, aber gib ein bisschen nach, widerstrebe nicht immer, schwindle ein bisschen. Nur so kommst du in eine Position, wo deine Werte erst wirksam werden können. Bis dahin kräht kein Hahn nach dir. Sieh zu, dass du Macht erlangst. Sobald du Macht und Ansehen hast, wird man dich respektieren und deine Wahrheit ernst nehmen.

So plausibel das klang, die doppelte Buchführung erwies sich immer als Selbstbetrug. Das zeigten ihm jene Freunde vor, die ihm diesen schlauen Rat gegeben hatten. Ihren Schneid und ihre Wahrhaftigkeit hatten sie auf halbem Weg in die falsche Mitte verloren, und einmal dort angekommen, war mit ihnen nichts mehr anzufangen. Sie gefielen sich in ihrer Ohnmacht, in ihren austauschbaren Positionen und in den Lügen, die ihnen, wie vorherzusehen war, zur Wahrheit wurden.

Der schlaue Trickbetrüger, der das falsche Gefüge der Welt durchschaut, das war eine romantische Erfindung. Einen hatte er kennengelernt, einen Österreicher, der hatte das Kunststück fertiggebracht. Jeder hielt ihn für einen windigen Hund, er war immer guter Dinge und zu einem Scherzchen aufgelegt, er konnte mit den Eitelkeiten seiner Mitmenschen, vor allem denen sogenannter wichtiger Persönlichkeiten, spielen wie mit Handpuppen, doch immer wenn er drauf und dran war, mit seinen Verführertricks einen Vorteil, eine Position, eine Bestätigung zu ergattern, hielt er inne und verließ mit spöttischem Lächeln die Hallen des Erfolgs. Sein ganzes albernes Geflittere war nichts als ein Täuschungsmanöver, um seiner Umwelt den Spiegel vorzuhalten. Das war vermutlich der größte Künstler, ein Clown in der Kunst, sich treu zu bleiben, nie hatte Ahmet jemanden dem Ernst mit größerem Unernst dienen sehen. Zu solch Travestien war er selbst freilich nicht fähig, und er hätte sich wohl lächerlich gemacht, wenn er versuchte, jemand anderer zu sein, als er ist. Da wurde er sich seiner kurdischen Schwerfälligkeit bewusst, die sich so oft als Geradlinigkeit verkaufen will, und bewusst wurde er sich der Lehre, die ihm dieser Österreicher unwillentlich erteilt hatte, dass sich die Geradlinigkeit erst in der Beweglichkeit erprobt, und der gerade Weg zu keiner Erfahrung führt.

So zog Ahmet vor, ein aufrechter Kizilbasch zu bleiben. Auch wenn seine Wahrheitstreue von niemandem gesehen, geschätzt, gewürdigt wurde. Denn das selbst ist die Nagelprobe seiner Ethik: nicht nur vor keiner Autorität, sondern auch vor dem Schmerz des Missverstandenwerdens nicht zu knicken. Sich treu bleiben bis zur Selbstaufgabe. Keinen Zentimeter davon abweichen, was richtig ist. Der Aufrechte muss sich eine masochistische Lust am Missverstandenwerden aneignen. Wo das Bewusstsein so verformt ist, dass es nach eigenem Maß nur halbe Wahrheit als Wahrheit, falsches Rebellentum als Widerstand, eigennützige Menschlichkeit als Menschlichkeit wahrnimmt, darf der Aufrechte keinen Millimeter diesen Chimären entgegenkommen – schon wäre es um seine Ehre geschehen. All die Jahre in Wien lebte er seine Werte still und für sich, ohne damit zu prahlen. Wenn er anderen half, wenn er sich für andere aufopferte, waren ihm Zeugen peinlich. War er wirklich eitel, so zeigte sich seine Eitelkeit im tiefen Behagen beim Anblick derer, deren Charakter nur zu leuchten begann, wenn die richtigen Leute zusahen und Handykameras klickten. Der zugerichtete Mensch lernt zuerst, wann und wo sich die Investition moralischer Energie überhaupt auszahlt. Alles andere schwächt ihn im Konkurrenzkampf.

Um sich herum, bei den sogenannten Linken wie sonst wo, in İstanbul wie in Wien, bei Österreichern, Türken, Kurden, Aleviten, sah er all die Jahre nur eitles Renommieren und Wichtigmachen, am lautesten schrien stets die nach Solidarität und Überwindung weltanschaulicher Egoismen, die ihre eigene Klientel um sich sammeln wollten, und am meisten Anklang fanden sie, je weniger gedankliche Zweifel ihre fertigen Meinungen trübten, die nicht gehaltvoller waren als die Slogans, die von ihren T-Shirts prangten.

Die falschen Rebellen und falschen Aufrechten hatten einen unhintergehbaren Instinkt. Sobald ein noch so schüchterner, ein noch so naiver Echter auftauchte, verbündeten sie sich sofort gegen ihn und versuchten ihn bei jeder sich bietenden Gelegenheit hinter seinem Rücken als das genaue Gegenteil dessen hinzustellen, was er war. So als wollte er ihnen ihre Positionen streitig machen. Das musst du aushalten, mein Junge. Diese Welt erkannte echte Menschen nur noch an der T-Shirt-Aufschrift „Ich bin ein echter Mensch". Doch das reichte nicht, denn wer wie Ahmet auf solche Shirts verzichtete, gab ja unweigerlich zu, kein echter Mensch zu sein.

So unterschiedlich sie auch waren, in einem Punkt herrschte unter ihnen allen verräterische Einigkeit: hysterisch japsend, voll wütendem Spott verwarfen sie die Idee, dass es nur irgend möglich wäre, ein unabhängiger Geist, eine unkorrumpierbarer Mensch, ein *İnce Memed* zu sein. Nicht die durchaus richtige Erkenntnis stand dahinter, dass Unkorrumpierbarkeit eine selbstgefällige Haltung sein könnte, die nichts an der Korruption der Verhältnisse änderte. Nein, es stand der einmütige Wunsch

125

dahinter, dass es so etwas gar nicht geben dürfe. Sie machten die Werte, die seine Genossen mit jedem Molekül ihre Körpers, ihrer Seele waren, wofür sie gefoltert und getötet wurden, zu einem unglaubwürdigen Märchen, um sich ihre Arrangements mit der Welt, wie sie schlechterdings war, nicht verderben zu lassen. Ohne die sie nichts wären und zerplatzten wie die Noppen einer Luftpolsterfolie.

Er hatte sich nichts vorzuwerfen.

Und was die anderen ihm vorwarfen, wurmte ihn nicht.

Und selbst wenn er vor Selbstmitleid triefte, war es ein Selbst, mit dem er litt.

Und war er unflexibel, seine Äste verstanden es, im Winde sich zu wiegen, ohne dass sein starker Kiefernstamm barst.

Und war er stolz, so war er stolz auf jeden Vorteil, auf den er in seinem Leben freiwillig verzichtet, auf jede bedeutsame Verbindung, die er ausgeschlagen hatte, auf jeden Dummkopf, den die Dummköpfe ihm vorgezogen hatten.

Hier lag er auf dem Rücken zwischen purpurnen Disteln, mit deren Wesen er sich verwandt wähnte, und blinzelte der Sonne zu. Er hatte nichts erreicht, erworben, gewonnen, nichts außer dem Universum, dass ihn behutsam in Händen hielt. Mit schweren Pollensäcken landeten die Hummeln auf den purpurnen Frisuren der Disteln, durch die ein warmer Frühlingswind zauste. Die Disteln hatten ihre Hummeln, er hatte Laura und die ganze Welt.

İzzet Bey

Auf dem Heimweg erblickte Ahmet etwas Eigenartiges. Auf einer Wiese unter Maulbeerbäumen, nicht weit von einer verfallenen Hütte, stapfte ein Mann im Safari-Look und mit breitkrempigem grünem Outdoor-Hut herum. In der Rechten trug er an einem langen Stiel ein staubsaugerartiges Gerät vor sich her. Da es nicht den Boden berührte, konnte es sich nur um einen Metalldetektor handeln. Kein Zweifel, es war Kerim. Und er suchte – das Gold der Armenier. Kerim hatte ihm bereits am ersten Abend von den Schätzen erzählt, welche die Armenier vor ihrer Vertreibung vergraben haben mussten. Wie in den Kopf eines Menschen bloß so viel Klug- und Dummheit reingingen. Ahmet machte einen Umweg, um sich und seinem Bruder die Peinlichkeit einer Begegnung zu ersparen.

Ahmet Arslan wanderte einen Seitenbach des Derê Saniku entlang, der sich wie ein Band durch eine saftige Wiese schlängelte. Ihn entzückten die schlanken Weiden an den Uferkanten mit ihrem neongrünen Flaum – in dieser Höhe trieben die Bäume bis zu einem Monat später aus als im Tiefland – sowie das Weiß der Buschwindröschen und das Gelb der Sumpfdotterblumen.

Dort wo der Bach aus dem Tal trat, begegnete er dem frühpensionierten Finanzbeamten İzzet. İzzet suchte Ahmets Gesellschaft, und Ahmet ließ es sich gefallen, denn İzzet war ein verständiger Mann. Einer dieser Intellektuellen, die freiwillig nach langen Jahren in der Großstadt ins Dorf zurückkehren, dort mit übermenschlichen Kräften versuchen, die Abwanderung zu bremsen, Kanalisationen graben, Almen wiederaufforsten, den gleichgültigen Bauern die Spiritualität des Alevitentums näherbringen, geachtet und verspottet werden. Ihre Naturliebe ist eine andere als die der Dagebliebenen. Diese sagen *Çok güzel*, einer wie İzzet aber bestimmt Blumen, fotografiert sie und kennt ihre lateinischen Namen. Die Heimatliebe jener ist unausgesprochen, seine die des heimgekehrten Städters. Man grüßt ihn höflich und schüttelt doch über ihn den Kopf. Einsam und unverstanden in leisen Selbstgesprächen wandert er durchs Tal.

İzzet war glühender Alevit und Sympathisant der PKK. Er hatte schöne männliche Züge, rotblonde Haare und war ein sanftmütiger Mann mittleren Alters. Seine Eltern hatten ihn auf den Namen Baştürk getauft. Es war ihm gelungen, diese Wunde, diese Verkrüppelung auszuheilen, indem er den gleichfalls türkischen, aber weniger turkizistischen Namen İzzet annahm. 20 Millionen Lira musste er dem Bezirksbeamten in Elazığ zustecken.

Ahmet mochte İzzet sehr, seine Gelehrsamkeit, seinen Ernst, sein Zartgefühl. Doch unerträglich war ihm dieser Kurdenfimmel. Die Bäume, die Flüsse, ja, sogar der Himmel war kurdisch.

Dieses Blau, das Azur, das gibt es nur über Kurdistan. Dieses Mal pflückte er eine Blume und sagte mit dem Lächeln des Eingeweihten: Eine endemische Art, die wächst nur in Dersim und an wenigen Stellen auf der Mittelmeerinsel Korsika.

Als sie eine Weile plaudernd den glucksenden Bachlauf entlanggeschritten waren, ließ sich Ahmet zu einem Scherz hinreißen, der İzzet eine Weile verstummen ließ.

Hörst du das Stottern des Traktors, İzzet? Das ist ein kurdisches Stottern. Das gibt es nur hier. Kein türkischer Traktor kriegt das so hin.

İzzets Stirn legte sich in Falten. Ahmet hatte die Humorlosigkeit der Gläubigen vergessen. Er legte den Arm um die Schulter seines Weggefährten.

War nur ein Scherz.

Wie verstehst du dich mit deinem Bruder?, wollte İzzet wissen.

Wie sich Brüder halt verstehen. Ich glaube, er will mich lieben, schafft es aber nicht.

İzzet starrte versonnen vor sich her.

Gibt es etwas, was du mir über Kerim sagen willst?

İzzet schnalzte mit der Zunge.

Das steht mir nicht zu, sagte er, ich gebe nichts auf Gerüchte. Ich weiß nichts, was du nicht auch gehört hast. Er richtet es sich mit der Regierung. Das weißt du doch.

Doch, doch. Aber er ist schon ein aufrechter Kizilbasch.

128

Ahmet wollte sich durch diese Verdächtigungen nicht seinen Aufenthalt vermiesen lassen. Niemand hatte ihm etwas gesagt, doch er traute es seinem Bruder zu. Andererseits war Kerims Hass auf die Kemalisten aufrecht. Sein Turteln mit den Erdoğan-Pfaffen reichte ihm schon, was musste er sich da auch noch mit irgendwelchen Gerüchten aus den neunziger Jahren belasten.

Ach İzzet Ağa, schau dir diesen prachtvollen Himmel an. So kurdisch hat er schon lange nicht mehr geleuchtet.

Ahmet konnte es nicht lassen. İzzet warf ihm durch die nach unten geschobene Brille, die er sich zur Bestimmung einer Pflanze aufgesetzt hatte, einen entgeisterten Blick zu.

Mein Guter, mit deinen Witzchen kommst du zu spät. Es war jemand vor dir da. Es gibt ihm Dorf ein Mädchen namens Xeycan. Keine acht ist sie alt. Sie ist die Enkelin von Yavuz und Zarife Coskun.

Ach mein Gott, ja. Die leben noch?

Die sind gesünder als wir. Aber lass dir erzählen. Diese Xeycan ist eine berüchtigte Schelmin. Stell dir vor. Sie treibt mit aller Welt ihren Schabernack. Nicht weit von hier begegne ich ihr, und es ist ein prächtiger Tag wie heute. Ich sage zu ihr: Ist er nicht wunderschön heute, unser kurdischer Himmel?

Sie schaut mich ungläubig an und hat mich längst auf der Schaufel.

Ist der Himmel wirklich kurdisch?

Nun, es ist der Himmel, der sich über Kurdistan breitet.

Siehst du die beiden kleinen Wolken dort am Horizont, İzzet Abi?

Ja, die sehe ich, Xeycan.

Die müssten doch so ungefähr über Pertek stehen. Oder?

Ja, das könnte wohl sein.

Und in Pertek leben doch hauptsächlich Türken, nicht wahr?

Ja, das lässt sich nicht leugnen.

Dann sind das wohl türkische Wolken.

Grinsend nickte sie mich an, damit ich ihr zustimme. Stell dir das vor.

Da sagte ich: Du hast mich voll erwischt. Ja, türkische Wolken.

Ahmet konnte sich vor Lachen nicht mehr halten.

Warte, Ahmet Bey, das Beste kommt noch. Stell dir vor, sie boxt mir wie ein Kumpel im Teehaus gegen die Schulter und sagt zwinkernd zu mir: Keine Sorge, Abi, die sind spätestens bis Mittag verdunstet.

İzzet gab ein schnappartiges, kreischendes Lachen von sich, in das Ahmet mit der ihm eigenen Tonlage einstimmte.

Ja gibt es denn so was? Unfassbar. Wo geht sie zur Schule? Ist sie im Sommer hier?

Sie ist jetzt hier im Dorf. Vorgestern hab ich sie getroffen. Du musst sie unbedingt kennenlernen. Ein Ausnahmemädchen.

Ja, İzzet Bey, bitte verschaffe mir eine Audienz bei dieser Königin. Spätestens bis Mittag sind sie verdunstet. Wie wunderbar.

Die beiden lustwandelten fröhlicher Stimmung Richtung Dorf.

Ruken

Es war dunkel geworden. Ahmet konnte İzzets Einladung zum Essen nicht entfliehen. Ruken strahlte, als sie Ahmet wiedersah. Auch Kemo, ein junger Lehrer aus Hozat und seine Frau hatten sich eingefunden. Auf dem Ofen im Wohnzimmer dampfte eine kräftige Joghurtsuppe und in der Küche brutzelten die Köfte.

Ahmet bot Ruken seine Hilfe an.

Du setz dich hin, und gib Ruhe. Wo kommen wir da hin, dass die Gäste mitkochen.

Sie hatte Gäste und nicht Männer gesagt. Das beruhigte Ahmet.

Ahmet war der Einzige, der sich bei jedem Schöpfer, bei jedem Tellerreichen bedankte, Ruken lächelte schüchtern, und Ahmet war sich nicht sicher, ob sie seine Höflichkeit zu schätzen wusste oder als europäische Überspanntheit abtat.

Nach dem Essen wurde Whisky getrunken. Von den Männern. Ahmet bot Ruken und Nilüfer, so hieß Kemos Frau, auch davon an, dabei beobachtete er die Männer aus dem Augenwinkel. Ein kurzes nervöses Aufzucken glaubte er in ihren Gesichtern zu erkennen. Die Frauen lehnten kichernd ab.

Sie saßen abseits auf der Couch, Ruken leger im Schneidersitz, während die Männer, eine konspirative Zelle im Dorf, um den Esstisch herum saßen und diskutierten. İzzet hielt Vorträge. Kemo mischte sich schüchtern ein, und Ahmet hörte halb zu. Er stimmte İzzets selbstgewissen Monologen zu, nickte, warf einen Einwand auf den Tisch, und war in Gedanken woanders. Er beobachtete Ruken, ihr mondförmiges, stupide fröhliches Gesicht. Ihre Augen glitzerten. Sie schien glücklich, hörte aufmerksam zu, spürte Ahmets Blicke und lächelte wie ein Mädchen. İzzet merkte nichts von diesem kleinen Flirt, er analysierte gerade die Regierungspolitik.

Ahmet fragte die Frauen nach ihrer Meinung. Ruken sammelte alle ihre Kräfte, um möglichst überzeugend zu sprechen, doch gegen Satzende beschleunigte sie den Redefluss und hob die Stimme, wie jemand, der gewohnt ist, unterbrochen zu werden. Ihre Argumente waren hinlänglich bekannt, aber klug. Doch lächelte sie unentwegt, wie ein Schulkind, das jederzeit aus dem Referat in die vertraute Verspieltheit zurückkehren würde, sollte es dabei zu ungemütlich werden.

İzzet hörte seiner Frau nicht einmal zu, sondern wartete ihren Kommentar ungeduldig ab, um sein Wort wieder an Ahmet zu richten, und dort fortzufahren, wo dieser ihn unterbrochen hatte. Einige Male wiederholte sich das.

So sah er also aus, der vielgepriesene Unterschied der Geschlechterverhältnisse zwischen Aleviten und Sunniten. In einem sunnitischen Dorf hätten sich die Frauen zurückgezogen. Der urwüchsige Feminismus der alevitischen Gesellschaft bestand indes darin, dass die Frauen ihren Männern zuhören und, wenn Gäste aus Europa zugegen waren, unerwidert ihre Meinung sagen durften. Und İzzet quatschte weiter, fiel Ruken weiter ins Wort. Sie seufzte und verfolgte seinen Redefluss mit freundlicher Miene, in der Ahmet einen Anflug von Traurigkeit erkennen wollte.

Ahmet hatte die alten Dorffrauen seiner Kindheit bestimmter und dominanter in Erinnerung. Doch da spielte ihm das Gedächtnis einen neuen Streich. Die meisten Frauen kuschten auch damals. Zwei Matronen waren das, und die – alle Feministinnen dieser Welt mochten ihm verzeihen – waren wahre Drachen gewesen, die immer und überall den Mund offen hatten. Außerdem stimmte das mit den Sunniten auch nicht. Wie viele Frauen aus sunnitischen Familien hatte er erlebt, nicht die in der Stadt und nicht die modernen, die sehr wohl selbstbewusst den ihnen zustehenden Platz einnahmen, und wie viele alevitische Familien, wo es mit der vielbeschworenen Gleichberechtigung gar nicht weit her war.

Es war spät, die Äste knisterten im Kamin, müdes, alkoholisiertes Schweigen hing im Raum, die Backen waren rot. Die Traurigkeit hatte den Haushalt zurückerobert.

İzzet begleitete Ahmet nach Hause.

Ahmet wollte wissen, wann İzzet Kurde geworden sei und was es damit auf sich habe. Er kenne ihn als jugendlichen Linken, er habe eine starke Zaza- und eine starke alevitische Identität, wie und wann sei das Kurdische dazugekommen?

Diese Frage kann ich dir mit einem Satz beantworten, Abi. Im Gefängnis von Elazığ haben sie mich als Kurden geschlagen. Seitdem bin ich einer.

Umzug

Ahmet fragte Kerim nach dem Schlüssel des alten Nachbarhauses, das noch aus derselben Zeit stammte wie das abgerissene. Ein Steinbau mit flachem Dach.

Was soll denn das schon wieder, Bruder. Willst du uns demütigen?

Nein, nein, du verstehst mich nicht. Das ist keine Kritik an eurem schönen, komfortablen Heim. Aber ich will in meine Kindheit zurück.

Das hab ich schon verstanden. Aber seit Tante Bêrîvans Tod hat dort niemand mehr saubergemacht. Mäuse, Spinnweben, Staub. Asiye hat genug mit den Kindern zu schaffen. Hast du in deiner Kindheit zu Hause gearbeitet? Also die Reise in die Kindheit wird anstrengend sein.

Das soll nicht deine Sorge sein, Kerim. Gib mir Besen und Schaufel, ich kümmere mich um alles.

Widerwillig händigte ihm Kerim den Schlüssel aus, holte Bettwäsche und ging mit ihm zum Haus rüber. Mit Gewalt mussten sie die Eisentür aufdrücken. Es muffelte, roch nach der Tante, und nach geräuchertem Fleisch. Das Licht funktionierte. Der Boden bestand aus festgestampfter, bemalter Erde. Eine Küche mit Waschbecken. Ein Kühlschrank war auch vorhanden. Ahmet steckte dessen Stecker in die Steckdose und öffnete ihn ängstlich. Die Angst war berechtigt, ein beißender Gestank schoss ihm in die Nase. Ein letzter Gruß von Tante Bêrîvan: irgendwelche eingelegten Früchte, die von unzähligen Schimmelgenerationen überwuchert waren. Entweder hatte der Schimmel den Schraub-deckel gesprengt oder das Glas war halb offen, weil der Deckel das Gewinde nicht erfasst hatte. Ahmet ging ins Schlafzimmer. Auf dem Weg dorthin stieß er einen lauten Schrei aus. Er hatte sich am Türpfosten den Kopf angeschlagen.

Kerim lachte.

Du lebst ganz schön gefährlich in Kurdistan, Bruder. Jetzt weißt du, warum wir ein neues Haus gebaut haben. Ich hole mal Bier und Essen rüber.

Ahmet ließ sich von seinem Vorhaben nicht abbringen. Er fegte das ganze Haus. Von Mäusen keine Spur. Er überzog die fleckige Matratze auf dem Boden. An der Wand hingen alte Fotos, schwarzweiße aus den 60ern, ältere angegilbte aus den 50ern, und einige jüngere mit verblassten Farben. Er fand auch eines von ihm und Kerim, beide hielten sie Tante Bêrîvans Hände.

Dann nahm er auf dem kleinen Balkon Platz und trank mit sich allein drei Dosen Bier. Niemand fragte nach seiner Gesell-schaft. Er blickte in den Sternenhimmel und genoss die Ruhe. Er sprach innerlich mit den Geistern der Vergangenheit und war glücklich dabei. All die Leute, die er gekannt hatte und die längst auf dem Friedhof dort oben lagen, liefen, gingen oder humpelten wieder über die Wege zwischen den Häusern; er sah Hochzei-ten und Totenzüge. Die Stimmen von Kindern hallten von den Steinhäusern wider. Klarinettenspieler, Zurnapfeifer, Trommler hörte er, das freudige *Tey*-Rufen der Govendtänzer und -tänzerin-nen. Er hörte das Blöken der Schafe, das Muhen der Kühe, das Meckern der Ziegen, das Kreischen der Esel, die Glöckchen der Herden, das Pfeifen der Hirten. Dann wurde es still. Vereinzeltes Hundebellen. Aus dem Wohnzimmer von Kerims Haus flimmer-te der Flatscreen.

Laura

Als er onanierte, dachte er an die Unidozentin mit dem Nasenring, die ihm in İstanbul ein eindeutiges Angebot gemacht hatte. Als er betete, dachte er an Laura. Beten, so nannte er den Akt höchster Liebeskonzentration. Wenn er von Laura getrennt war. Und eine Konferenzschaltung zwischen ihm, seinem Herz und ihr herstellte, über die er all seine Dankbarkeit und alle schönen Gefühle, die er für diese Frau empfand, nach oben, zu ihr, fließen ließ.

Vor elf Jahren war sie ihm begegnet. Bei einer Party, die von einer Schauspielerin gegeben wurde, welche sich besonders für die kurdische Sache engagierte, was immer das heißen mochte. Er hatte den Verdacht, dass nur sie und jene mehr oder minder kurdischen Männer, die von ihr aufgerissen werden wollten, eine verpflichtende Einigung darüber erzielen konnten, was diese kurdische Sache nun wirklich war. Die Kerle stellten ihren Aufriss durch Vanessa, die Schauspielerin, eine Deutsche aus Bielefeld, stets als ihren Verdienst hin. Die Anzüglichkeiten, mit denen sie sich über diese großzügige, naive und liebesbedürftige Frau ausließen, hatten ihn angewidert. Er hatte Distanz zu Vanessa gehalten, sie spürte dies und behandelte ihn mit vorsichtiger Neugier. Ein klassisches Missverständnis: Ahmet hatte Vanessa als die interessante Ausnahme, als der seriösere Kurde erscheinen wollen, den sie nicht so einfach haben könnte und der auch nicht bloß an ihrem Körper interessiert sei. Ungeschickt, wie er sich dabei anstellte, hatte sie das als Unnahbarkeit ausgelegt. Sie glaubte schlicht, er mochte sie nicht, weil er nicht flirtete. Natürlich verzehrte er sich nach einer Affäre mit ihr.

Laura war anders. Kühl, scheinbar gleichgültig gegenüber seiner Herkunft. Bei der Party hatte sie ihm gesagt: Mich beeindruckt es nicht im Geringsten, dass du nicht Herbert oder Hugo heißt. Wie ein elektrischer Schlag traf ihn das. Und er tat etwas, was er sonst nie tat: Er ergriff die Initiative. Und bat sie, gemeinsam mit ihm die Party zu verlassen. Das wiederum hatte ihr gefallen. Sie landeten in einem Café. Er hatte sich bereits nach ihrem fünften Satz verliebt, und es sich nicht anmerken lassen. Sie nach dem dritten Treffen.

Und wie das so ist im Geschlechterspiel, war auch sie eine Blufferin. Natürlich war sie nicht auf dem kulturellen Auge blind, natürlich hatte ihr sein dunkles Aussehen gefallen, natürlich hatte sie schon zwei Kurden, einen Bosnier, drei Italiener und einen Ägypter in ihrem Portefeuille, natürlich hielt sie sich für eine Anarchistin und kam aus einer kleinbürgerlichen Landfamilie. Sie hatte sich bloß unbeeindruckt geben wollen. Aber Laura war 29 als er ihr begegnete, und noch für allerlei Unsinn gut, Vanessa war damals 37 und würde die bleiben, die sie war.

Seit elf Jahren waren er und Laura ein Paar. Da er noch immer nicht verstand, was sie, die doch mehr Leben vor sich hatte als er, an ihm fand, sah er ihre Loyalität als Mysterium. Als besondere Schande empfand er seine Eifersucht, die ihn wie ein Dämon von Zeit zu Zeit befiel und die er mit sich alleine austrug. Er sperrte sich dann ein, mied die Gesellschaft von Menschen, allen voran die des allerliebsten, und ertrug diese Hölle mit inneren Konvulsionen. Niemand habe das alleinige Anrecht auf Körper und Gefühle eines anderen Menschen, und jede Sekunde der Zuneigung, des Erkannt- und Geliebtwerdens sei ein göttliches Geschenk, das man mit tiefer Dankbarkeit anzunehmen und dessen man sich, selbst wenn es auf Gutgläubigkeit oder gar Missverständnis beruhe, als würdig zu erweisen habe. So sah die Theorie dieses tapferen Freigeists und Ritters aus, doch war die Wegstrecke zwischen Anspruch und dem bäuerlichen Eros, mit dem er als junger Mann von den nackten Weiden Dersims runtergestiegen war, so unermesslich weit, wie sie ein Menschenleben kaum beschreiten konnte. Er wusste über die Pull-Faktoren seiner orientalischen Freunde in Wien bestens Bescheid. Denn die sexuelle Freizügigkeit blonder Europäerinnen würde bekanntlich jegliche politische Freiheit übertreffen. Dieser Migrationsgrund konnte von entzückender Harmlosigkeit oder aber von widerlicher Abschätzigkeit gegenüber Frauen sein. Ahmet kannte das ganze Spektrum. Und er kannte es in sich selbst, denn den in den Büschen der Lobau onanierenden Gastarbeiter, für den er sich schämte, verstand er nur zu gut. Es reichte schon, dass er sich in den ungebildeten, patriarchalen Mann hineinversetzen konnte, der seine österreichischen Prologeliebten als Huren verachtete und gleichzeitig wie ein verwöhntes Baby deren mütterliche Großzügigkeit genoss. Jene dumme, tausendfach unterdrückte und auf das sinnliche Niveau der eigenen Nutztiere herabgewürdigte Sexualität irrte wie verlorene Schafsböcke durch dieses westliche Meer an Unklarheiten. Die einfachste Lösung war noch immer die patriarchale Instanterklärung von der absolut triebhaften Natur der Frau, die im Westen entfesselt worden sei, und die, knebelte man sie nicht bei den eigenen Frauen in jedem Molekül ihres Seins, wie ein Geysir hochschießen würde. Doch die Entfesselung rächt sich, denken sich in Ahmets Verallgemeinerung all diese orientalischen Männer. Die erotische Überreizung führe zur Übersättigung. Das zeigten die Nacktbadezonen Wiens. Dass die Männer dort beim Anblick der Frauen keine Erektionen bekämen und nicht mehr zur Tat schreiten wollten, war für Mustafa und Abdul und vielleicht auch Kostas und Zoran beredter Beweis der allumfassenden Impotenz des europäischen Mannes, und letztlich des Grundes, warum die europäische Frau gerade Interesse an ihnen bekundete. Doch für die Frauen war Nacktheit auch nichts Sexuelles mehr. Diese dekadente Gesellschaft bestand aus erotisch entleerten Batterien.

Ahmet kannte all die kulturellen Missverständnisse, und mit Abscheu oder aber Amüsement sah er wieder einmal seine Theorie bestätigt, dass die Menschen aufgrund von Missverständnissen einander verstanden. All die Mesalliancen, die unwissende Österreicherinnen mit unwissenden Orientalen eingingen, wären sofort gescheitert, hätten die Partner nur einen winzigen Blick ins Bewusstsein des je anderen werfen können.

Ahmet und seine Freunde bestanden zumeist aus gebildeten, aus modernen Ziegenhirten, bereits in İstanbul hatten sie ins kalte Großstadtwasser sowie ins heiße Miasma der Widersprüche springen müssen, hatten Lesben, Feministinnen, freie Frauen kennengelernt, hatten großkotzig erstsemestrige Studentinnen vom Land in Feminismus unterrichtet, von oben herab und mit den üblichen Absichten. In Wien ging es weiter.

Doch zu seiner Ehre als Kizilbasch gehörte nicht nur eine tiefe romantische Verehrung für die Frau, sondern deren männerhassende Übersteigerung, die natürlich wie bei allen feministischen Romantikern vom egoistischen Wunsch befeuert war, von den Frauen dafür belohnt zu werden, was nie eintrat. Während er also den potenziell hinter den Büschen onanierenden Gastarbeiter in sich unter Qualen unterdrückte, musste er mitansehen, wie alle seine Machofreunde reiche Ernte einfuhren. Wie all die Widerlinge, die in den Frauen, von denen Ahmet erhört werden wollte, nichts als Trophäen sahen, von diesen dann die Bestätigung erhielten, in Anbetracht ihrer orientalischen Herkunft eigentlich recht aufgeschlossen zu sein, während sie ihn, Ahmet, unnahbar fanden. Doch die größte Sünde für einen Kizilbasch ist es, im Menschen Mittel und nicht Zweck zu sehen. Und so ertrug er mit selbstzerstörerischem Trotz die Qualen des unerhörten Ritters und erhielt als einzigen Lohn die Gewissheit, diesen unverstandenen Edelmut nur um seiner selbst willen zu leben.

Laura erkannte das. Er wusste, dass sie es erkannte. Doch wenig hatte sie sein einmaliger Versuch beeindruckt, seine Sicht auf Frauen und Erotik vor ihr theoretisch auszubreiten. Sehr schnell hatte sie erkannt, dass er auf Lob aus war. Die nächste Sünde in seinem rigiden Wertesystem.

Oft hatte er sich gefragt, ob er die Frauen liebte oder die Frauenliebe. In Wirklichkeit waren sie genauso dumm oder klug wie Männer auch und verdienten keinerlei Bevorzugung. Mit Laura hatte er sich in einen anarchischen Rausch hineingetrunken, und sie schworen einander, all die kleinlichen kulturellen, sozialen Unterschiede zu vernichten, alle Identitäten zu zerstören. Mit Laura also war Ahmet wirklich frei.

Auch an ihr waren die Anforderungen des Erwerbslebens nicht spurlos vorübergegangen, sie arbeitete als Deutschlehrerin für Migranten und Migrantinnen in einem Erwachsenenbildungsinstitut, hatte die Rockband, deren Leadsängerin sie war, aufgelöst, war ruhig, nüchtern und leidenschaftslos geworden. Doch noch immer hatte sie diese Unbeeindruckbarkeit, diesen dunklen, violetten Blick. Er liebte sie, und auch wenn sie ihn langweilte und er sich in ihrer Gesellschaft mit sich selbst langweilte und er auch sie langweilte, Laura war das Einzige, was er hatte.

Japanische Kurden, als Kurden verkleidete Kurden und sind wir doch nicht alle Menschen?

Kennst du die Geschichte von den zwei Japanern in Yayladere?, fragte Kerim seinen Bruder, als sie am Abend bei Schnaps und Tee in der Küche saßen.

Nein, kenn ich nicht.

Ahmet schenkte sich Tee nach.

Zwei Japaner in Holland sind verrückt nach kurdischer Kultur und wollen unbedingt Kurden werden. In Holland nehmen sie Kurmandschi-Unterricht und sprechen bald besser Kurmandschi, als nur irgendein Japaner, Holländer oder Eskimo je Kurmandschi sprach. Und dann treten sie ihre Reise in das Land ihrer Träume an. Man bringt sie zu einer alten Frau, der man nie richtig Türkisch einprügeln konnte. Sie kennt nur eine Sprache richtig. Ehrfürchtig beginnen die Japaner ein Gespräch mit ihr. Sie ist völlig unbeeindruckt, zieht die Stirn in Falten und sagt dann zu ihrem Sohn: Deine Freunde sind sehr sympathisch, aber reden können sie nicht gut.

Bevor Kerim in Gelächter ausbrach, wiederholte er den letzten Satz und ließ die Handflächen dabei mit einer Reibbewegung energisch aneinanderklatschen.

Ja, sagte Ahmet, eine wunderbare Geschichte. Die armen Japaner. Sie wollten ihre Bemühungen von einer echten Indianerin abgesegnet wissen, und dann das.

Genau, bekräftigte Kerim, die Jungs hatten eine klarere Vorstellung von Kurden als die Alte, weil sie nichts anderes kannte. Für sie, die noch nie weiter als bis Karakocan gekommen war, gab es nur zwei Arten von Leuten: die, die nicht reden können, also Türken und Holländer, und die es können. Die Japaner konnten reden, bloß nicht so gut. Die Antwort hätte eins zu eins von unserer Mutter kommen können.

Wieder verfiel Kerim in schadenfrohes Gelächter.

Ja, sprach Achmet, das gibt es oft. Es ist sehr lustig, wenn sich die Bauern von den kulturellen Annäherungsversuchen der Romantiker unbeeindruckt zeigen.

Ahmet hatte Kerim bloß beipflichten wollen, doch wie zu erwarten, nahm dieser sofort eine Gegenposition ein, vermutlich, weil ihn die ungewohnten Begriffe störten, mit denen Ahmet seiner Auffassung nach Überlegenheit bekunden wollte.

Ich finde es großartig, wie viele Menschen sich für uns interessieren, sagte er. Japaner werden Kurden. Deutsche verwandeln sich in Griechen und Italiener. Und wir? Was ist mit uns, wenn wir in die Fremde gehen? Wir bleiben immer Kurden, und sind auch noch stolz darauf, dass wir immer die gleichen Bauern bleiben. Du und ich, wir wissen, dass wir Bauern sind, aber deine intellektuellen Freunde in Wien machen nur auf Kurde, damit alle Welt glaubt, ihre Ungeschicklichkeit sei kurdische Kultur, und wenn sie aus Sehnsucht nach ihren Lieblingsziegen jaulen, wollen sie das den *Almanlar* als unsere Volkslieder verkaufen.

Wasch dir die Zunge, du Schandmaul, fuhr Ahmet seinen Bruder vergnüglich an, wenn du boshaft bist, ist dein Scharfsinn unübertrefflich. Du vertrittst also die These, dass die unterschiedlichen Lokalkulturen nur Euphemismen für die jeweilige Zurückgebliebenheit sind?

Euphe… was?, äffte ihn Kerim nach, du sprichst mit einem Bauern, du Japaner du. Reden kannst du gar nicht gut.

Schon gut, Kerim, es ist erstaunlich, wie sehr du bei deinen Sticheleien außer Acht lässt, was man uns angetan hat. Wie kannst du bloß so leichtfertig Menschen verspotten, die es geschafft haben, sich nicht zu Türken machen zu lassen? Kann man jemandem verdenken, der sich stolz das wiedererobert, was man ihm genommen hat?

Ja, ja, ja, was würden wir ohne unsere Verfolgung machen? – Haben Sie mir soeben auf den Hintern gegriffen? – Ja, aber Sie müssen wissen, ich bin Kurde. Ich kann Ihnen mein ärztliches Attest zeigen. – Ach entschuldigen Sie vielmals. Das hätten Sie doch gleich sagen können. Da, langen Sie ruhig nochmals hin.

Ahmet tat Kerim nicht den Gefallen zu lachen, obwohl alles in ihm nach dieser Befreiung drängte. Er konnte seinem Bruder nichts vormachen. Die ernste Miene nahm ihm der nicht ab, und so spielte Kerim das Spiel mit ihm, bei dem er schon als Kind stets als Sieger hervorgegangen war. Wer lacht zuerst? Mit listigen Augen fixierte er den Bruder, um dessen gravitätischen Gesichtsausdruck zum Bersten zu bringen, was mit gravitätischen Gesichtsausdrucken besonders leicht geht.

Was schaust du so dumm?, fuhr ihn Ahmet an.

Diese milde Aggression zeigte Kerim, wie sehr sich der Bruder gegen das Lachen wehrte. Der aber verfiel auf eine List und flüchtete sich in Gedanken. Und Kerim erkannte, wie Ahmets Augen zwar geradeaus starrten, aber sein Blick allmählich nach innen driftete.

Ahmet hätte ein Bestimmungsbuch über die Dummheiten, Irrtümer und Rassismen der wohlmeinenden Antirassisten und Indianerliebhaber in Wien schreiben können. Immer wieder hatte er sich dazu an den Schreibtisch gesetzt. Und das Geschriebene am nächsten Tag meistens gelöscht. Irgendwann ließ er es sein, weil es völlig sinnlos war, weil er der Szene, in der er verkehrte, nicht in den Rücken fallen wollte, die so trunken von der selbstgerechten Solidarität mit allen Fremden war, dass sie nie und nimmer eingesehen hätte, was alles faul an ihren Vorstellungen war. Wie sehr sie doch Teil des Problems war, gegen das sie aufzutreten glaubte. All die Bürgerkinder, die ihren rassistischen Eltern eins auswischen wollten, indem sie die Zugewanderten zu ihren Ethnoteddybären machten, ihnen, wie Mädchen es bei ihren Puppen taten, die Haare kämmten und sich vom eigenen Individualismus, der lediglich darin bestand, so viele Lebensentwürfe, Dinge und Menschen wie möglich auszuprobieren, dadurch kurierten, dass sie an solchen wie Ahmet ihre Sehnsucht nach Stamm und Tradition auslebten und sie ihrem kulturellen Artenschutzprogramm unterwarfen. Zu so einer Projektion gehören aber immer zwei. Denn er und die anderen Indianer ließen es sich gefallen, weil diese wohlmeinende Fremdbestimmung von erpresserischer Süße war. Mit sanftem Spott beobachtete er, wie mancher Kurde langsam zu einem Kurden wurde, wie es ihn daheim nicht gab, sondern eher das Wunschbild seiner weißen Bewunderer befriedigte. Ahmet war sich des Widerspruchs schmerzlich bewusst, dass er sich zwar geistreich darüber ärgerte, permanent von den solidarischen Bleichgesichtern auf seinen Stamm reduziert zu werden, aber dennoch nicht darauf verzichten konnte, weil ihm diese Rolle so viele Vorteile und kleine soziale Erfolge brachte und er – Kerim hatte verdammt noch mal recht – ohne diese edle Verkleidung in den Augen der Österreicher vielleicht wirklich nichts als ein Bauer wäre.

Die weißen Idioten wollten ihm eine Stimme geben, aber die seine nicht hören. Indianer, die nicht sagten, was diese hören wollten, bekamen das Megaphon gleich gar nicht. Die Bleichgesichter züchteten sich aus einem Pool von Migranten ihre passgenauen farbigen Plüschrebellen heran, gemeinsam mit den verwöhntesten und privilegiertesten der zugewanderten Bürgerkinder, die als die zornigen Stimmen der Benachteiligten posierten und so sich ihre Jobs und Positionen sicherten. Diese Primarstöchter und Architektensöhne traten dann als die nie gewählten Repräsentanten der Gastarbeiter und der Bauern auf, und begannen auf wild und radikal zu machen und auf Ghettokind, doch wenn sie wütend die Faust erhoben, hing die immer durch, genau so, wie ihre Stimmen durchhingen, wenn sie versuchten, wütende Slogans ins Mikro zu rappen, in diesem kindlichen Zahnspangenton – Stimmen, die nicht taugten, zur Tat aufzurufen, sondern bloß, zu jammern, wie arg alles sei.

Bei Diskussionsveranstaltungen wusste er, dass er nie als Ahmet Arslan eingeladen war, sondern als Stammessprecher, und er sich die eine oder andere Provokation ihrer Gemeinplätze nur wegen seiner Authentizität, den eingebildeten Tränen in seinen Augen und der Feder, die man ihm in der Maske zuvor ins Haar gesteckt hatte, leisten durfte, während ein weißer Kollege für dieselben Aussagen am Marterpfahl gelandet wäre.

Was ist los mit dir, Bruder, träumst du wieder von den alten Tagen, fragte Kerim.

Ach nichts, sprach Ahmet. Ich habe eine ähnliche Geschichte aus Wien. Ein kurdische Freundin nahm ihre Mutter eines Tages mit zu einer Feier, eine Alevitin aus Dersim. Auch ein irakischer Kurde aus Erbil, ein Maler, war anwesend. Der hatte als hauptberuflicher Kurde Probleme mit den Aleviten und Linken und allen, die nicht *nur* Kurden sein wollten.

Meine Freundin fragte ihre Mutter im Scherz, ob sie sich Mahmut, so hieß der Künstler, als Schwiegersohn vorstellen könne, obwohl er Sunnit und aus dem Irak sei. Daraufhin sagte die Mutter: Ja, warum nicht? Ist doch auch ein Mensch.

Einmütig lachten die Brüder.

Ich brauch nicht dazusagen, Bruder, was für saures Gesicht dieser Mahmut machte und wie sehr ihn die Antwort in seinen Vorurteilen gegenüber den Aleviten bestätigte. Für die Frau war es völlig egal, ob er Kurde oder Japaner war, solange er ein Mensch war. Und er war sauer, weil sie ihn nur als Menschen und nicht als Kurden …

Lass gut sein, du Japaner, ich hab schon verstanden.

In solchen Momenten war Ahmet in dieser Einöde dankbar, seinen frechen Bruder zu haben. Mit Izzet hätte er über diese Geschichte niemals so lachen können.

Xeycan

Ahmet ödeten die Tage im Dorf an. Sein Bruder mied seine Gesellschaft, ohne es zuzugeben, dessen zwei jüngere Kinder waren in Elazığ geblieben und hatten es nicht einmal für wert gefunden, ihren Onkel kennenzulernen, die restlichen Dorfbewohner hatte er alle bereits besucht oder sie ihn, aber, sah man von İzzet, Ruken, Kerim und Onkel Piro ab, nichts wirklich Interessantes von ihnen erfahren, und so schämte er sich ein wenig, eine solch epische Wunschvorstellung von der Welt seiner Kindheit entworfen zu haben. Die Realität und seine Erwartungen, sie hatten beide ihre Wurzeln in seiner Erinnerung, bloß hatten sie sich unterschiedlich entwickelt, und das ist doch legitim. Die Realität wurde von Kerim verkörpert, die Fantasie jedoch gehörte ihm allein, und er suchte in alten Geschichten, beim Tee mit Menschen, deren Erinnerung noch nicht durch die Telenovelas ausgewechselt war, in der heidnischen Eingeschworenheit mit knorrigen Bäumen, kleinen Wasserfällen und Windstößen, dort überall suchte er nach den schönen Seiten dieser untergegangenen Welt, und nach dem Beweis, dass er sie sich nicht nur einbildete.

Am zwölften Tag seines Aufenthalts brannte die Sonne ungewöhnlich heiß aufs Dorf. Die Natur lud Ahmet mit Summen und Zwitschern ein. Und er ließ sich das nicht zweimal sagen. Ahmet glaubte, alle Seitentäler des Derê Saniku schon durchwandert zu haben. Doch als sei es neu hinzugezaubert worden, tat sich plötzlich ein völlig neues Tal vor ihm auf, mit einem engen Tor zwar, aber sich zu einem breiten Grund ausbreitend, der mit Ebereschen bewachsen und von mächtigen Felsen gesäumt war. Wie durch einen Traum schritt Ahmet in diese Zauberwelt und kam aus dem Wundern nicht heraus, wie ihm dieser Ort nicht hatte auffallen können bei seinen kleinen Wanderungen. Die Farben waren der Jahreszeit entsprechend prall und satt, die Balance zwischen leuchtendem Grün und traurigen Blautönen aber schien so übertrieben, wie es nur Menschen mit besonders schweren Endorphinvergiftungen erleben. Und plötzlich tauchten sie auf, die Erinnerungen. Dieses Tal hieß Solaseno, und es war für die Leute hier einer der heiligsten Orte, wovon die vielen Stofffetzen in den Weißdornbüschen und Ebereschenkronen zeugten. Als Kind war er fast täglich hier gewesen. In Wien tauchte die Morphologie der Landschaft um sein Dorf zwar immer wieder in seinem Gedächtnis auf, doch dieses Tal – ist es zu fassen? – hatte er völlig vergessen. Deswegen aber war es auch nicht – wie er selbst und die anderen Hügel, Täler und Bergrücken – gealtert. Und führte ein Eigenleben, befreit davon, eine Requisite seiner Nostalgie zu sein.

Der Wind trug das Klingeln von Ziegenglöckchen an sein Ohr. Es war alles so wie früher. Wer hütet hier noch Ziegen? Vielleicht war er wirklich durch ein Loch in seine Vergangenheit gedrungen. So schritt er neugierig den Ungewissheiten seiner Zeitreise entgegen. Da hörte er eine Kinderstimme ein Lied singen.

Zwischen ein paar im Wind sich wiegenden Bergweiden huschte ein kleines Mädchen vorbei. Sie hielt einen Stab in der Hand. Das musste die Hirtin sein. Ahmet folgte ihr. Als er den Weidenhain mit seinen im Wind tänzelnden Blattzungen erreichte, sah er sie zwischen ihren Ziegen stehen. Sie trug keine moderne Kleidung, sondern die alte Tracht der Gegend, um die Stirn hatte sie ein flammend rotes Kofyia gewickelt. Das war sehr ungewöhnlich. Kein Mädchen – sie musste im Volksschulalter sein – trug so etwas, es sei denn bei Folkloreveranstaltungen. Im Südosten des Landes war die Tracht als Alltagskleidung noch üblicher. Das Mädchen lächelte ihm zu. Ahmet winkte. Sie winkte zurück. Er hätte schwören können, dass das Ruken mit acht war. Sie schien keine Angst vor ihm zu haben, und trotzdem entfernte sie sich. Ahmet hätte zwar gerne mit ihr geplaudert, denn bislang hatte er nur mit Alten und seiner eigenartigen Familie zu tun gehabt, doch die kleine Dame hatte offenbar kein Bedürfnis nach seiner Gesellschaft, und so legte er sich neben einen Felsen auf ein Stück weicher Wiese, die wunderbar roch, weil sie erst kurz zuvor von den Ziegen gestutzt worden war. Und würzig rochen auch die Kotpastillen, welche die Ziegen dort hinterlassen hatten. Hummeln summten, Schmetterlinge flatterten, eine Lerche zwitscherten ihr Lied, in der Ferne sang die kleine Hirtin weiter, und über ihm fuhr der Wind durch die Kronen zweier üppiger Pappeln, deren silberne Rinden mit der Sonne um Leuchtkraft wetteiferten. Ahmet fiel in tiefen Schlaf. Er träumte von dem

Mädchen, es saß auf dem Stein und sang. Oder tat sie es wirklich und schlich sich die Wirklichkeit in seinen Traum? Einen Spaltbreit und zitternd öffnete er die Lider, über sich saß eine kleine Elfe und verdeckte die Sonne, was ihr eine gleißende Corona verlieh. Dann trübte sich sein Bild wieder und das Singen verhallte.

Aus dem Schlaf gerissen wurde er durch einen Gegenstand, der ihm in den Mund fiel. Kaum völlig wach begann er nach einer Schrecksekunde aufgrund des glucksenden Lachens über sich die Situation richtig einzuschätzen, umschloss mit seinem Gaumen, der Wange und der Zunge den Eindringling in seinem Mund, befand, dass er gut schmeckte und dass es sich um eine mit einer Mandel gefüllte Dattel handelte. Die Inszenierung seiner Mimik verfehlte nicht ihren Zweck und reizte das Mädchen zum Lachen.

Ahmet zwinkerte ihr zu und bettete seinen Kopf, weil sein Körper noch immer faul und müde war, auf seinen gekreuzten Unterarmen.

Sie haben Ihren Spaß mit mir, Frau Ministerpräsidentin.

Ich bin nicht Frau Ministerpräsidentin.

Doch, du bist die Ministerpräsidentin dieses Tals.

Da hast du recht, Abi.

Wie heißt du, Mädchen?

Ich bin Xeycan, verkündete sie und breitete dabei die Arme aus wie bei einer Revuenummer. Und eine einzige Revue schien das ganze Leben für diese Frohnatur zu sein.

Sehr erfreut, Xeycan.

Und du bist Ahmet Arslan, der Bruder von Kerim Arslan.

Du bist sehr gebildet, Xeycan Canım.

Ich weiß.

Wie alt bist du?

Rate.

Du bist viereinhalb.

Und du bist blöd, weil du glaubst, dass ich darauf hereinfalle.

Worauf?

Dass ich mich ärgere, weil du glaubst, ich bin ein Baby.

Was machst du hier?

Das ist mein geheimer Platz.

In deinem Alter war es auch mein geheimer Platz. Die Leute im Dorf langweilen dich.

Xeycan zuckte gleichgültig mit den Achseln, als wolle sie sich nicht auf solche Suggestionen einlassen.

Wer sind deine Eltern?

Meine Eltern sind tot.

Bei wem wohnst du?

Bei Opa und Oma, Yavuz und Zarife Coskun.

Mein Gott, das Kind war die Tochter von Tansu und Bilal Coskun. Selbst in Österreich hatte er von ihrer Ermordung in Malatya gehört. In Wien hatte es sogar spontane Demonstrationen gegeben, bei denen man ihre Bilder trug.

Ich habe deinen Vater gekannt, als er so alt war wie du. Sag, Schwester, warum trägst du nicht moderne Kleider wie die anderen Mädchen?

Weil das schöner ist. Du bist neugierig, Abi.

Eine Frage noch, und dann darfst du mich fragen, was du willst.

Ich will dich aber nichts fragen, Abi.

Xeycan griff sich auf den Bauch und imitierte einen Lachkrampf.

Warum bist du nicht in der Schule?

Meine Schule fängt erst in zwei Wochen an.

Wie ist denn das möglich, Xeycan?

Schau, Abi, das ist deshalb, weil ich die Schule wechsle. Ich fange in Hozat an. Vorher war ich in Pertek, aber da bin ich rausgeflogen.

148

Wie bitte? Was hast du denn angestellt? Die Schule angezündet?

Nein, Abi, meine Lehrerin hat mich gehasst, weil ich mit meinen Freundinnen Kirmancki geredet habe. Aber dabei kann sie nicht einmal ordentlich Türkisch. In der Rechenstunde frage ich sie, wann wir endlich Wurzelziehen lernen? Sie sagt mir, dass wir noch zu klein sind fürs Wurzelziehen. Und sie sagt statt *Karekökünü çıkarma* (Quadratwurzel ziehen) *Karakökünü çıkarma* (Schwarzwurzel ziehen), und dann lache ich sie aus, und sie fragt mich, warum ich so blöd lache, und dann hab ich es ihr gesagt. Da hat sie mir eine geschmiert, und dann hab ich ihr böse Worte gesagt.

Jetzt war es Ahmet, der lachen musste.

Hör auf, du kleiner Teufel, mich so zum Lachen zu bringen. Sag schon, was hast du deiner Lehrerin für böse Worte gesagt?

Affektiert legte Xeycan den Kopf zur Seite.

So etwas sagt eine Dame nicht.

Aber was, du wirst es mir schon erzählen. Sag mal, hast du keine Angst hier allein. Fürchtest du dich nicht vor den Bären?

Du fürchtest dich vor den Bären. Die Bären sind meine Freunde, ich spiele immer Zurna für sie und sie tanzen für mich.

Ach ja, zeigst du mir das?

Vielleicht.

Ahmet hatte längst erkannt, dass Xeycan das Mädchen war, von dem İzzet ihm erzählt hatte. Was für eine angenehme Überraschung in diesem halbtoten Nest. Die kommende Woche war gerettet. Er hatte eine neue Freundin gewonnen. Und schon während des ersten Wortwechsels waren ihm bestimmte Gedanken geschossen: Einladung nach Wien, Adoption, Gymnasium, Studium. Ziemlich schnell war es für ihn ausgemachte Sache. Sie freilich wusste noch nichts davon.

Ahmet und Xeycan plauderten ein halbes Stündchen, sie fragte ihn über Wien aus und wollte auch so eigenartige Dinge wissen, ob die Postbeamten in Wien rote Augenbrauen hatten. Sie mischte ständig Ernstes mit Unernstem, und so amüsant und einfallsreich das auch sein konnte, Ahmet liebte zu sehr klare Verhältnisse, deshalb begann die Adoption bald zu wanken. Immer öfter während ihres Gesprächs starrte Xeycan mit verschworenem Blick gen Himmel, als erwarte sie von dort oben etwas.

Rede ruhig weiter, Abi, ich höre zu.

Und wirklich, da kam was: Wolken zogen auf, der Wind brauste immer fester und kälter, das Tal verlor seinen freundlichen Schein und Xeycan grinste ihn mit einem stechenden Hexenblick an. Was wird denn das, dachte Ahmet bei sich, will sie mir Angst machen?

Sie sprang vom Felsen und nahm Ahmet an der Hand.

Steh auf, Abi, ich muss dir etwas zeigen. Ich zeig dir mein Kanalrohr.

Abi stand auf. Xeycan rannte lachend fort. Ahmet überlegte ernsthaft, ob er sich diese Bevormundung gefallen lassen sollte. Vor dem Weidenhain blieb sie stehen, beugte mit vergnüglichem Gesicht ihren Oberkörper vor und hieß ihn mit winziger Zeigefingerkrümmung ihr zu folgen. Ahmet versuchte Schritt zu halten, ohne in Laufen zu verfallen. Was gar nicht einfach war. Immer tiefer verschluckte ihn das Tal. Immer wieder drehte Xeycan sich mit verschworenem Blick nach ihm um und deutete ihm mit ihrem kleinen siebenjährigen Zeigefinger. Eine Viertelstunde später, Schneeflocken tänzelten über ihm im Wind, öffnete sich das Tal. Das Geräusch von Straßenverkehr verwirrte Ahmet, und tatsächlich stand er bald keuchend neben Xeycan am Rand einer Straße, auf der er ein Lastwagen an ihnen vorbeifuhr. Auf der anderen Seite rollte ein etwa fünfzig Meter breiter Fluss dahin. Er führte Hochwasser, war grau, abweisend, bedrohlich, ganze Weidenstämme schwammen schnell vorbei. Xeycan warf Ahmet einen kurzen, traurigen Blick zu.

Was für Fluss konnte das gewesen sein, er erinnerte ihn an den Pülümür, auch an den Peri, doch der Landschaft ringsumher fehlten die Berge, es war kahles Hügelland, und folgte man seinem Lauf, sah am man Horizont einen See, bei dem es sich nur um den Keban-Stausee handeln konnte. Xeycan wollte die Straße queren, Ahmet wollte ihr folgen, da schoss ein Auto vorbei, Xeycan breitete schützend ihren linken Arm vor Ahmet, dann gebot sie ihm herrisch zu folgen und nahm ihn in der Mitte der Straße wieder an der Hand.

Vom Straßenrand aus blickten beide in Flussrichtung. Eine kleine Wiese stand bereits unter Wasser, daraus ragten einige alte Weidenbäume. Dahinter führte unter der Straße ein großes hässliches Betonrohr durch.

Siehst du das Kanalrohr, Abi? Dort musst du dich verstecken.

Einmal mehr grinste Xeycan vieldeutig. Dann lief sie entlang der Straße davon.

Wohin, Mädchen?

Xeycan drehte sich nach ihm um.

Wir werden uns bald wiedersehen, Abi.

Sie winkte und lief weiter. Auch Ahmet winkte ihr zu.

Er schnellte hoch und atmete schwer. Wie lange hatte er neben dem Stein geschlafen? So ein Unsinn, fuhr es ihm durch den Kopf. Das Tal lag im Sonnenschein, der sich allerdings schon zu verabschieden anschickte. Die Glocken der Ziegen bimmelten, der Wind ließ die Pappelblätter zittern. Ahmet massierte sich den Nacken. Hatte er alles nur geträumt? Auch das charmante Gespräch? Er suchte mit Blicken nach dem Mädchen.

Von heftigen Gefühlen und Gedanken durchpeitscht kam Ahmet kurz vor der Dämmerung ins Dorf zurück und betrat das

Haupthaus, küsste seine Mutter und trank mit Kerim und Asiye Tee.

Kennt ihr Xeycan Coskun, die Tochter von Tansu?

Ahmets Bruder und seine Frau warfen einander einen seltsamen Blick zu.

Hast du auch schon davon gehört? Das arme Mädchen.

Asiyes Lippen spannten sich zu einem Ausdruck schmerzhafter Anteilnahme.

Nein, was ist mit ihr? Onkel Piro hat mir bloß erzählt, dass sie jetzt im Dorf bei den Großeltern lebt.

Kerim sagte: Die Kleine liegt in Elazığ im Spital, schwere Lungenentzündung. Wir alle beten um sie, aber es sieht schlecht aus. Sehr schlecht.

Seit wann liegt sie dort?

Kerim kam diese Frage sonderbar vor. Er fixierte seinen Bruder scharf.

Was weiß ich. Drei, vier Tage?

Ahmet zog eine Gänsehaut auf.

Es ist eigenartig, dass du dich gerade nach ihr erkundigst.

Und Kerim lieferte die Erklärung nach. Sie sei wirklich ein außergewöhnliches Mädchen, jeder möge sie, und jedem gehe sie mit ihrer naseweisen Art auf die Nerven. Wäre sie nicht so krank, dann wäre sie ihm bestimmt vorgestellt worden.

Ahmet fröstelte noch immer. Er beschloss, den beiden nicht von seinem Traum, oder was immer das war, zu erzählen. Sie würden ihn vielleicht für einen Angeber halten. Mit seiner Mutter aber wollte er sich über die Erscheinung austauschen. Denn so groß auch sein Schreck war, umso größer war das eitle Bedürfnis, von ihrem Aberglauben zu zehren, an ihren Vorstellungen von Magie, Vorsehung und dunklen Mächten, für die er sich zu gut war. Doch die Mutter hörte ihm nicht einmal zu, denn im Fernsehen lief *Binbir Gece*, eine spätabendliche Wiederholung der

Vormittagsausstrahlung. Ob sie nicht doch schlafen gehen wolle? Er solle ihr nicht ständig Vorschriften machen, zischte sie ihn an. Da musste eine Verwechslung vorliegen. Wann, Mama, hab ich dir in den letzten zwanzig Jahren Vorschriften gemacht? Die Mutter ignorierte ihn und hob die rechte Hand, um den Spannungsbogen zwischen ihr und dem Gerät gegen seine negativen Wellen abzuschirmen.

Ahmet begab sich in das alte Haus. Und konnte nicht schlafen. Er blickte zum Mond hoch. Obwohl er für die ethischen wie poetischen Seiten mancher Religionen empfänglich war, Naturreligionen, Daoismus, Sufismus, die Lehren Jesu, und natürlich den Dersimer Alevitismus, war ihm alles Parapsychologische als hysterischer Klimbim fremd geblieben. Doch wünschte er sich die kleine Xeycan im Traum herbei. Erstens wollte er wissen, was sie mit ihren kryptischen Worten meinte, zweitens wollte er seine Freundschaft mit ihr vertiefen. Er stellte sich vor, dass sie dort unten vor dem Haus erschien und zu ihm hochsah. Vor dem Einschlafen flüsterte er ein alevitisches Zaubergebet, das er von seiner Großmutter gelernt hatte. Ein paar Zeilen nur kannte er noch. Sein Studienfreund Horst, dessen Großmutter Heilerin im oberösterreichischen Mühlviertel gewesen war, erzählte ihm, dass diese sehr ähnliche Beschwörungsformeln verwendet habe. Verwendet? Warte mal. Hieß der Ausdruck für Heilerin bei den Österreichern nicht so ähnlich? Genau, Wenderin oder Wendterin. Er stellte sich vor dem Einschlafen vor, wie er eine geistige Verbindung zu dem kleinen Mädchen aufbaute, das da irgendwo in einem kahlen Spitalszimmer in Elazığ am Sauerstoffgerät hing. Ihm fiel nichts Alevitisches mehr ein. Er murmelte nur *Bitte nicht, bitte nicht, bitte nicht,* und gefiel sich heimlich in den Allmachtsfantasien eines jeden Möchtegernheilers. Dann schlief er ein.

Schuhabdrücke im Sand

Ahmet schlief bis weit in den Vormittag hinein. Aber es war ein unruhiger Schlaf, wüste Alpträume hatten ihn heimgesucht. Er hörte Stimmen auf der Straße. Er griff nach dem Handy, es war dreiviertel zwölf. Er ahnte es. Und wollte so früh gar nichts davon wissen. Auf der Straße plauderten zwei Frauen, ein älterer Mann kam hinzu. Ahmet zog sich an. Wie seltsam, dass ein kleines Mädchen, das er erst seit gestern kannte, und das auch nur aus einem Traum, nun sein Bewusstsein und das des ganzen Dorfes durchdrang. Er ging zu den Arslans rüber. Kerim berichtete ihm, dass das Mädchen in der Nacht verstorben sei.

Asiye schluchzte. Die erste menschliche Regung, die er bei ihr wahrnahm. Die Mutter hingegen saß stumm da und schlürfte ihren Tee, als wollte ihr Granitgesicht sagen: Was macht ihr so ein Theater um einen jungen Katzenwurf, in meinem Leben hab ich schon Tausende Kindstode miterlebt, mir sind selber vier nach der Geburt weggestorben, da jammert man nicht viel, sondern geht in den Stall oder aufs Feld … Die Mutter wurde Ahmet immer unsympathischer, obwohl er keine Beweise für seine Unterstellungen hatte. Aber wird wohl so sein, dass sie den Tod von Isaura eher beweint als den eines realen Kindes.

Er wollte und konnte sich nicht damit abfinden. Und so beschloss er, den Ort seiner Begegnung mit Xeycan aufzusuchen. Eine eigentümliche Sehnsucht befiel ihn, wie er sie seit wohl vierzig Jahren nicht mehr gefühlt hatte, die aber der Dauerzustand seiner Kindheit war: kindliche Verliebtheit. Als hätte er irgendein Nachbarmädchen verloren, in das er unsterblich verschossen war. Als Junge war ihm das oft passiert, meistens war er zu schüchtern gewesen, sie überhaupt nur anzusprechen, und wenn sie dann wegzogen, oder sich von ihm abwandten – eine war auch an Typhus gestorben –, wurde er rasend vor Verzweiflung und schlug mit Stöcken auf Büsche und Stämme ein. Trüb war der Himmel. Dunkel dräuten die Berge. Er ging zum Bach. Wo eine kleine feuchte Sandzunge das Wasser in weitem Bogen an sich vorbeirinnen ließ. Von Ziegenhufen war sie aufgewühlt, doch dazwischen fand Ahmet die Abdrücke kleiner Schuhe. Er lächelte. So kleine Füße. Ahmet beugte sich nieder und küsste die Spur. Grobe glitzernde Körnchen klebten nun an seinen Lippen. Warum hast du mich verlassen? Ich wollte dich doch nach Wien mitnehmen. Welche Freude würde Laura mit dir haben. Er erhob sich und blickte die steilen Wände des Koyo Mözikö empor. Er beneidete die Berge um die Gleichgültigkeit, mit der sie Leben und Sterben beobachten. Die therapeutische Wirkung der Wildnis hatte für ihn immer in deren völliger Gleichgültigkeit gegenüber seiner Person gelegen. Nur wenige verstanden ihn darin, manche hielten es wohl für ein bemühtes Paradox.

Hier am Grunde dieses verwunschenen Tales fasste er einen Entschluss. Er werde zurückkehren, zu Laura, und dann würden sie ein Kind haben. Es war höchste Zeit, mit seinem alten Leben abzuschließen und ein neues zu pflanzen.

Zu Besuch bei Xeycans Großeltern

Ahmet Arslan, İzzet und seine Frau Ruken sowie Onkel Piro schritten bedächtig zum Hang hoch, um Yavuz und Zarife Çoskun das Beileid auszusprechen. Das Begräbnis war für den kommenden Tag anberaumt. Die alte Frau bat die Gäste herein. Das Haus dürfte sich – bis auf das elektrische Licht, ein paar Herdplatten, einen betonierten Boden und einige bunte Plastikschüsseln – in den letzten dreihundert Jahren kaum verändert haben. Doch es war sehr sauber. Die Großmutter führte sie ins Wohnzimmer, wo sie sich sich auf dünnen Matratzen und bunten Steppdecken niederließen. Während ihr Mann Teewasser vom Brunnen holte, schaltete sie die kleine Herdplatte ein. Zarife Çoskun, sagte man, sei über 80, doch hatte sie ein hübsches Gesicht, junge Augen, über die sich nun der Schleier vieler Tränenflüsse legte, und die silbrigen Locken, die unter ihrem Kofiya hervorkräuselten, unterstrichen die Frische ihres Anblicks. Yavuz war groß gewachsen. Groß gewachsen war auch seine grobporige, von Kapillarengeflechten marmorierte Nase, unter der ein üppiger weißer Schnurrbart gedieh. Er wirkte abwesend. Doch war er beinahe blind. Warum, dachte Ahmet bei sich, hatte er dieses alte Pärchen nicht eher besucht. Man sah, dass die Zivilisation nur langsam den Hang hochkroch, hier hatte sich das alte Leben Holikes konserviert – und das Archaische jungfräulich gehalten, um von einer hoffentlich besseren Zivilisation defloriert zu werden als den Telenovelas aus Mutters Flatscreen.

Immer wieder überkam Frau Çoskun der Schmerz. Ihr Kopf zitterte, während sich ihre Lippen kräuselnd aufeinanderpressten. Wirklich alles habe man versucht, jammerte sie. Ehe man den Doktor rief, habe man das Mädchen Erde vom Düzgün Baba gefüttert und sie im Wasser der Munzurquellen gebadet. Ahmets Hände ballten sich vor Wut zu Fäusten.

Dennoch wurde es ein schöner Abend, eine Totenfeier, wie kein Toter dieser Welt sie sich eher wünschen konnte. Doch das verdankte sich dem Wesen der Toten, denn wenige Alte hatten in sieben Jahren ihres Lebens so viel Erzählenswertes gesammelt wie die kleine Xeycan. Menschen, die am Haus vorbeispazierten, hätten das schallende Gelächter aus einem Haus, das soeben vom Tod heimgesucht wurde, befremdlich gefunden. Aber das Mädchen hatte der Nachwelt viele Anekdoten hinterlassen.

Jeder hatte ein paar Xeycan-Geschichten beizusteuern, und deren Wahl zeigte die Vorlieben des jeweiligen Erzählers, der jeweiligen Erzählerin. Ahmet hatte an diesem Abend die Besonderheiten des toten Mädchens gut genug erfasst, um zu ahnen, dass manche Streiche und Einfälle falsch wiedergegeben wurden, dass ihr Witz so eigenwillig war, dass die besten Pointen nicht verstanden wurden, in keines der hier üblichen Wahrnehmungsmuster passten und deshalb durch das grobe Netz des Dorfverstandes fielen oder in diesen übersetzt werden mussten. So lachten die Leute am meisten über jene Geschichten, die man in der Stadt als altbacken und harmlos verspottet hätte. Doch hinter dem Unverstand der Erzähler glaubte Ahmet den lebendigen Humor des nun toten Kindes aufblitzen zu sehen.

Witzig fanden die Anwesenden Geschichten über einen fünfbeinigen Hund, der einige Hühner gerissen haben soll. Xeycan war berüchtigt im Erfinden von Fabeltieren wie dem Riesenpapagei, der aus dem Nachbardorf zwei Kinder geholt haben soll. Unter den Alten fand sie zum Vergnügen der Aufgeklärteren immer wieder welche, die ihr das abkauften. İzzet erzählte schließlich seine Lieblingsanekdote.

Seit sie in der Schule war und die Grundrechenarten erlernte, ersann sie neuen Unfug und verblüffte die Dorfbewohner mit unlösbaren Rechenaufgaben. Was ist vier Wolken minus drei Köfte? Was ergibt zwei Häuser mal sieben Ziegen? Was kommt raus, wenn man 90 Autos durch vier Gewitter dividiert? Ruken habe das Mädchen auf die Frage, was sie denn so den ganzen lieben Tag mache, einmal erzählt, dass sie eine ganze Blumenwiese gegessen habe und jetzt in einem fort Blütenstaub rülpsen und Regenbögen pupsen müsse.

Nach etwa einer Stunde begannen die Hunde zu bellen. Es klopfte. Kerim trat ein, und entschuldigte Asiye. Er sei erst jetzt aus Elazığ gekommen, und habe den Sarg samt dem Mädchen gleich mitgenommen.

Ahmet ertappte sich bei einem bösen Gedanken. Vielleicht war es besser, dass Xeycan auf der Höhe ihrer Persönlichkeitsentwicklung gegangen war. Denn die interessantesten Kinder werden oft dumme Teenager und dumpfe Erwachsene. Was wäre, wenn sie wie Elif würde?

Beklommen war die Stimmung im Raum, als sie draußen das Zuschlagen des Kofferraums vernahmen. Am Eingang fragte İzzet Kerim, ob er ihm helfen könne.

Nein, nein, das geht schon.

Er trug schwer atmend einen mittelgroßen Sarg mit sich und stellte ihn auf dem Tisch ab, nachdem Zarife die Blumenvase zur Seite geräumt hatte.

Dann warf er einen ernsten fragenden Blick in die Runde. Zarife nickte. Er öffnete den Sarg. Zarife humpelte zu ihrem Enkelkind und begann laut zu klagen. Xeycans Lippen waren leicht geöffnet, ihrem Gesicht, auf dem ein bronzener Schimmer lag, war die Überwindung der Anstrengung eines schweren Todeskampfes anzusehen. Ahmet lief es eiskalt über den Rücken, als er das Mädchen wiedersah, das ihm in den Stunden ihres Sterbens in dem Seitental des Derê Saniku begegnet war.

Nachdem er sich von seinem Schrecken erholt hatte, schritt er langsam zum Sarg und versenkte seinen Blick in ihrem hübschen erloschenen Gesicht. Wie gerne hätte er es gestreichelt, doch stand ihm das nicht zu. Nur am Zucken seines Rückens und einem Grummeln aus seiner Kehle war zu erkennen, mit welcher Anstrengung er sein Weinen vor den Trauernden verbarg. Noch einmal bündelte sich in ihm der Abschiedsschmerz für alle, die er geliebt hatte und die vor ihm gegangen waren.

Das Begräbnis

Die Einwohner von Holike waren nicht besser, nicht klüger, faszinierender, nicht weniger hinterwäldlerisch als irgendwelche anderen Dörfler dieser Welt, doch wie sehr ein ganzes Dorf einem gestorbenen Mädchen so viel Respekt und aufrichtige Zuneigung zollte, das war doch einmalig. Xeycans Ruf war bis in die Nachbargemeinden gedrungen, und diesen Ruf verdankte sie, wie er noch erfahren würde, nicht nur dem Schicksal ihrer Eltern, sondern ihren eigenen Verdiensten. Ihre Schulfreunde und -freundinnen aus Pertek waren angereist, auch Freunde ihrer Eltern aus Malatya. Mit ihrem Tod hatte es das Mädchen sogar geschafft, Leben in diese Ödnis zu bringen. Und was immer man über diese Leute sagen konnte, sie liebten das Mädchen wegen ihrer Besonderheit. Exzentrizität, wenn sie nicht allzu sehr gegen die guten Sitten verstieß, wurde hier durchaus geschätzt. Wertschätzung, nicht Spott, erfuhren komische Vögel.

Ahmet hatte es seinen österreichischen Freunden, ja sogar seinen türkischen und kurdischen, die allesamt zur Romantisierung neigten, nur schwer vermitteln können, dass es um die Stellung der Frau hier doch nicht so gut bestellt sei, wie sie sich das gerne vorstellten, und andererseits sich Frauen in Momenten und Bereichen sehr viel herausnahmen, in denen es jene nie vermuten würden. Und er musste sich stets selbst fragen, ob das nur Einzelfälle waren oder ob er da etwas stilisierte. Wenn man so lange weg ist …

Der Friedhof lag hoch über dem Dorf auf einem Hangrücken und gab einen prächtigen Blick auf die Landschaft frei, deren Farben ohne Hilfe der Sonne, die sich erst durch eine Hochnebeldecke durchzunagen hatte, aus eigenen Stücken leuchten mussten und diese Aufgabe mit Bravour erledigten. Welch ein trauriges Blau die Berge angenommen hatten, um sich von der kleinen

Xeycan zu verabschieden. Es waren auch Spitzel von der Geheimpolizei anwesend. İzzet hatte ihm mit kurzen Kopfbewegungen sofort die Verdächtigen gezeigt. Einige der Freunde von Xeycans ermordeten Eltern waren in den Untergrund gegangen.

Als Ahmet den kleinen einbandagierten Leichnam sah, den man einem Onkel des Mädchens ins offene Grab runterreichte, löste er sich von der Trauergemeinde, ließ sich auf einem der weißen Marmorgräber nieder und begann zu schluchzen. İzzet und Ruken waren ihm gefolgt. İzzet legte ihm die Hand auf die Schultern.

Wie ihn der Tod dieses Kindes, das er kaum kannte, mitnimmt, sprach er zu seiner Frau.

Es muss ihn an irgendetwas Schmerzliches aus seinem Leben erinnern, flüsterte Ruken ihre Expertise.

Aman, aman, da gibt es wohl eine ganze Menge in seinem Leben. Nicht wahr, Bruder, sprach İzzet in breitem Zaza und schlug ihm mit der Faust scherzhaft gegen den Oberarm.

Ahmet erhob sich, wischte sich die Tränen weg und nahm İzzets Taschentuch an. Ruken legte ihm die Hand auf die Schulter. Gemeinsam schritten sie zum Begräbnis zurück.

Ein junger Prediger in einem grauen Mantel und Turban auf dem Kopf sprach das Gebet. Seit wann verkleiden sich alevitische Beter wie Imame, dachte sich Ahmet. Als der Prediger mit dem Gebet *El Fatiha* ansetzte, schüttelte Ahmet den Kopf und schnalzte mit der Zunge. Kerim, der Ahmets Wut merkte, tätschelte ihn maßregelnd am Unterarm. Ahmets Blicke suchten die İzzets. İzzet verdrehte die Augen. Was quatschte der Prediger da, das war doch kein alevitisches Gebet. Ahmet kam es wie eine unlogische Mischung aus alevitischen und sunnitischen Floskeln vor.

Ya Hakk, ya Muhammed, ya Ali. Bismisah ya ha ya Muahmmed ya Ali. Erhabener, wir beten dir für unsere Schwester Xeycan

Coskun, welche zu dir aufsteigt. Wir erheben unser Gesicht und folgen Gott, Muhammed, Ali und den Zwölf Imamen. Du Erhabenster der Erhabenen! Wir sind in uns zurückgekehrt. Wir glauben an den Schöpfer, weil wir des Erschaffenen gewärtig wurden. Wir sahen den Schöpfer im Menschen. So sind wir mit Gott vereint. – Allahu ekber!

Vergebe uns, du Allmächtiger. Und verzeihe auch unserer Schwester, die vor dein Angesicht tritt! Vergebe denen, die wir zu dir schicken. Allahu ekber!

Seit dem Beginn der Zeit blicken wir ins Weltall, vorm Aufgang der Sonne, vor dem Aufgang des Mondes waren wir hier. Vor Ewigkeiten kamen und gingen wir wieder. Unsere Sünden und unsere guten Taten werden seit Ewigkeit ermessen. Unser Heim ist aus Licht. Als wir unsere Liebsten sahen, wurden wir beglückt.

Allahu ekber!

Unsere Canım geht zu Gott. Sie ist eine Vertreterin dieser Welt. Sie wird vor Gottes Antlitz treten. In ihm wird sie sich in neuer Gestalt als eine neue Schwester mit Tausenden vermischen. Gott ist Tausende Mal gestorben und wiedergeboren. Er wird in neun Gestalten wiedererwachen. Allahu ekber!

Dass viele der Dorfbewohner dieses *Allahu ekber* mitplapperten, ärgerte Ahmet am meisten. Nach der Zeremonie, als das Grab zugeschüttet war, legte sich sein Zorn. Er stellte sich in die Reihe der Kondolenten, und nachdem er den Verwandten sein Beileid ausgesprochen hatte und er zufällig neben dem Prediger zu stehen kam, nütze er die Gelegenheit, ihn anzusprechen.

Darf ich Ihnen eine Frage stellen? Seit wann wird bei alevitischen Begräbnissen muslimisch gebetet?

Entschuldigen Sie, mein Herr, aber was meinen Sie damit?

Wo haben sie das Beten gelernt, junger Mann?

Mein Vater war Pir Hüseyin Algül aus Mazgirt.

Und das neue Zeug, nehme ich an, stammt aus einer Gebetsschule in Elazığ. Hören Sie mir genau zu, ich bin in diesem Dorf aufgewachsen, und kein einziges Mal – weder bei Begräbnissen noch bei Schlachtungen noch bei Cems wurde Allah als groß gepriesen.

Da irren Sie sich, mein Herr, und ich bitte Sie, etwas freundlicher mit mir zu sprechen, denn ich bin nicht ihr Feind, ich komme aus der Ocak und der Eşiret der Baba Mansur, und auch die Familie der unglücklichen Verstorbenen pflegt die Lehren und Riten der Baba Mansur. Dass wir Allah preisen, heißt ja nicht, dass wir Fundamentalisten sind, sagte der Vorbeter.

Schon war sich Ahmet seiner Sache nicht mehr so sicher, was er sich jedoch auf keinen fall anmerken lassen wollte.

Es bleibt mir nichts, als Ihren Worten zu glauben. Aber ich bitte Sie als Bindeglied zur Zukunft unsere Religion sauber von den Viren der sunnitischen Propaganda zu halten.

Da huschte dem Vorbeter ein kurzes abfälliges Lächeln übers Gesicht.

Ich sehe meine Aufgabe eher darin, mit unsren Brüdern und Schwestern der anderen Bekenntnisse das Gemeinsame über das Trennende zu stellen und den Dialog, nicht die Feindschaft zu suchen. Im Endeffekt glauben wir doch alle an den einen Gott.

Nein, das tun wir nicht. Und das tat Yunus Emre auch nicht, der Gott ins Verhör nahm und anklagte. Sie verraten viele wertvolle Traditionen unserer Philosophie.

Das ist ein hochinteressantes Thema, mein Herr, und ich würde Sie gerne zu mir nach Elazığ einladen, wo wir diese Fragen in aller Ruhe diskutieren können. Hier, fürchte ich, ist nicht der richtige Ort dafür. Sie entschuldigen mich. Aber eines noch: Ich merke, Sie gehören der Generation der Rebellen und Unzufriedenen an. Ich will Ihre Verdienste nicht in Abrede stellen, doch die Zeit ist eine andere. Wir sind des ewigen Kampfes müde. In meiner Türkei wird das Miteinander dem Gegeneinander vorgezogen. Es war interessant, mit Ihnen zu reden.

Der Vorbeter ließ ihn alleine zurück und mischte sich unter die Menge. Was für ein arrogantes Bürschlein, dachte sich Ahmet, dem es nicht behagte, dass es das letzte Wort behalten hatte.

Doch der Tag hatte noch weitere Niederschläge für ihn parat, denn als er allein und schlechter Laune den Hang runter ins Dorf stakste, packte ihn sein Bruder von hinten heftig am linken Oberarm. Sein Keuchen verriet, dass er ihm nachgelaufen war.

Was bildest du dir eigentlich ein, Deutscher? Kommst da nach dreißig Jahren zurück und spielst dich auf.

Ahmet riss sich los.

Was denn? Willst du dich schlagen mit mir? Seit wann rufen unsere Vorbeter Allahu ekber?

Kerim zerraufte sich die Haare vor Wut und rieb sich das Gesicht.

Ich kenne euch europäischen Aleviten. Oft lese ich im Internet euren Schwachsinn. Diese Religion existiert nur in euren Köpfen. Wir sind keine Philosophen, und das Alevitentum ist kein Atheismus und auch kein Leninismus und die Rolling Stones spielen auch keine alevitischen Lieder. Geht das in deinen blöden studierten Kopf nicht rein.

Bei diesen Worten schlug Kerim seinem Bruder mit den Fingerknöcheln gegen die Stirn.

Ich kannte die Dedes und Pirs der Baba Mansur gut, erwiderte Ahmet ruhig, einer von ihnen hatte sich schon vor dreißig Jahren darüber beklagt, dass unsere Rituale von den Sunniten infiltriert werden …

So ein Unsinn. Natürlich gibt's das. Aber stell dich endlich der Wahrheit. Es gibt keinen einheitlichen Alevitismus. Wie vie-

163

le Ocaks gibt es? Ha? Die einen haben Allah mehr, die anderen weniger in ihrem Repertoire. Unsere Ocak ist Pir Sultan Abdal. Da gibt's halt weniger Islam. Bei den Baba Mansur ist es wieder anders. Und wenn, dann ist das der schiitische Einfluss. Alle schließen sie den Prophet Ali in ihre Gebete ein. Du kannst dir die Wirklichkeit nicht immer so zurechtkneten, bis sie dir passt. Die Leute hier sind gläubig und dumm wie alle, die Angst vor dem Tod haben. Sie glauben an Zauber und Magie. Das ist ihr Alevitentum. Alles Unfug, Bruder.

Die Trauergäste waren ruhig an den streitenden Brüdern vorbeidefiliert, denn dass man sich mit Kerim Arslan irgendwann in die Haare geriet, besonders wenn man sein Bruder war, verwunderte niemanden. Doch gerade als sich der Zorn zwischen den Brüdern zu legen begann und auch Kerims Tonfall ruhiger geworden war, mischte sich İzzet ein. Er packte Kerim am Arm und zerrte ihn einige Meter zur Seite, mit einer Bestimmtheit und Heftigkeit, welche selbst Ahmet Angst machte. Mit kühlem Blick tuschelte er Kerim etwas zu. Dieser wich zurück, starrte İzzet entsetzt an, dann blickte er zu Ahmet. Tränen standen in seinen Augen. Er spuckte zu Boden und stolperte davon.

Ahmet verstand gar nichts, er verstand nur, dass dieser kleine Religionsstreit soeben zu einer politischen Tragödie angeschwollen war.

Was hast du ihm gesagt?, fragte Ahmet İzzet.

Das, Bruder, kann ich dir beim besten Willen nicht sagen.

Die Mutter und der Flatscreen

Ahmet bedauerte bereits, drei Wochen Türkei gebucht zu haben. Sechs Tage noch in dem Kaff. Ach könnte ihn doch irgendeine schwere Krankheit nach Wien zurückholen. Aber simulieren und lügen hatte er nie gelernt. Er genierte sich für diese bäuerliche Unfähigkeit zur sozialen Biegsamkeit, die man bei seinesgleichen, den Ziegenhirten und Ehrenmenschen als Unaufrichtigkeit auffasste, die aber das komplizierte Zusammenleben in den Großstädten notwendig machte.

Die Mutter saß vor dem Flatscreen und sah sich Seifenopern an. Der Ton dazu hallte durchs ganze Haus, denn die Mauern des Neubaus waren dünn und schlecht isoliert. Ahmet hatte sich anfangs einen Spaß daraus gemacht, sie dabei anzusprechen. Da sie schlecht hörte, wusste sie zunächst nie, was sie da bei ihrer Leidenschaft störte. Ihre Stirn legte sich in Falten, ihr Kopf begann zu zittern, die Lider pressten sich zusammen. Schließlich machte sie mit ihrer schlaffen Hand eine abweisende Bewegung, ohne den Blick von ihren Helden und Heldinnen abzuwenden.

Ahmets lokalhistorische Studien scheiterten daran, dass die Mutter zwar über seine Fragen nachdachte, aber schnell das Thema wechselte. Es war eine anstrengende und große Aufgabe, die Bildungslücken ihres Sohnes zu füllen, der durch sein unglückliches Exil doch mindestens dreihundert Folgen von *Binbir Gece* versäumt hatte, gar nicht zu reden von fünfhundert *Deli-Yürek*-Folgen. Und noch schwerer war es, diesem Ignoranten von Sohn die Handlungsstränge in der gemäßen Ordnung beizubringen. Dabei kam ihr einiges durcheinander. Doch weil er eben ihr Junge, ihr *Wereke*, ihr Lämmchen war, musste sie Geduld aufbringen. Ahmet bereitete es kindische Freude, sie durch dumme Fragen zu verwirren.

Also, dieser Onur hat wirklich eine Nacht mit diesem Yusuf Miroğlu verbringen müssen, um die Behandlung seiner leukämiekranken Tochter Sehrazat zu bezahlen?

Aber nein, Junge, was redest du da? Yusuf Miroğlu ist der Held von *Deli Yürek*! Nein, Sehrazat musste mit Onur, ihrem Boss ... Ihr kranker Sohn heißt Kaan. Ein so ein lieber Junge.

Der Mutter schossen sofort die Tränen. Wie auf Knopfdruck. Den Anteil, den diese 87-jährige Überlebende des Dersim-Massakers an den Leiden des gehobenen İstanbuler Mittelstandes nahm, hatte restlos das Mitgefühl für ihre unmittelbare Umgebung ersetzt und noch dazu ihr historisches Gedächtnis ausradiert. Es war so, als hätte man sie neu programmiert.

Aber ich bitte dich, Mutter, was hat diese Sehrazat für einen Charakter, dass sie ihren Körper hergibt.

Jeder Mensch ist ein Sünder, das verstehst du nicht. Ihr lieber Junge, ihr Lämmchen, wäre ansonsten gestorben.

Aber 'tschuldige, Mama, sag mir nicht, dass sie es nicht auch wollte. Du kannst mir nicht erzählen, dass Sehrazat keine anderen Möglichkeiten gehabt hätte, die Behandlung zu bezahlen. Sie hätte arbeiten gehen können.

Du Dummkopf, Sehrazat ist Architektin.

Sie hätte das Geld von Erdoğan Baba leihen können. Man sagt, er sei ein sehr freigiebiger Mann und habe schon vielen Menschen in Not mit Barem ausgeholfen.

Das war für die Mutter eine willkommene Gelegenheit, einer kniffligen moralischen Frage auszuweichen.

Ach, Erdoğan ist ein wunderbarer Mann. Er hat von ganz unten angefangen. Er liebt das Volk. Und die Steuern will er auch abschaffen …

Für Unternehmer …

Meinem Kerim hat er sehr viel Geld gegeben. Und fünf Kühe hat er ihm gekauft.

Woher weißt du das, Ane?

Ich habe es gesehen, mit eigenen Augen.

Wie hast du es gesehen? War Recep Baba hier in Holike?

Ja, frag Asiye. Sie hat ihm Tee serviert. Mich hat er auf die Stirn geküsst. Und dann hat er seine Brieftasche gezückt und …

40.000 Lira hat er Kerim gegeben, und gesagt: Bruder, es eilt nicht, gib es mir irgendwann zurück.

Ahmet war das Lachen vergangen, und er wollte gar nicht weiter nachbohren, denn am Ende stimmte die Geschichte wirklich.

Aber du lenkst ab, Ane. Jetzt stell dir vor, ich wäre leukämiekrank und so süß wie der kleine Kaan. Würdest du auch mit Halit Ergenç schlafen, um mein Leben zu retten?

Allah strafe deine Zunge, du respektloser Kerl.

Früher hatte sie nie das Wort Allah ausgesprochen, sondern das Zaza-Wort *Hakk*, das Gott bedeutete, aber eben nicht den Gott der Muslime. Hatte sie das auch aus den Serien? Oder gar von Asiye? Ahmet wusste, welch magerer Triumph es war, diese arme alte Bäuerin, die hilflos der Unterhaltungsindustrie ausgeliefert war, zu necken, und doch konnte er es nicht lassen. Und schließlich war sie nicht zu alt, um für ihren Erdoğan-Kult nicht bestraft zu werden.

Ach komm schon, Mama. Halit Ergenç. Ich könnte mir schlimmere Bettgenossen vorstellen.

Er kann noch so hübsch sein, wandte die Mutter ein, man nützt die Notlage einer Frau nicht aus.

Natürlich spielte Ahmet damit, dass die Generation seiner Mutter Schauspieler und Charaktere nicht unterscheiden konnte. Asiye zum Beispiel wäre schon einen Schritt weiter, und würde so etwas sagen wie: Ich weiß ja nicht, wie Halit im richtigen Leben ist. Ahmet wusste auch, dass seine Mutter über beide Ohren in Halit Ergenç verliebt war.

Ich bleibe dabei, diese Sehrazat ist eine schlechte Frau. Wie alle in İstanbul.

Ja, ja, Junge, die Stadt ist voller Übel.

Aber auch irgendwie faszinierend.

Ach, man kriegt ja sonst nichts von der Welt mit.

Und dieser Halit Ergenç hat wirklich Sehrazat mit Yusuf Miroğlu betrogen?

Gott wasche dir die Zunge, Sohn. Pfui Teufel. Solche Schweine gibt es nur in Europa.

Ahmet konnte nicht davon ablassen, seine Mutter zu mehr Verständnis für Homosexuelle zu erziehen. Dafür boten sich natürlich die eingestanden schwulen und unverkennbar tuntigen Sänger der Gazels und neoosmanischen Lieder an, welche die Mutter gerne hörte.

Und was ist mit Zeki Müren und Bülent Ersoy, der ein Verhältnis mit einem hochrangigen General hatte?

Das ist was anderes.

Was ist da anders? Die geben es selber zu. Und die Leute lieben sie trotzdem.

Man darf nicht immer alles glauben, was die Leute sagen.

Du meinst, was sie selber sagen.

Bei Bülent Ersoy ist es Verleumdung, und der arme Zeki wurde von der Natur gestraft. Es gibt solche unglücklichen Verirrungen. Möge Gott ihnen verzeihen.

Aha, Ane, wenn es ein Schlagersänger mit Männern treibt, dann ist es eine unglückliche Verirrung der Natur, und der Rest sind widerliche Schweine.

Ach lass mich doch in Ruhe. Bist du zurückgekommen, um mich zu quälen? Ich weiß nicht, was mit dir nicht stimmt. Lass mich alleine. Ich will nicht mit dir reden.

Ahmet hatte den Bogen überspannt. Die Barschheit der alten Frau schmerzte ihn. Kerim hatte es geschafft, von ihr lieber gehabt zu werden als er. Nun wollte nicht nur Ahmet früher nach Wien zurück, seine Mutter, der einzige Grund seiner Reise, wollte es auch.

Ahmet ging ins armenische Haus, schlug sich den Kopf am oberen Türrahmen an, fluchte, warf sich auf die Matratze und weinte trocken.

168

Früher hatte seine Mutter unglaubliche Geschichten zu erzählen gehabt, eine ganze Dersimchronik hätte man ihr entlocken können. Unvergesslich war die Geschichte, wie sie im Achtunddreißigerjahr drei Tage mit einer Schusswunde in der Hüfte unter den von den Maschinengewehren der Armee niedergemähten Leichen am Ufer des Pülümür Çayı ausharrte und die Ratten über ihr Vesper hielten. Nichts wollte sie mehr davon erzählen. Es war schlicht nicht so interessant wie Can Cans geplatzte Hochzeit mit Süyreya Kramer, die ihn wegen seiner kriegsbedingten Impotenz verließ. Ihre Erinnerungen waren von Tausenden neuen verschüttet.

In der folgenden Nacht hatte Ahmet einen beunruhigenden Traum. Er saß mit seiner Mutter und İbrahim Doktor, seinem ehemaligen Folterer, im Wohnzimmer und sah sich Telenovelas an. İbrahim Doktor und er trugen Seidenpyjamas, darüber gesteppte Schlafröcke und rauchten dicke Zigarren. Dass die Mutter ständig husten musste, war ihnen egal. İbrahim Doktor hielt eine Brandrede darauf, wie sehr die türkische Kultur durch das Fernsehen heruntergekommen sei, und Ahmet pflichtete ihm bei. Die Mutter begann zu weinen, doch das ließ die beiden kalt. Zwischen ihnen bestand in diesem Traum eine tiefe geistige Übereinstimmung. Und Ahmet erinnerte sich nach dem Aufwachen der Genugtuung darüber, dass sein Folterer doch ein vielseitig gebildeter Mann mit hohen kulturellen Ansprüchen war. Sie hatten einander viel zu sagen, damals unter diesen unglücklichen Umständen hatten sie einander bloß am falschen Fuß erwischt. Dieser Dreck gehört auf der Stelle verboten, so kommentierte İbrahim Doktor die Serie *Deli Yürek*. Ahmet nickte energisch und nippte an seinem Whiskyglas.

Eine schreckliche Entdeckung

Ist Kerim da?

Kerim ist nach Çemişgezek gefahren. Kann ich dir helfen?

Wieso lächelt Asiye?

Ich muss kurz mal ins Internet, die Flüge bestätigen.

Sie wies ihm mit ihrer schönen langen Hand die Tür zu Kerims Büro. Warum war sie bloß so freundlich?

Er hat bestimmt nichts dagegen, wenn du seinen Computer benützt. Tee?

Danke dir, Asiye. Hab vielen Dank. Tee wäre fein. Danke.

Dieses penetrante Danken hatte Ahmet in Wien gelernt. Dort bedankt sich jeder für alles, bloß nicht für Selbstlosigkeit. Dieses hysterische Bedürfnis, sich zu bedanken, hatte er sehr schnell als Reflex des schlechten Gewissens darüber erkannt, im Gegenzug niemals so großzügig zu sein. Jede Bedankung ließ sich übersetzen in: Was? Ich? Wirklich? Du hast mir gerade deinen Platz angeboten, von deinem Essen gegeben, mir zuliebe auf einen Vorteil verzichtet? Ich nehme es an, aber mach das ja nie wieder! Haben wir uns verstanden? Bleib mir vom Leib damit. Ich bin dir nichts schuldig, und ich will dir nichts schuldig bleiben. Ich durchschaue dich. Du weißt genau, dass ich dir nur ungern von mir gebe, und nur deshalb gibst du, nicht weil du geben, sondern weil du mich beschämen willst. Ich kenne dich. Du bist ein Geizkragen wie ich.

Aus diesem System der gegenseitigen Unterbietung durch getürkte Selbstlosigkeit, dachte Achmet, entstehen mitunter einigermaßen funktionierende soziale Systeme. Die Balance muss stimmen.

Ahmet liebte die deutsche Floskel *getürkt*. Ein jüngerer Mann, der sich als politischer Aktivist verstand, hatte ihn einmal darüber belehrt, dass sie rassistisch sei. Ich weiß, hatte Ahmet geantwortet, aber sie ist gegen Türken gerichtet. Nie wäre der junge Mann auf die Idee gekommen, dass das als Witz gemeint war. Er glaubte, dass er, Ahmet, es sich als Angehöriger einer diskriminierten Minderheit leisten könne, die Mehrheit, die ihn diskriminierte, aber in anderem Kontext selbst als Minderheit diskriminiert werde, zu diskriminieren. Und Ahmet hatte sich gedacht: Du kleiner Wichser, reicht dein Verständnis von Rassismus zu mehr als zum Benimmratgeber? Gesagt hatte er aber: Ich finde *getürkt* auch als rassistische Floskel komisch, weil sie Fälschung, Unaufrichtigkeit unterstellt, Eigenschaften, welche selbst die schlimmsten Feinde der Türken diesen nie unterstellen würden. So steht die rassistische Verwendung von *getürkt* doch als wunderbares Exempel für die Willkür und Austauschbarkeit rassistischer Inhalte und ist im Übrigen nie in rassistischer Absicht ersonnen worden, sondern bezog sich auf den berühmten Schachautomaten aus dem 18. Jahrhundert, dessen mechanischer Spieler als Türke dargestellt war und in dessen Innerem sich ein Mensch befand. Das überzeugt den Aktivisten nicht, aber weil Ahmet Kurde war, kam er dieses Mal mit einer Verwarnung davon.

Doch warum war Asiye bloß so nett zu ihm? Was führte sie im Schilde? Tatsächlich, er war ein richtiger Wiener geworden.

Ahmet versuchte den Flug auf einen früheren Termin zu verschieben, doch nach der achten Eingabe seiner Personalien ließ er es sein. Asiye brachte Tee. Neben dem Teeglas lagen zwei Stück Lokum, eines gelb, das andere rosa. Fast neckisch lehnte das eine Stück in Seitenlage auf dem anderen.

Stimmt etwas nicht, Ahmet?

Seit wann spricht sie mich mit dem Vornamen an?

Theatralisch warf er die Arme von sich und stützte dann mit den Händen seine Stirn, um Zerstreuung zu signalisieren.

Ich kapier dieses Dreckzeug nicht. Verfluchtes Programm. Muss es mir jeden Tag zeigen, was für ein Hinterwäldler ich bin.

Asiye lachte ein tiefes, warmes Lachen. Warum lacht sie so übertrieben?

Froh bin ich, sprach sie, dass ich nichts damit zu tun habe. Seit Kerim das Ding hat, hat er für nichts anderes mehr Zeit.

Na super, jetzt redet sie auch noch schlecht über ihn.

Wenn du fertig bist, sagte sie mit fragiler Stimme, können wir ja ein bisschen plaudern.

Gerne.

Mit empfindsamem Gesichtsausdruck trippelte Asiye aus dem Büro. Ahmet war es gar nicht recht, dass sie ihn offensichtlich dazu nötigen wollte, sein Vorurteil gegenüber ihr aufzugeben.

Er konnte der Verlockung nur schwer widerstehen. Auf welchen Pornoseiten surft sein Bruder? Das Passwort. Ein Versuch nur. Ein seltsamer Instinkt ließ ihn sofort in seinem Gedächtnis nach dem Vornamen der kleinen Zigeunerin kramen. Serap hieß sie. Oder? Dabei fiel ihm ein böser Witz ein, über den zu Hause niemand lachen würde, am wenigsten seine kurdischen Freunde. Was ist der Unterschied zwischen einem türkischen und einem kurdischen Mann? Der Kurde verliebt sich wenigstens in die Frau, die er missbraucht. Ahmet musste so laut lachen, dass Asiye aus der Küche nach dem Grund fragte.

Ach nichts, hab nur ein E-Mail gelesen gerade. Ich komme gleich.

Verdammt. Serap war das falsche Passwort. Nein, sie hieß doch Figen. Figen passte auch nicht. Doch der dritte Versuch saß. Das Passwort lautete auf – na? – auf Kerim lautete das Passwort, auf den Menschen, dem Kerim am nächsten stand. Völlig logisch.

Ahmets Skrupel, diese Grenze zu überschreiten, ließ ihn roter werden im Gesicht als der Bauch eines Gimpels, und Asiye hätte sofort gewusst, was los ist, bloß weil Kurden nicht einmal mit ihren Mienen lügen können. Mit diesen am wenigsten.

Unendlich groß war Kerims Pornoarchiv. Eine elfte Kuh hätte er sich bei dieser mühsamen Administrationsarbeit nicht leisten können. Schon allein das Anlegen der Sammlung, das Runterladen auf dieser alten Kiste, die beständige Angst, dass Asiye mit einem *Was machst du da?* ins Büro schneite, ironischerweise dieselbe Angst, von der Ahmet nun gequält wurde. Vielleicht waren sich die Brüder ja doch nicht so unähnlich. Warum lädst du dir die Filmchen runter und lässt sie nicht als Bookmarks im Netz? Aus kurdischer Treue zu dem Pärchen, das dich in deiner Fantasie so liebgehabt hat?

Es war wieder einmal alles so, wie Ahmet es sich vorgestellt hatte. Von 2001 bis Jänner 2003 hatte Kerim Aktbilder runtergeladen, von Frauen, ab Sommer 2002 traute er sich bereits an Sexbilder ran. Große blonde Frauen mit Farrah-Fawcett-Frisuren und riesigen Busenfladen. 80er-Jahre-Abverkauf. Vielleicht dachte sich Kerim, dass die billiger seien oder, weil aus der Mode gekommen, nicht mehr so wählerisch und auch einen wie ihn nehmen würden. Dann kamen die ersten Videos. Ahmet erklärte sich das dadurch, dass endlich ein Bekannter aus Elazığ die weite Reise getan hatte, um das zu langsame und durch zu viele Pornoviren versaute Programm neu aufzusetzen. Kerims Einführung in die Welt der interaktiven Lust war rührend zaghaft gewesen. Romantikvideos, Weichzeichner. Auffallend: die Männer attraktiver als die Frauen. Ab Mai 2004 dann die plötzliche Zäsur: sehr stumpfsinnige, mechanische Ficki-ficki-Videos, Männer in der Hauptrolle, Frauen Bestrafungsfleisch. Die Frauen wurden immer dunkelhaariger, die Männer immer blonder. Beim Scrollen wusste Ahmet genau, was ihn erwarten würde: Zwischen Dezember 2004 und April 2005 kein einziges Video runtergeladen. Depression? Stromausfall? Affäre? Ab dann nur noch Schwulenvideos. Zunächst *bisexual porn*, zwei Monate später verabschiedeten sich die Frauen auf Nimmerwiedersehen aus Kerims Lustorkus.

Kerim hatte sein interaktives Coming-out. Und sehr belustigte Ahmet die Vorstellung, wie der Bruder in seinem Kopf die englischen Signalworte, denen er auf seiner Suche nach der Erfüllung folgte, aussprach: gaj seks, bukaki, be-ast-ili-ty …

Welche Lust es Ahmet bereitete, in den lächerlichsten Seiten seines Bruders zu wühlen.

Doch das konnte noch nicht alles gewesen sein. Am 24. Mai 2006 hatte Kerim seinen ersten Tierporno runtergeladen. Und zu seiner wahren Bestimmung gefunden. Ahmet hätte ihm das gleich sagen können. Vornehmlich Esel, Schafe und Ziegen. Und ausschließlich Männer. Keine Kuhvideos. Kerim wusste Arbeit und Vergnügen strikt zu trennen. Hunde- und Pferdevideos hätte sein Bruder wohl als krank, pervers, gottlos empfunden. Ach Kerim, die einsamen Sommer auf der Weide …

Nichts, Asiye, schon wieder ein lustiges E-Mail. Ich komme gleich …

Keine Teenie- oder Kinderpornos. Das beruhigte Ahmet. Elif war vor ihm sicher.

Mist, es gab auch eine Datei mit Asiye-Videos. Homemade. Gerade jetzt, wo Asiye so höflich zu ihm war. Er versuchte der Versuchung in seiner Fantasie durch Vorwegnahme der trostlosen Videoästhetik zu entkommen und stellte sich Asiyes Kopftuchkopf vor, wie er stereotyp sich über Kerims Schwanz, dessen Schaft von seinem behaarten Bauch verdeckt war, vor- und zurückschob oder wie sie mit ihrem Kopftuch teilnahmslos vor ihm kniete und er sie mit Weichzeichnerprogramm begattete.

Nein, er musste nicht alles haben. Doch da stieß er auf einen eigentümlichen Dateinamen: *Top secret – Die Akte Holike*. Ahmet drückte die Maustaste. Auf das Deckblatt der Datei hatte Kerim tatsächlich ein Piktogramm gepastet, offensichtlich aus einem Detektiv- oder Agentenspiel für Jugendliche. Ein Kreis, in dem in Kleinbuchstaben und Schreibmaschinenschrift die markige

Formel *top secret* prangte. Darunter die Darstellung einer Pistole. Unglaublich. Und sogleich bereute Ahmet das Öffnen des Files. Er war der Ohnmacht nahe, als er eine Auflistung von Bewohnern des Dorfes und der ganzen Region vorfand: Namen mit Foto. Alte Männer und Frauen, die er gekannt hatte, und schon lange tot waren. Mustafa Bavik mit Foto. Lapidar stand neben diesem: *2 Ziegen und Kartoffel an PKK. 4. Oktober 1992. Unpolitisch. Gefängnis Diyarbakır 3. Juni bis 12. Juni 1993.*

Schwer atmend überflog Ahmet die Liste. Das waren alles Menschen, die er gekannt hatte. *Sakine Karabulut, von Irregulären am 13. Mai 95 erschossen. Versehen?*

Er verfluchte sich, in diese Datei eingedrungen zu sein, und wollte sie sofort schließen und mit allen Mitteln der Eigenmanipulation das Gesehene aus dem Sinn radieren. Denn sieben Tage noch musste er seinem Bruder in die Augen schauen. Doch plötzlich stieß er auf Daten zu einem türkischen Offizier aus Antalya. Und auf Dorfbewohner, bei denen *Verräter, konspiriert mit der MGK* stand und andere Details über Spitzeldienste. Mit diesem kleinen Hoffnungsschimmer, dass Kerim kein Regierungsspitzel war, sondern seinen eigenen Geheimdienst aufgebaut hatte, als Bubenstreich, aus Machtgelüsten, Kontrollwahn, um die Gegend erpressbar zu machen (ein nicht dummes Motiv). Die Hoffnung verlangsamte seinen Puls und dämpfte den Atemrhythmus. Er schloss die Datei und setzte sich zu Asiye ins Wohnzimmer. Mit ihr führte er ein langes, höfliches Gespräch, und sie war genauso langweilig, wie er sie sich vorgestellt hatte. Hinter der falschen Maske der Verächtlichkeit war sie interessanter. Denn nichts wirkt anziehender als ein Mensch, der einen verachtet und den man erst für sich gewinnen muss. Natürlich flirtete Asiye mit ihm. Ahmet ging in sein altes armenisches Haus mit der Gelassenheit eines Menschen, den nichts mehr überrascht. Er wusste, dass er diese Situation jederzeit ausnützen könnte und Asiye nichts dagegen hätte. Doch der Reiz dieses Gedankens hatte nicht länger gedauert, als Kerim im Durchschnitt mit einem seiner Eselvideos fertig war. Die kommende Nacht wurde er zwar von heftigen Fantasien mit seiner Schwägerin heimgesucht, doch so etwas hatte er als Normalität zu akzeptieren gelernt. So was kommt und vergeht und ist nicht weiter besorgniserregend. Friedlich schlummerte er ein.

Angelo

Die Tage zogen sich zäh in die Länge. Eine ganze Woche musste Ahmet noch aushalten. Wenn er im alten Haus auf dem Boden lag, die Hände hinterm Kopf verschränkte und an die schrundige Decke starrte, malte er sich verschiedene falsche Gründe einer verfrühten Abreise aus: ein Unfall von Laura, den Tod eines guten Freundes, den Bankrott seiner Bank ... diesen Grund hätte Kerim am ehesten verstanden.

Es wäre nicht Ahmet, hätte er sich für diese Lügengeschichten nicht geschämt, und es wäre auch nicht er, hätte er diese Scham nicht moralphilosophisch verbrämt. Wo, fragte er sich, beginnt die Lüge? Beim Aussprechen? Oder schon beim Gedanken? Vielleicht war er nur ein feiger Lügner, zudem jemand, der Untaten ausheckt, und sie aus Angst, nicht aus Stärke unterlässt.

Ausgerechnet in Österreich hatte er ein Zitat gefunden, das ebenso gut von einem alevitischen Weisen hätte stammen können. Es stammte von Karl Kraus, dessen Mythos er heiß liebte, dessen Werke aber schwer verständlich für ihn waren. Es hieß: *Ein ganzer Kerl ist einer, der die Lumpereien nie begehen wird, die man ihm zutraut. Ein halber, dem man die Lumpereien nie zugetraut hat, die er begeht.*

Ein ganzer Kerl in eben diesem Sinn wollte er immer sein, und als solcher stellte er sich auch gerne vor. Doch vermutlich war er einer, der die Lumpereien nie begehen wird, die man ihm ohnehin nicht zutraut. Er war zu sanftmütig, und dennoch widerstand er der Versuchung, vor Österreichern und exilierten Kurden mit seiner Zeit als Teufelskerl zu prahlen. Aber niemand belohnte ihn dafür, diesem doch menschlichen Bedürfnis zu widerstehen.

Hier lag er also. Das Zwitschern der Vögel war das einzige Geräusch. Wo waren die Kinderstimmen geblieben? Dieses Dorf bestand nur noch aus Alten, seinem Bruder, ein paar weltfremden vergeistigten Heimkehrern und drei bis vier Kindern, auf die die Alten aufpassten, während die Eltern in der Stadt arbeiteten.

Aus dem Blickwinkel seiner Eitelkeit war das Dorf zweigeteilt. Eine Hälfte ignorierte ihn und behandelte ihn so, als wäre er nie weggegangen. Das kränkte ihn ein wenig. Die andere schmeichelte ihm. Und das ging ihm auf die Nerven.

Er würde sich hüten, Laura nach Holike zu bringen. Was hätte sie hier zu erwarten? Neben Asiye zu sitzen und vergeblich zu versuchen, ein Gespräch zu führen? Sich von Kerim in Endlosschleife wirtschaftliche Erfolge referieren zu lassen? Oder an netten Abenden mit İzzet und Ruken dann doch wieder die ewig gleichen Vorträge zum Alevitismus über sich ergehen zu lassen? Laura fände das alles sicher faszinierend, weil sie nur die freundliche Schale sähe. Er aber würde ständig giftiges Myzel darunter wittern, auch wenn sich gar keines dort befand.

Das Stöhnen und Brummen eines Kleinmotors, unterbrochen vom Knattern und Knallen eines Auspuffs, riss Ahmet aus seinen Tagträumen. Ein für das Dorf unüblich hektisches Stimmengewirr schwallte auf. Schrille Frauenstimmen. Riefen sie wirklich *Angelo*? Und waren da italienische Wortfetzen darunter? Angelo. Es gab ihn also wirklich. Sofort musste er auf den Balkon laufen, für das Anziehen der Hose blieb keine Zeit. Darum wickelte er sich in die Decke. Denn dieses unerwartete Hereinbrechen von Leben konnte so schnell wieder verschwinden, wie es gekommen war.

Ahmet traute seinen Augen nicht. Dort unten drehte ein alter hagerer Mann auf einem vespaartigen Kleinmotorrad Runden auf dem stark erodierten Dorfplatz, während zwei Frauen lachend *Quanto ti voglio bene* kreischten.

Ahmet musste sich eingestehen, dass dieses Dorf ihm noch nicht alle seine Geheimnisse preisgegeben hatte. Bei laufendem Motor blickte der Mann zu ihm hoch. Er trug einen schönen weißen Schnurrbart, das linke Glas seiner dickrandigen Brille war trüb und sein Lächeln gab neben einer Reihe glänzender Zähne einen goldenen Eckzahn frei.

Du bist Dursuns Sohn, nicht?, rief er zu ihm hoch.

Der bin ich.

Ich bin Angelo.

Freut mich, Angelo.

Ich muss nach Elazığ runter, aber um drei bin ich wieder bei dir, Junge. Whisky oder Wodka?

Ahmet dachte nach.

Whisky? Aber keinen Bourbon bitte.

Angelo legte die Kuppen von Zeige- und Mittelfinger an die Stirn und verabschiedete sich von ihm mit einer schneidigen Grußgeste, indem er die Hand ruckartig von der Stirn riss. Die noch immer kichernden Damen grüßte er mit Tippen an der Schirmkappe, während er auf seiner Vespa, die rot wie die Sünde war, an ihnen vorbeibrauste.

Der alte, hagere Gentleman hatte es geschafft, Eindruck auf Ahmet zu machen. Dieser lief die Treppe runter, auf den Platz und starrte der Staubwolke nach, die die rote Vespa hinter sich ließ.

Tiefblau schillerte der Himmel über ihnen, doch die Sonne war noch zu schwach, den Morgenfrost zu besiegen.

Wer ist der Abi?, fragte er die Frauen.

Das ist Angelo, unser Gentiluomo.

Und wer ist er wirklich?

Kannst du dich nicht mehr an Ekin Kaya erinnern, der Bruder von Mehmet Kaya?

Aber natürlich.

Die Erinnerung an einen geschniegelten hageren Mann in schwarzem Anzug und mit ausrasiertem Bärtchen kehrte zurück. In Italien lebte er. Aber manchen Sommer kam er und verteilte Karamellbonbons an die Kinder. Dabei lächelte er nie. Obwohl dieser Mann aus Ahmets Erinnerung dem Alten auf der Vespa ähnlich sah, konnte er keine Verbindung zwischen dem Verhalten beider herstellen. Der alte Ekin wirkte jünger als der junge, der stolz und steif bis zur Lächerlichkeit aufgetreten war und immer so ausgesehen hatte, als plagte ihn ein tragisches romantisches Schicksal oder zumindest ein Blasenleiden. Ahmet war gespannt.

Angelo kehrt zurück

Der Nachmittag verstrich und der Mond begann seine Vorhut auszuschicken, um die Wärme des Tages zu verscheuchen. Angelo war nicht um drei gekommen, auch nicht um vier – fünf war es schon und Ahmet fröstelte. Er dämpfte seine Zigarette aus und machte Anstalten, ins Zimmer zu gehen, als er von weiter Ferne das Brummen der Vespa vernahm. Plötzlich tauchten fünf Kinder unter dem Haus auf, die er vorher nicht gesehen hatte, und schrien: Angelo, Angelo. Auch die beiden Frauen waren wieder da, und hatten sogleich fünf weitere im Schlepptau, Ruken und Onkel Piros Gattin waren dabei. Ahmet gesellte sich zu ihnen.

Angelo trug unter dem grauen Blazer, der schon bessere Zeiten gesehen hatte, ein buntkariertes Flanellhemd, aus dessen Kragen sein ledriger gänsehäutiger Hals wuchs. Darauf balancierte ein stets vergnüglich dreinblickender kantiger Kopf. Ahmet konnte ihn auf Anhieb gut leiden, die Balance zwischen Würde und Lächerlichkeit war bei diesem Mann perfekt, und er schien sich über sich lustig machen zu können.

Sehr rührte es an Ahmets Herz, wie dieser Angelo Bonbons an die Kinder verteilte.

Und das ist für den kleinen Ahmet.

Blitzschnell drehte er sich auf den Absätzen zu diesem und starrte ihn mit einem Blick an, der einem Pädophilen zur Ehre gereichte. Den Kindern gefiel's und sie lachten, weil sie die Komik dieser Szene sofort verstanden. Ahmet spielte mit und nahm sich sein Bonbon. Kaum hatte es Angelo hergegeben, schob er diskret die Tasche seines Jacketts über die Hüfte, sodass der Hals der Whiskyflasche sichtbar wurde und dessen bernsteinfarbener Inhalt Ahmet vielversprechend entgegenlachte. Dabei legte der Alte eine geschmeidige Beinchoreographie hin, die an den Moonwalk erinnerte, schob den Bügel seiner Hornbrille lässig runter und zwinkerte Ahmet zu. Zudem öffnete er lasziv den Mund. Er konnte nicht nur Michael Jackson imitieren, sondern auch Marilyn. So souverän hatte noch keiner der Dorfbewohner um seine Gunst geworben.

Auch die Frauen wollten etwas von ihm. Mach den Twist, schrien sie unentwegt.

Ach Weiber. Alle wollen sie meinen Körper. Keine will mein vieles Geld.

Sie lachten und Angelo zwinkerte Ahmet ein weiteres Mal zu. Dann begann er Twist zu tanzen, mit solch einer jugendlichen Elastizität in den Beinen und einer Bereitschaft, die Gesetze der Schwerkraft zu überwinden, so weit ging Angelo seitlich in die Knie, dass die Grenze zur Lächerlichkeit glorreich überschritten wurde. Drei der Frauen begannen mitzutanzen. Angelo sang dazu das Lied *24 mila baci.*

Nachdem er Frauen und Kinder in Twisttrance gebracht hatte, hielt er plötzlich inne, gab Ahmet ein Zeichen, ihm zu folgen, und lief zum Moped. Ahmet setzte sich hinten drauf, und sie brausten davon.

Angelo hatte sich zwei Kilometer vom Dorf über einem kahlen Hang ein Haus gebaut. Und es nie verputzt. Sie betraten den Rohbau. Einrichtung war praktisch nicht vorhanden, der Boden kalter Beton. Ein schäbiges Bett stand in der Ecke eines großen Zimmers, daneben ein schmuckloser Kasten aus schmutzig weiß bespanntem Pressholz. Der einzige Schmuck waren verblasste Ausschnitte von italienischen Frauenstars.

Angelo wurde verlegen und schenkte Whisky ein.

Dann legte er handbeschriftete CDs in die CD-Lade eines Players und drückte den Startknopf. Italienische Schlager, was sonst. Der Sohn seines Bruders, der in İstanbul lebe, habe seine gesamte Plattensammlung, 800 Stück, digitalisiert.

Dann begann die Prüfung. Er ging von Poster zu Poster und fragte Ahmet nach dem Namen der jeweiligen Schönheit. Nur Sophia Loren und Claudia Cardinale konnte Ahmet identifizieren. Angelo spielte den Ungehaltenen und seine Handgesten waren molto italiano.

Porca miseria, Junge, wo hast du studiert? Du kennst nur die uninteressanten italienischen Stars.

Na hör mal, Sophia Loren? Claudia Cardinale.

Nach längerem Schweigen gestand Angelo, dass das die einzigen Stars gewesen seien, die ihm einen Korb gegeben hätten. Er brachte das so schwer über die Lippen und blickte dermaßen unsicher zu Boden, dass man ihm beinahe glauben musste. Ahmet konnte sein Lachen nicht unterdrücken.

Soll das heißen, du hast die anderen alle …

Ja, mach dich ruhig lustig über mich. Habe ich es nötig anzugeben? Ha? Glaub es oder glaub es nicht. Ich bild mir gar nichts drauf ein. Die Muschis von Stars sind nicht süßer als die normaler Frauen.

Ahmet beschloss, sich nicht länger über seinen neuen Freund lustig zu machen, und suchte angespannt nach einem Namen. Auch er wurde allmählich alt.

Und … Monica … Monica Vitti?

Angelo stieß ein ziegenhaftes Kichern aus und machte eine wegwerfende Handbewegung.

Ach, Monica.

Dann erzählte er ein paar Details aus Monica Vittis Intimbereich, die Angelos Kennerschaft bezeugen sollten, Ahmet aber widerlich waren.

Spricht man so über Frauen?

Angelo entschuldigte sich und beteuerte, dass das normalerweise überhaupt nicht sein Stil sei, aber da er so einsam sei, habe er sich dazu verleiten lassen, solche Obszönitäten von sich zu geben. Denn nur so könne man das Lachen und die Anerkennung anderer Männer ernten. Aber er schäme sich dafür, weil alle Frauen *dee*, Göttinnen für ihn seien.

Und dann holte er ein dickes Fotoalbum aus braunem Kunstleder und blätterte darin.

Kennst du Rosanna Schiaffino?

Noch nie gehört.

Angelo spreizte die Hände vorwurfsvoll ab und neigte den Kopf.

Was bist du bloß für ein Mensch? Wie kann man Rosanna Schiaffino nicht kennen?

Dann zählte er ein Dutzend Filme auf, die Ahmet auch nicht kannte. Eineinhalb Jahre habe die Affäre gedauert, bis sie nach Amerika ging, und dort fing sie was mit diesem Schönling, *Toni Kurtis*, an. Und Angelo war plötzlich Schnee von gestern.

Hoch gestiegen, tief gefallen, sprach Ahmet.

182

Da ist sie.

Angelo schob ihm das Album zu. Und in der Tat sah man einen sehr jungen Ekin neben einer betörend schönen jungen Frau mit fleischigen Wangen und einem Augenbrauenschwung, wie ihn nur Italienerinnen der 60er-Jahre zustande brachten. Das Seltsame an diesem Foto war weniger, dass Ekin alias Angelo für diese Zeit und für sein Alter altmodisch aussah, und sein Dreißigerjahrebärtchen über den Mundwinkeln so gestutzt war, dass nicht viel zum Hitlerbärtchen gefehlt hätte, sondern, dass sich er und diese Frau wirklich zu kennen schienen. Sie saßen an einem Tisch hinter einem Blumengesteck und neigten einander sogar die Köpfe zu. Ekin hatte sich auf kein Foto gedrängt oder einen Star angebettelt, sich mit ihm ablichten zu dürfen. Wie zum Teufel war dieser Gastarbeiter aus Holike an diese Frau herangekommen?

Sieht Rosanna nicht wie eine von uns aus?

Ja, antwortete Ahmet, als hieße sie Kıymet oder Bêrîvan.

Ahmet war jegliche Spottlust vergangen, mit Rührung ließ er sich von Angelo die Bilder eines durch jede Ritze nach Würde und Aufstieg gierenden Lebens in einer Fremde zeigen, die meist schwarz-weiß war. Was hätten all die studierten Türken, Kurden und Ex-Jugoslawen in Wien, die jetzt um Förderungen für Gastarbeiterausstellungen bettelten, für diese Sammlung gegeben. Angelos Leben. Immer geschniegelt, immer etwas fehl am Platz, immer in Pose, In Cafés, in den Straßen Roms, an den Stränden Ostias, unter gestikulierenden, selbstbewussten Kollegen. Ahmet ließ sich durch diese Bilder nicht täuschen, er erkannte den schüchternen Bauernjungen, der dazugehören will, der sich dabei sogar bis zur Groteske übernimmt, aber es nie wirklich schafft, der von den Kollegen in der Fabrik, in der Werft *turco* gerufen wird, und irgendwann aufgibt, ihnen zu erklären, Kurde, Zaza, Alevit oder Dersimer zu sein. Wenn so einer Talent hat, und Angelo hatte es offensichtlich, wird er Spaßvogel, als unterhaltsame und letztlich doch nicht ernst zu nehmende Ausnahme geduldet. Auf den Partyfotos stets geschniegelt und mit fettem Scheitel wirkte er verkrampft, wie einer, der die Lockerheit seiner eingeborenen Freunde imitieren will, aber dessen Glieder, in denen die Unsicherheit des Fremden steckt, nicht mitmachen wollen und ihn verraten. Niemanden konnte er täuschen, auch 50 Jahre später nicht. Die Fotos verrieten ihn, aber nicht nur ihn, denn auf jedem Gruppenfoto sah man irgendeinen Enzo oder Gustavo aus den Abruzzen, der Ekins Schicksal teilte.

Und schließlich mehrten sich die Frauenfotos, fast ein Dutzend Italienerinnen, die den Arm um Angelo legten, ihn knuddelten und bekochten. Keine Stars waren das, sondern dicke Frauen, wesentlich älter als er.

Das sei Gianna. Und das Norma. Ja und die Dicke mit den Lockenwicklern Marina – Junge, die sei abgegangen wie eine Rakete. Spitzbübisch grinste Angelo, und Ahmet sah ihn lächelnd an, und es zerschnitt ihm das Herz. Eine ganze italienische Tragikomödie spulte sich vor ihm ab. Und Angelo wusste es nicht, weil er Hauptdarsteller war und nie zusehen durfte.

Gegen Ende der 60er-Jahre sah man einen selbstbewussteren Angelo, mit längeren Haaren, und der Schnurrbart war modischer geworden. Er hatte die Ragazzi di vita bereits an Chuzpe überholt, schlau und provokativ blickte er in die Linse, beinahe gefährlich. Man nahm ihm den Gauner aus Neapel oder Palermo schon ab, der vor dem Untersuchungsrichter theatralisch seine Unschuld beteuert und auf dem Grab der Mutter schwört, nicht in die Villa des Dottore eingebrochen zu sein.

Anfang der 70er: Die Farbfotos wirkten älter als die schwarz-weißen zuvor, weil sie ausgebleicht waren. Plötzlich sah Ahmet einen Angelo, der zwischen anderen Arbeitern wütend die linke Faust erhebt. Das sei der Streik von 1973 gewesen. Was habe die Polizei ihn geprügelt.

Ahmet wollte mehr von dieser Zeit erfahren, da erblickte er ein Foto, das ihm beinah einen lauten Lacher entlockt hätte. Ein mächtig cooler Angelo stand vor ihm in lila Glockenhosen, einem Rauledermantel mit üppig zerzaustem Schafsvlieskragen. Ein Sean-Connery-Bart floss seitlich von seinen Lippen ab (man hätte ihn für einen Grauen Wolf halten können), und die Frisur bemühte sich um Assoziationen mit einem Afro-Look. Seinen Arm hatte er um die Schulter einer nicht minder freakigen Frau gelegt. Sie war jünger als die Matronen im Album, sogar jünger als er. Vollschlank war sie auch und hatte ein ausgesprochen hübsches Gesicht. Braune Lederjacke, Rollkragenpullover, Minikilt und rotbraune Lederstiefel bis knapp unter die kugeligen Knie.

Wer ist das? Die ist doch süß.

Das ist Valentina, sagte Angelo seufzend.

Bella ragazza. Wie lange?

27 Jahre, sagte Angelo müde und schwieg. Da wusste Ahmet, dass er ein schmerzliches Thema berührt hatte. Es war nicht Rosanna Wie-auch-immer, die ihm das Herz gebrochen hatte, sondern diese Frau mit den listigen Mundwinkeln und dem schlauen Blick.

Angelos Augen wurden glasig, seine Lippen pressten sich zu einem Strich, der sein trauriges Gesicht versiegelte. Er verpasste Ahmet einen brüderlichen Schlag auf den Oberarm, der doch so heftig war, dass dieser die verhaltene Aggression darin spüren konnte.

Lass uns von was anderem reden, *Gardasch*. Ich habe gehört, du willst einen richtigen Cem erleben, wie in den alten Tagen.

Woher weißt du?

Ach, ich hab es schon gehört, bevor du es dir gewünscht hast. Die Leute hier wollen unsere alte Kultur nicht mehr pflegen.

Ja, ein Jammer.

Ahmet fand es komisch, dass er sich selbst wie ein alter Konservativer anhörte und es Angelo völlig egal war.

Horch zu, Ahmet Bey, in Belekan, auf der anderen Seite des Koyo Serd, wohnt ein alter Dede, der würde gerne vor seinem Tod noch einen Cem machen. Es fehlen ihm nur die Leute. Lass uns ein paar alte Spinner finden und dann führe ich dich hin. Wie lange bist du noch hier?

Eine Woche.

Gib mir zwei, drei Tage. Das machen wir schon.

Noch stundenlang erzählte Angelo von seinem Leben. Ahmet wollte den Erzählfluss auf die Streiks und Angelos politische Organisation hinlenken, immerhin war er Mitglied des Partito Comunista gewesen und zeigte ihm ein Foto von sich und Enrico Berlinguer, den er geliebt habe wie einen Bruder, und dennoch fiel Angelo, wann immer Ahmets Drängen nachließ, zurück in die guten alten Tage in Ostia, die Tanzereien, den Twist, die *belle ragazze*, das gute Leben, das gute Essen, den guten Lohn.

Sie hörten alte italienische Schlager. Als Fausto Cigliano *Te vojo bene assaje* sang, kullerten die Tränen über Angelos Wangen. Mit heiserer Stimme sang er die letzte Strophe mit.

Und irgendwann war es auch an der Zeit, die Sache mit Valentina zu klären. Tatsächlich war sie seine große Liebe gewesen. Eine verheiratete Frau. Und dennoch. 27 Jahre war Angelo ihr Schatten geblieben, habe, wie er sagte, die Rosinen herausgepickt, ohne sich am ganzen Kuchen den Magen zu verderben. Als ihr Luca dann gestorben sei und er bereit dazu gewesen wäre, ein gemeinsames Leben mit ihr zu wagen, hatte sie ihn eiskalt abserviert.

Weißt du, Angelo, hatte sie gesagt, als Luca von mir ging, bist du irgendwie mitgestorben. Sie hatte ihm in die schon grauen Haare gefasst und gefragt, ob er das verstehen könne. Natürlich habe er ja gesagt, weil er immer für alles Verständnis hatte.

Das ist aber sehr traurig, sagte Ahmet.

Aber der Gipfel der Demütigung: Danach habe sie sich einen neuen Typen gekrallt, mit dem lebe sie noch immer in Vicenza zusammen. Rate mal, Ahmet Can, wen?

Adriano Celentano?

Ach wenn's doch bloß der gewesen wäre. Einen Türken.

Einen Türken?

Einen Türken aus Konya.

So eine *puttana*! Ahmet war in Scherzlaune und bereits ziemlich betrunken.

Die beiden Männer lachten. Und während Ahmet immer betrunkener wurde und es sich um seinen Kopf zu drehen begann, sang Angelo laut und falsch Schlager aus der guten alten Zeit, aus San Remo.

Am nächsten Morgen erwachte Ahmet auf einer Gästematratze. Angelo hatte ihn zugedeckt. Er selbst lag in seinem Bett und schnarchte. Die Hornbrille hatte sich gleich einem Mundharmonikahalter über sein Kinn geschoben. Ahmet nahm seine Lederjacke und stapfte mit schmerzendem Kopf ins Tal hinunter.

Mit Mama wieder vor dem Flatscreen

Ahmet ließ nicht locker. Er suchte wieder und wieder den Kontakt der Mutter. Hatte sie sich tatsächlich von ihm abgewandt oder war es die Demenz? Letzteres wollten ihn Kerim und Asiye glauben machen. Intrigierten die beiden? Hetzten sie die Mutter gegen ihn auf, um ihr Verhältnis zu ihr zu verbessern?

Ahmet setzte sich neben sie und starrte mit ihr gemeinsam in den Flatscreen. Insgeheim hoffte er auf einen Stromausfall. Asiye brachte ein Tellerchen mit Baklava. Ihre Lippen kräuselten sich, als würde sie vom Frühlingswind gekitzelt werden. Ach nicht schon wieder, ärgerte sich Ahmet. Was soll denn das werden?

Will sie tatsächlich den Bruder ihres Mannes verführen? Ahmet wusste nicht, wie er mit Asiyes bedeutungsvollem Dauergrinsen umgehen soll, und erwiderte mit kurzem Lächeln, dem er eine übertrieben gleichgültige Miene folgen ließ. Sie aber schien diese abweisende Geste als schüchterne Einladung zu empfinden und flirtete noch selbstbewusster. Plötzlich herrschte Asiye die die alte Frau an:

Ach, Frau Schwiegermutter, jetzt nehmen Sie sich doch ein Herz und reden Sie mit Ihrem lieben Sohn. Er ist fünftausend Kilometer aus Viyana angereist, nur um Sie zu sehen. Ist das ein Benehmen?

Bei diesen Worten zwinkerte sie Ahmet zu. Ahmet war Asiyes Intervention unangenehm, und was nun folgte, noch unangenehmer. Die Mutter hob ihre schlaff im Gelenk hängende Hand und stieß einen Fluch in Richtung Asiye aus.

Aber Ane!, entfuhr es Ahmet.

Asiye musste lachen.

Süß, wie dich das entsetzt, Schwager. Das hat weiter nichts zu bedeuten. Verfluchen ist ihre neue Lieblingsbeschäftigung. Wenn du wüsstest, wie oft sie mich und Kerim schon verflucht hat. Mir hat sie gewünscht, dass mir eine dritte Brust wächst. Neulich hat sie das Fernsehgerät verflucht. Kerims Kühe verflucht sie genau so wie unseren Ministerpräsidenten und Israel. Nichts ist ihr heilig. Sogar Allah verflucht sie. Aber rate mal, wie. Sie sagte: Zur Hölle soll dich Allah schicken, du Allah du.

Die Mutter hörte nicht, was da über sie geschwatzt wurde, bloß vernahm sie störende Geräusche und hieß ihre Schwiegertochter mit dem Zeigefinger vor dem Mund still zu sein.

Da versuchte Ahmet es mit einer anderen Taktik. Er nahm die Mutter an der Schulter und drückte ihr einen dicken Schmatz an die Schläfe, und siehe da, die Mutter begann zu lächeln und fasste ihren Sohn am Hinterkopf. Wie ein kleines Mädchen kicherte sie zu Ahmets Liebkosungen. Na also. Nicht dass das eine besonders ernst zu nehmende Liebesbekundung war, sie genoss bloß den kreatürlichen Egoismus einer Katze und hätte sich vermutlich auch vom Briefträger herzen lassen, so er den Mut dazu aufgebracht hätte.

Dass Asiye aber ihre Show abziehen musste, indem sie diese Gesten mit gerührtem Kuhblick wie das Ende einer Telenovela betrachtete, widerte Ahmet an. Die Mutter schob Ahmet sanft zur Seite, denn genug der Schmuserei, jetzt kam eine wichtige Szene, die nicht verpasst werden wollte.

Asiye ging in die Küche zurück, dabei philosophierte sie laut seufzend darüber, dass die Welt ein besserer Platz wäre, wenn die Menschen doch ihre Gefühle füreinander offener zeigten. Sei froh, spottete ein inneres Teufelchen in Ahmet, dass ich meine Gefühle für dich nicht offener zeige.

In der Fernsehserie, in die er einträchtig mit seiner Mutter starrte, kam es gerade zum Showdown. Hochzeit. Neureiche Türken, alte Geschäftsmänner, erbärmlich gekleidete Ladies in meterlangem drapiertem Kunstsatin mit Kristallglasapplikationen und gelackte junge Männer. Eng an seine Mutter gekuschelt, strömten Wellen des Vergnügens zwischen den Generationen, zwischen Fleisch und Blut hin und her, bloß, dass ihr beider Vergnügen von unterschiedlicher Art war. Ahmet genoss die unsägliche Lächerlichkeit dieser Szene. Zwei junge Männer, einer im dunkelblauen, der andere im violetten Seidenhemd traten vor versammelter Hochzeitsgesellschaft zum Duell an, zum Duell um die Braut offenbar. Und sie trugen dieses Duell in Form eines Tanzes aus, des *Zeybeks*, jenes westtürkischen Krieger- und Räubertanzes, in welchem sich für Ahmet die gesamte Lächerlichkeit türkischer Männlichkeit offenbarte. Und diese speziell choreographierte Version eines neoliberalen Neo-Zeybek sollte nicht nur die Testosterondrüsen dieser Jungs leeren, sondern auch die Hinwendung zu zeitloser Tradition markieren. Überhaupt glaubte er in den Serien eine Renaissance des Zeybeks zu erkennen, und nichts drückte die Selbstdarstellung dieser hirnlosen, aber grundlos stolzen Türken besser aus.

Der wütende Gesichtsausdruck, die Schwenks zur seelisch zerrissenen Braut, die protzigen Bewegungen, jede Nuance eine Lachnummer für sich. Die beiden Duellanten umzingelten einander im Halbkreis, stampften auf, warfen die Arme hoch und nieder, drehten sich um sich selbst, fielen in die Knie.

Wenn Humor einem den Sinn für Pathos nie wegtherapiert hat, dann konnte dieses Gehüpfe durchaus seinen Reiz haben. Der Zeybek war der Tanz der bewaffneten Banditen in den Bergen am Mittelmeer, der *Haramiler* oder *Zeybekler*, gewesen, welche die Bauern der Umgebung und die oft christlichen Städter drangsalierten. Als irreguläre Hilfstruppen schlachteten sie im Auftrag der Osmanen, später der Jungtürken und später der türkischen Regierung ethnische Minderheiten, vor allem Griechen und Armenier ab.

Wie heißblütig diese verwöhnten Millionärssöhnchen aufstampften, wie verächtlich sie ihre Köpfe zur Seite warfen. Jegliche Grazie fehlte diesem Tanz, elefantenhaftes Janitscharenhüpfen, narzisstisches Protzen, sumoringerhafte Plumpheit. Ich bin hier der Macker. Die Griechen hatten aus diesem Tanz den *Zeibekiko* entwickelt, doch welch ein Unterschied zum türkischen Pendant. Sie verfeinerten ihn zu betrunkener Eleganz, zum ekstatischen Sich-Wegwerfen und dem selbstvergessenen Spiel mit der Schwerkraft. Nichts davon bei diesen neureichen Beamtenseelen. Das Ego, diese speziell türkische Folkloreversion einer leeren Behauptung, blieb feig und angeberisch im Zentrum seiner selbst. Andere Tänze hatten andere Qualitäten, wie der *Horon* der Schwarzmeerbewohner, der ungemein akrobatisch war und aus dem die liberale Jugend der Türkei den *Kolbastı* entwickelte, einen sehr kunstvollen, dynamischen und fröhlichen Tanz, mit dem die Jungen ohne irgendwelchen nationalkulturellen Unsinn der Tradition ein modernes Gepräge gaben. Die *Halays* und *Govends*, die Reihentänze Anatoliens, mochten stereotyp wirken, doch bemühten sich die Körper dieser Kollektivtänze um federnde Eleganz.

Der Mutter entging Ahmets Lachen nicht, und sie strafte ihn mit einem sanften Hieb auf den Hinterkopf.

So wie der Zeybek die leicht kränkbare, witzlose Seele der Türken verkörperte, so verkörperte diese adaptierte Machoversion die gesamte Peinlichkeit des neuen türkischen Mittelstandes der Ära Erdoğan. Kein Platz dieser Welt war weiter von Ironie, Humor und Philosophie entfernt als diese TV-Hochzeitsgesellschaft mit ihren dummen Schönlingen. Finster dreinblickend, als düstere Leidenschaftlichkeit verkleidete infantile Eigenliebe, die Maskulinität der zu Geld gekommenen Kleinkrämer. Nun waren Ahmets Kurden gar nicht viel besser, aber neigten die Türken eben zum besseren Feindbild.

Asiye kam zurück und setzte sich eng neben Ahmet. Es gab keinen Zweifel mehr. Ihr Körper drückte gegen den seinen. Ahmet musste die Luft anhalten. Es war ihm peinlich, dass Asiye sein schweres Schlucken hören könnte. Versteh doch, Frau, dachte er, du forderst Unglück heraus, und so sehr mein Körper nicht abgeneigt wäre, meine Seele mag dich nicht.

Ahmet trat die Flucht nach vorne an. Mit Spott.

Schau, sagte er zur Mutter, so sehen die Urenkel der Menschen aus, die dir in die Hüfte geschossen haben und Tausende unserer Brüder und Schwestern ermordeten. Eine feine Gesellschaft.

Das erste Mal seit langer Zeit sagte die Mutter etwas, das Bedeutung in sich trug.

Aber, gute Menschen und böse Menschen gibt es überall. Und überall macht die Liebe die Menschen gut.

Was soll man darauf noch sagen? Mama hatte das letzte Wort.

Ahmet erhob sich, küsste die Mutter auf Stirn und Wangen, desgleichen seine Schwägerin, wünschte eine gute Nacht und ging. Als er aber die Traurigkeit in Asiyes Gesicht sah, überlegte er, ob ihm ihre Zurückweisung nicht mehr schaden könnte als die Erfüllung ihres Wunsches. Kurz spielte er mit dem Gedanken, sie ins Schlafzimmer zu führen. Vor eben dieser Fantasie musste er davonlaufen. Bildete er es sich nur ein, oder hatte ihm Asiye tatschlich *Feigling* nachgezischt?

Böse Träume

In einem mehr oder minder erotischen Traum gab Ahmet Arslan Asiyes Avancen nach, an Details konnte er sich beim Aufwachen nicht erinnern. Das Zimmer war von fahlem Licht beschienen. Der Mond, fast voll stand er über der Kuppel des Koyo Serd, und leuchtete direkt durch die Balkontür aufs Bett. Irgendwo in der Ferne erschallte kurdische Musik aus einem Radio, es klang nach Liedern aus dem Iran, aber sicher war sich Ahmet nicht. Vielleicht stammten sie auch aus dem Südosten, aus der Gegend von Hakkâri. Ahmet lächelte den Mond an und stellte sich dabei als Knaben vor, denn damals hatte der Mond noch wirklich zurückgelächelt. So schnell verlernt man das Lächeln nicht, du Mond du. Also streng dich an. Na also. Man konnte darüber streiten, aber der Mond strengte sich zumindest ein bisschen an.

So lag Ahmet eine Stunde wach und ließ sich von der weißen Kugel am Himmel hypnotisieren. Der darauf folgende Schlaf brachte ein unerwartetes Wiedersehen. Am Fußende des Betts stand Xeycan in kurdischer Tracht.

Ein Schwall juckender Freude flutete Ahmet Arslans Seele.

Xeycan Canım. Du bist gekommen. Wie geht es dir da drüben? Wie ist das? Zahlt es sich aus?

Xeycan lachte nicht wie verhofft, sondern strafte ihn mit einem höhnischen Blick. Ahmet erschrak.

Sag mal, Abi, fragte sie ihn, woher nimmst du eigentlich deinen Stolz?

Da wusste Ahmet, dass dieser Traum eine Falle war, aus der es kein Entkommen gab, wie eine achteckige Zelle mit acht Türen, deren Schlösser alle im selben Moment automatisch zuschnappen, während sich unter den Füßen eine Klappe öffnet und man endlos in die Tiefe stürzt.

Was soll das heißen, Schwester?

Du willst von mir geliebt werden. Aber ich mag dich nicht.

Ahmets Stimme wurde dünn und hoch.

Du wirst deine Gründe haben, Canım, aber urteilst du nicht zu schnell? Du kennst mich doch nicht.

Ich habe meine Erkundigungen eingeholt, und weiß genau, wer du bist.

Bist du gekommen, um mich zu beleidigen?

Weißt du, Abi, dass dich niemand richtig leiden kann?

Ich kann dir genug Gegenbeispiele nennen.

Ach, wenn du wüsstest, was sie über dich in deiner Abwesenheit reden.

Sag es mir.

Das hättest du wohl gerne.

Du redest Unfug. Kleinen Mädchen macht es Spaß, die schwachen Punkte der Erwachsenen zu finden …

Schweig, du Narr. Du glaubst von dir selbst, du hättest deine Probleme mit den Menschen, weil sie sich anpassen und du zu deinen Prinzipien stehst. Und so lügst du dir, Tag für Tag, Jahr ums Jahr, ins eigene Fäustchen. Wann aber bist du für deine Prinzipien eingestanden? Was hast du da in Wien gemacht all die Jahre, außer mit deinen Kurden im Kaffeehaus zu sitzen und dein ernstes, stolzes Gesicht aufzusetzen? Wann hast du dich dort wirklich engagiert? Hast du je eine Abschiebung zu verhindern versucht? Hast du dich konkret für soziale Verbesserungen eingesetzt? Durchschauen allein tut es nicht, Freundchen. Hast du deine Erkenntnisse je in die Schusslinie getragen …

Ja, habe ich.

Ich rede nicht von der Türkei. Dazu kommen wir später. Denn dort, wo ich jetzt bin, habe ich einige interessante Mitkämpfer von dir kennen gelernt. Weil du in İstanbul ein bisschen rumgeballert und nach der Revolution geschrien hast, glaubtest du da in Viyana den Rest deiner Tage von der moralischen Rente leben zu können, die du dir selbst auszahlst. Ha, du Eselssohn!

So darf kein Kind mit mir reden!

Ich bin kein Kind. Du bist dir doch für alle und alles zu gut. Deine Haltung, deinen Stolz föhnst du vor dem Spiegel wie eine Tussi, Oida.

Ahmet war von Anfang an aufgefallen, dass Xeycan mit diesem eigentümlichen Wiener Akzent sprach, und nun war sie überhaupt vom Zaza ins Wienerische übergewechselt.

Wennst dir so viel besser vorkommst als die anderen, wo ist deine Revolte, du Trottel? Na, net blöd schauen! I red mit dir! So praktisch, Kizilbaschimausi. Hast immer die praktische Ausrede bei der Hand, dass du 's mit Absicht zu nichts gebracht hast.

Und so ging der Traum endlos weiter, und Ahmet, der so gerne darin ein gutes Auskommen mit dem aufgeweckten Mädchen haben wollte, wurde von ihm Stück für Stück auseinandergenommen und konnte sich nicht wehren. In seiner Verzweiflung begann er sich sogar mit dem Aufzählen seiner Heldentaten aus der İstanbuler Zeit vor ihr zu rechtfertigen. Ein Fehler, denn schon hatte Xeycan einen Zeugen der Anklage zur Hand. Aus dem Halbdunkel trat sein Freund und Genosse Mustafa hervor. Blutkruste klebte an Lippen und Brust.

Mustafa? Bist es wirklich du?

Ahmet wollte aufspringen und ihn umarmen. Doch ein schwerer Druck auf dem Oberkörper presste ihn aufs Bett.

Warum hast du mich sterben lassen, Ahmet Can, warum bist du weggelaufen?

Aber nein, mein Freund, du irrst dich. Wir alle mussten uns zurückziehen, aber ich habe bei dir ausgeharrt, bis dein Puls zu schlagen aufhörte.

Wie war er so als Genosse?, fragte Xeycan den Toten.

Mustafa antwortete: Ich traute ihm von Anfang nicht. Er eiferte zu sehr den Liboşlar nach und machte sich lustig über unsere Parolen und Lieder. Revolutionskitsch nannte er das. Er war viel schlimmer als die Bürgersöhnchen aus der Stadt, denn schließlich kam er aus einer braven Dersimer Bauernfamilie. Uns allen war klar, dass aus ihm ein kleinbürgerlicher Individualist wird. Er zweifelte zu viel. So fehlte ihm die Entschlossenheit, welche für die politische Aktion so notwendig ist. Er verachtet das Kollektiv. Er misstraut allem, was Menschen zu einer Gemeinschaft verschweißt. Nur mit halbem Herzen unterstützte er die Revolution, weil er Schiss davor hatte, dass wir ihn und seinesgleichen an die Wand stellen danach. Ein Grund mehr, sich zu opfern.

Klarer Fall, resümierte Xeycan, weil er nur an sich selbst denkt, unterstellt er es allen anderen und sieht in ihrem kollektiven Engagement immer nur das Selbstgefällige und Wichtigtuerische wie in einem Spiegel.

So ist es, sprach Mustafa, er hegt insgeheimen Spott für die Schönheit der Massen. Der bürgerliche Chauvinist bekämpft die Gleichschaltung der Massen mit vorgeblich antifaschistischen Argumenten, in Wirklichkeit ist es ihm unerträglich, dass seine angemaßte Besonderheit im befreiten Kollektiv verschwindet.

Darum will er es gar nicht befreit sehen. Er liebt das Volk nicht. Und das Volk wird ihn nie lieben.

Ich habe mir sagen lassen, setzte Xeycan fort, dass er bei den wenigen Demonstrationen in Wien, an denen er teilnahm, nicht nur schwieg, wenn *Hoch die Internationale Solidarität* skandiert wurde, sondern – ein paar kurdische Demonstranten haben es genau beobachtet – sein Gesicht immer einen spöttischen Ausdruck annahm. Und dann flüchtete er sich ins Pathos der richtigen Haltung, in die Allmachtsfantasie eines über den Dingen stehenden integren Charakters, wofür er einen willkürlich für diese Zwecke zusammengeflickten Alevitismus missbrauchte.

Ich sagte ja, fuhr Mustafa fort, bürgerlicher Individualist. Es fehlte ihm völlig der Glaube ans Positive. Er war zersetzt von der lähmenden Krankheit der Philosophen, die, während sich die Panzer der Reaktion über uns hinwegwälzen, jedes Für und Wider abwägen müssen.

Das stimmt nicht, schrie sich Ahmet die Lunge aus dem Leib, damals stimmte das nicht, damals war ich doch genau so dumm wie ihr.

Schweigen. Mustafa und Xeycan blickten einander bedeutungsvoll an, aus Xeycans Miene glomm Schadenfreude.

Ich glaube, sagte sie, damit erübrigt sich jedes weitere Verhör, und wir können den Fall dem Parteigericht übergeben.

In der Tat setzte sich der Traum in einem Gerichtssaal fort, in dem viele seiner ehemaligen Genossen und andere Menschen aus Ahmets Leben als Geschworene, Gerichtspersonal, Ankläger, Verteidiger, Zuschauer saßen. Den Vorsitz führte Ahmets ehemaliger Folterer İbrahim Doktor, und alle, Linke wie Rechte, trugen sie die lächerlichen Roben der kemalistischen Gerichte mit ihren hohen Nosferatukrägen.

Ruhe im Saal! Angeklagter, Ahmet Arslan, können Sie einen Zeugen zu Ihrer Verteidigung vorschlagen?

Mirhat Balık. Ruft unseren alten Genossen Mirhat Balık in den Zeugenstand!

Mustafa (oder war es ein anderer Genosse?) gab zu verstehen, dass dieser Mirhat Balık als Maoist gar nicht hier aussagen dürfe und zudem über dreißig Jahre tot sei, da er in der Schlacht vom 1. Mai ums Leben gekommen sei.

Das ist eine Lüge, schrie Ahmet, ich war mit ihm im Gefängnis! Er lebt jetzt in Schweden. Ich habe seine Adresse und Telefonnummer.

İbrahim Doktor schlug energisch mit seinem Holzhammer auf den Tisch.

Seien Sie still, Angeklagter, oder wir vollstrecken das Todesurteil sofort. Wir rufen in den Zeugenstand Asiye Arslan, die Schwägerin des Angeklagten.

Einspruch, Euer Ehren, rief der Verteidiger, von dessen Existenz Ahmet bislang nicht wusste. Es war Alparslan Turhan, sein liberaler Freundfeind aus Wien. Das ist ein politisches Gericht, setzte er fort, und ich weiß nicht, was diese Frau zum Nachweis der Schuld des Angeklagten beitragen könnte. Denn dass er schuldig ist, darüber besteht kein Zweifel. Sobald wir ihn aber überzeugt haben, seine Schuld einzubekennen, werde ich für ein mildes Urteil plädieren und …

Unterlassen Sie ihre sexistischen Anwandlungen, schleuderte ihm İbrahim Doktor entgegen, oder ich lasse Sie gleich neben dem Angeklagten an die Wand stellen. Bitte, Frau Arslan.

Alparslan Turhan suchte Ahmets Blick und schüttelte genervt den Kopf, doch mit beschwichtigenden Handgesten gab er ihm zu verstehen, dass der Fall noch nicht verloren sei.

Lauthals brachte Asiye ihre Anklage vor:

Ich klage Ahmet Arslan, den Bruder meines erbärmlichen Ehegatten Kerim Arslan an, ein gewissenloser Egoist zu sein.

Allgemeines Gelächter erhob sich im Gerichtsraum.

İbrahim Doktor: Das deckt sich weitgehend mit der Einschätzung seiner politischen Weggefährten, aber präzisieren Sie Ihre Anklagepunkte bitte, Frau Arslan.

Ich bin seit beinahe 20 Jahre verheiratet, mit einem mindestens so großen Egoisten, wie es sein Bruder ist (Gelächter).

Ahmet erkannte Kerim in den Zuschauerrängen. Der lachte am lautesten.

Warum lachen die so?, fragte Asiye.

Fahren Sie bitte fort, sagte der Richter schmunzelnd.

Er kümmert sich nur um seinen eigenen Kram und rührt mich seit Jahren kaum mehr an, und wenn er es tut, dann ist er schneller fertig als ein Zuchtstier.

Wieder brach das Publikum in Gelächter aus, und wieder war es Kerim, der am lautesten lachte.

Sie sind eine Nummer für sich, Frau Arslan, sprach İbrahim Doktor. Bitte …

Aber ich sehne mich nach Liebe. Mit jeder Pore meiner Seele, mit jedem Molekül meines Körpers.

Niemand lachte.

İbrahim Doktor sprach: Das ist ein zutiefst menschliches und nachvollziehbares Bedürfnis.

Er könnte es mir geben, bei diesen Worten zeigte Asiye auf Ahmet, mein Mann ist ein grober Klotz, der meine Bedürfnisse nie verstand und verstehen wollte. Bei mir ist das so, Euer Ehren, ich brauche mindestens eine Stunde, bis ich in Fahrt komme, und vor zwei Stunden ist bei mir mit Höhepunkt nichts drin, ja? Na gut, Kerim, der alte Schlappschwanz, kriegt das nie und nimmer hin. Aber sein Bruder hat zwanzig Jahre in Europa gelebt. Ich hab gelesen, die europäischen Männer sind anders, die können das, ja? Und behandeln uns Frauen besser. Ja, aber er kommt da auf Besuch, nimmt und nimmt und glaubt, er braucht nichts geben.

Ich habe euch Mozartkugeln und Wein mitgebracht, schrie Ahmet.

Du weißt genau, was ich meine, lieber Schwager. Ich frage Sie, Hohes Gericht, und die Herren und Damen Geschworenen: Was ist grausamer? Einer der es nicht kann, oder einer, der es sehr wohl könnte, aber nicht geben will?

Ahmet schüttelte den Kopf und lachte laut auf, doch rund um ihn blieb es still. Mit angewidertem Gesichtsausdruck starrten sie ihn alle an. İbrahim Doktor tupfte sich mit einem Taschentuch die Tränen aus den Augen. Als Ahmet hilfesuchend zu Alparslan Turhan hochblickte, starrte ihn dieser voller Mitleid an und zog die Schultern hoch.

Wir kommen zum Urteilsspruch …

Laura, schrie Ahmet aus vollem Hals, meine Freundin Laura. Sie wird mich entlasten.

Ankläger, Verteidiger, der Richter sowie Xeycan steckten die Köpfe zusammen und berieten sich. In diesem Augenblick – unlogisch, wie es nur ein Traum sein kann – betrat Laura den Gerichtssaal und schritt in den Zeugenstand. Sie trug einen beigen Trenchcoat. Und sah anders aus, als sie Ahmet kannte. Zunächst war sie im Stil der 70er-Jahre gekleidet und geschminkt, trug eine Uschi-Glas-Frisur und hatte auch veränderte Gesichtszüge. Doch es war Laura. So sah es der Traum zumindest vor. Als Ahmet erkannte, wie Laura und seine ehemaligen Kampfgefährten einander zulächelten, wusste er, dass der Sadismus dieses Traums kein Ende nehmen würde. Irgendwie wusste er aber auch, dass er nun jederzeit durch Aufwachen aus dieser Farce aussteigen konnte. Doch die Neugier darüber, was Laura über ihn Schönes, Bewegendes zu sagen hätte, hielt ihn bei Gericht. Aber was tat sie? Sie verweigerte ihre Aussage.

Schatz, bitte, hilf mir! Du kannst mich retten. Die wollen meinen Kopf.

Gelächter wogte durch den Raum. Laura musste ihr Lachen hinter der Hand verbergen.

Schatzi, sagte sie zu ihm, ich muss jetzt zu einem guten Freund, am Abend sehen wir uns dann in der Wohnung. Es kann sein, dass es ein bissl später wird …

Nein, geh bitte nicht, Laura. Wen triffst du? Welchen Freund? Laura, das ist kein Spaß. Wir werden uns nie wiedersehen. Die meinen es ernst. Sag mir nur eines: Hast du einen Liebhaber?

Das Gelächter im Gerichtssaal wollte sich Ahmet Arslan ersparen und tat, was er schon längst hätte tun sollen – er wachte auf.

Wie ein geprügelter Hund lag er da, verschwitzt und verspannt. Was für eine Scheiße war denn das? Bei der Suche nach einem neuen T-Shirt schlug er sich den Kopf am Türrahmen an. Draußen dämmerte es. Er trank ein Glas Wasser und ging wieder zu Bett. Der Schlaf holte ihn sich zurück, und sein nächster Traum gebärdete sich wie eine Entschuldigung für den vorangegangenen. Xeycan nahm darin ein weiteres Mal eine wichtige Rolle ein. Nun saßen sie in einem mitteleuropäischen Wohnzimmer. Ihre Großeltern waren anwesend, auch ihre ermordeten Eltern, Laura und zwei afrikanische Straßenzeitungsverkäufer, die sie gegen seinen Willen bei sich aufgenommen hatte. Die Konversation führten aber nur Xeycan und er selbst. Übermütig alberten sie vor sich hin. Dennoch hatte er aus dem vorigen Traum das Misstrauen gegenüber dem Mädchen in den aktuellen hinübergeschmuggelt. Irgendwie mochte er sie nicht mehr so wie zuvor, und er versuchte auch immer wieder herauszufinden, ob sie die Gemeinheiten, die sie ihm an den Kopf geworfen hatte, noch immer meinte. Doch Xeycan wich seinen suggestiven Fragen geschickt aus.

Der Cem

Ein lautes Pfeifen weckte Ahmet, und ein stechender Schmerz im Rücken erinnerte ihn daran, wie beschwerlich das Leben und wie hart der Boden war. Zwischen dem Pfeifen hörte er dieses Brummen, das nur von einem Motor, und zwar einem bestimmten, stammen konnte.

Ahmet war ein Morgenmuffel. Wie alle Morgenmuffel hasste er insgeheim die Rasse der Morgenmunteren. Und wie auch anders: Angelo gehörte ihr an. Strahlend, fröhlich und geschniegelt stand er neben seiner Vespa. Als er Ahmet am Geländer erblickte, legte er einen kurzen Twist hin.

Buon giorno, ragazzo, ein guter Tag. Zieh dich warm an, wir fahren nach Belekan. Es ist alles vorbereitet. Und sollte uns dort oben trotzdem kalt werden …

Wieder deutete er auf eine volle Flasche Johnny Walker, die aus seiner Jacketttasche lugte.

Buon giorno, erwiderte Ahmet gähnend. Sofort blickte er aufs Haus seines Bruders und sah gerade noch, wie Asiye hinter dem Vorhang verschwand.

Mühsam kämpfte sich die arme Vespa die Straße hoch. Irgendwann über der Waldgrenze hörte der Asphalt auf. Spätestens wenn es mehr Schlaglöcher als Asphalt gibt, ist man dankbar, dass diese bröckelnden Teerinseln, jene Heuchelei einer nicht mehr reparierten Zivilisation, ein Ende nehmen. Schon kurz unterhalb des Passes über dem Dorf bekamen die beiden Männer einen Vorgeschmack auf die Beschaffenheit des Weges, der die folgenden zehn Kilometer Balance und Gleichmut auf harte Proben stellen sollte. Mitunter hätte man Fotos von der erodierten Straße als Luftaufnahmen von Tälern in irgendwelchen arabischen Wüsten verkaufen können. Eine Woche zuvor, sagte Angelo, sei die Straße nicht befahrbar gewesen, meterhoher Schnee habe hier gelegen.

Und der Grund für ihren frühen Aufbruch sei schlicht der Morgenfrost gewesen.

Da fiel Ahmet das Zitat seines politischen Erzfeindes Ernst Jünger ein: *Es geht sich leichter auf gefrorenem Schlamm.* Wo es recht hat, da hat es recht, das Faschistenschwein. Oft hat er den Satz verwendet, wenn seine kurdischen Genossen zu pathetisch und lyrisch wurden.

Die Strapazen dieses Parcours wären nicht zu ertragen gewesen ohne Angelos unerschütterliches Naturell. Er lachte, sang italienische und kurdische Lieder, quatschte süßen Unsinn. Er gehörte zu jenen Menschen, die ihr Herz so weit öffnen, dass jeder reinspucken kann, und die Dummheit der anderen an sich selbst verspotten können, woraufhin bald ein Dummkopf sie lächerlich findet, weil in einer Wolfsgesellschaft niemand freiwillig Schwäche zeigen würde außer einem Spinner. Den Spinnern aber ist es einerlei, und wirklich spinnen sie, weil sie die Missgunst ihrer Mitmenschen nicht in deren vollem Ausmaß erkennen. Und welch gesündere Pathologie kann es je geben.

Füßchen hoch, Kleiner, befahl Angelo.

Und wieder durchquerten sie einen dieser Bäche, die keinen Respekt vor einer Straße zeigten, und streckten wie Kinder kichernd die Beine von sich. Da erst erkannte Ahmet, dass Angelo gelbe Gummistiefeletten trug.

Sexy Schuhe hast du, Gardasch.

Cosa fare, mia nipota ... entschuldige. Meine Nichte hat mir die geschenkt.

Kurz vor neun Uhr hatten sie den Kinkor-Hochpass erreicht. Nicht nur die durchgerüttelten Glieder drängten auf Pause. Der Ausblick, die messerscharfen Konturen einer sich unendlich fortpflanzenden Abfolge von Karen und Tälern ließ Ahmet in Ehrfurcht erstarren. Kein Himalaya war wilder, kein Gebirge abwechslungsreicher als sein Dersim. Eine Viertelstunde starrten sie in diese Wildnis. Selbst Angelo, als *ragazzo di vita* der römischen Vorstadt weniger enthusiastisch als sein Mitfahrer, ließ dieser Anblick nicht kalt.

Wie sehr ich mein Dersim vermisst habe.

Was Ahmet am meisten verwunderte, dass sich dort oben unter der Felskuppel des mächtigen Berges, dessen Rücken die Straße querte, hier auf einer Höhe, wo er doch längst jeden Wald, ja, jeden Baum hinter sich gelassen glaubte, ein üppiger Pappelwald leicht geduckt zum Gipfel hin drängte. Das frische Grün seiner Blätter gleißte im Sonnenlicht.

Angelo trank den Whisky in großen gurgelnden Schlucken wie ein italienischer Radrennfahrer aus seiner Sportflasche. Solche Typen wie er dehydrieren nie, denn sie sind schon zu Lebzeiten mumifiziert. Ahmets Schlucke waren sparsamer, doch die Wirkung des Alkohols, das schöne torfige Brennen in Kombination mit der eisigen Frische der Höhenluft tat bald seine Wirkung.

Sag, Alter, dort, ist das schon der Düzgün Baba?

Aber woher. Man merkt, dass du lange im Ausland warst. Um den Düzgün Baba zu sehen, müsste man den Kırklar Dağı und die anderen Hügelchen bei Mazgirt abtragen. Das sind die Berge, die wir sehen.

Aber als ich mit Kerim von Elazığ kam, auf dem – wie heißt der Pass? – da sah man ihn. Und Sülbüs und Tarı noch dazu.

Siehst du. Man muss nur den richtigen Ort finden. Dann erspart man sich die mühselige Arbeit, den Kırklar Dağı abzutragen.

Als sie einander das erste Mal begegneten, hatte sich Ahmet diesem alten Teenager überlegen gefühlt, wie er sich überhaupt sehr vielen Menschen überlegen fühlte. Doch Angelo ließ seine Blasiertheit dahinschmelzen wie die Schneefelder rundumher.

Sieh, ein Adler!

Über ihnen zog ein großer Vogel seine Kreise. In der Art, wie ihn Angelo darauf aufmerksam machte, erkannte Ahmet den begeisterten Jungen wieder, der auch er war. Er wusste, dass ihn zu Hause in Wien niemand verstehen würde, aber gemeinsam mit Angelo diesen Vogel über den azurnen Himmel gleiten zu sehen, war wie ein Gebet. Nicht im Geringsten kratzte das an seinem Atheismus, aber es war eben mehr als nur Naturspinnerei.

Wie gut kennst du Kerim, Angelo?

Etwas besser als dich.

Glaubst du, dass er Leute verraten hat?

Angelo, den Ahmet bis dahin für einen politisch gleichgültigen Menschen gehalten hatte, packte ihn am Handgelenk, drehte ihn daran zu sich und blickte ihm mit dem einen sichtbaren Auge scharf an.

Kerim mag die Linken nicht. Er mag auch die Rechten nicht. Er mag niemanden wirklich. Dich mag er. Das glaube ich. Er sucht nach deiner Anerkennung. Ich antworte auf deine Frage: Ich weiß es nicht. Und: Ich glaube – nein. – Aber einen Rat gebe ich dir, Junge. Lass die alten Dinge gut sein. Wenn wir immer darin herumrühren, finden die Kriege nie ein Ende.

Angelo ließ das Handgelenk los, aber sein Blick hatte nichts an Ernst verloren.

In diesem Augenblick liebte Ahmet Angelo. Diese zupackende Entschlossenheit ist notwendig in Momenten des Zauderns und Zögerns. Auch wenn jemand in der Sache unrecht hat, es ist die Geste, ein kurzer klärender Machtbeweis, ein kräftiger Pfosten, an den man sein den Unbilden der unruhigen See ausgeliefertes Boot binden kann.

Sie fuhren ins Tal hinab. In einer üppig bewachsenen Senke sah Ahmet zur Rechten leere Steinhäuser. Ein armenisches Dorf.

Nicht lange danach fuhren sie in einen bewohnten Ort ein. Belekan war größer als Holike, lebendiger, ärmer vielleicht. Angelo wurde hier auch freundlicher begrüßt, und offensichtlich mehr geachtet. Die Abgeschiedenheit, so schloss Ahmet, hatte die Leute noch nicht dazu angestachelt, Menschen nach ihrem angeblichen Wert zu unterscheiden.

Die Kinder waren neugierig, aber nicht frech. Zwei Frauen in alter Tracht buken im Freien Brot, einige Männer waren im Motorraum eines Geländewagens zugange.

Ahmet hatte sich die ganze Fahrt schon vor dem Dede gefürchtet. Da rückte Angelo mit der Wahrheit heraus. Der Dede, sagte er, sei ein alter, fetter Mistkerl. Er habe gesagt, dass er nicht für irgendeinen Alman eine Sondervorstellung gebe. Der Dede, folgerte Angelo, verwinde es nicht, dass sich so wenige Leute für die religiösen Riten interessierten, und deshalb hielt er lieber gar keine Cems ab. Für allerlei abergläubischen Firlefanz und Schutzzauber ließe er sich aber noch immer fleißig mit Hühnern, Armbanduhren und Lira bezahlen. Ahmet ertappte sich dabei, dass er Angelos Spott für blasphemisch hielt.

Aber Plan B: Angelo kenne den *Zakir*, einen besonders liebenswürdigen Mann namens Arif Doğan, gut. Mit ihm sei das Treffen ausgemacht, es werde kein wirklicher Cem sein, aber der Geist des Cem werde durch Herrn Doğan wieder aufleben.

Ahmet atmete auf. Er brauchte keine Hände küssen und sich nicht rücklings vom Dede unter Verbeugungen verabschieden. Eine halbe Stunde später erschien ein gutaussehender junger Mann, Mitte dreißig. Ahmet hatte sich ihn älter vorgestellt. Er küsste Angelo auf die Wangen und drückte Ahmet die Hand. Sie begaben sich ins Gemeindehaus, ein bescheidenes Zimmer mit schmutzigen Fenstern. Zwei alte zahnlose Männer fanden sich ein und auch die beiden Brotbäckerinnen von zuvor.

Angelo schenkte schamlos Whisky aus, der Zakir lehnte höflich ab, doch die Alten freuten sich sichtlich auf die Droge. Ahmet gab Angelo zu verstehen, dass die Aleviten aus Dersim nie beim Cem tranken und das nur den türkischen Vorurteilen entgegenkomme.

Das ist kein Cem, Bruder, wie oft soll ich es noch sagen? Ich könnte mich auch ohne Weiteres an die beiden Perlen ranmachen, aber, versprochen, Sua Eccelenza, ich werde mich benehmen wie ein richtiger Gentiluomo.

Der Zakir stimmte den Saz. Nach einer Improvisation begann er zu singen und zu rezitieren. Ahmet murmelte und sang leise mit. Und er erkannte seinen Angelo nicht wieder. Dieser legte sich ehrfürchtig die Hand aufs Herz und sang unter wippenden Bewegungen des Oberkörpers ebenfalls mit. Nach einer Weile sprang er hoch und begann den *Semah*, den Kranichtanz, zu tanzen, und Ahmet war unschlüssig, ob das gestattet sei, doch niemand erhob Einspruch, der Zakir lächelte zustimmend, die beiden Frauen erhoben sich und trippelten mit der Grazie junger Mädchen zu Angelo und schlossen sich an, und schließlich konnte auch Ahmet sich nicht länger zurückhalten. Das warme Licht der schwindenden Sonne tränkte den Raum in Gold, und Ahmet tanzte, lächelnd, selbstvergessen und scherte sich bald nicht mehr um festgesetzte Schritte, seine Seele, sein Körper und sein Verstand waren in eine Bahn gerückt, und nichts konnte ihm mehr Glück verschaffen.

Der Zakir sang jenes Lied von Yunus Emre, das Ahmet stets im Herzen gerührt hatte.

Voller Sehnsucht habe ich dich gesucht
im Himmel und auf Erden.
Nirgends sonst als im Herzen des Menschen
habe ich dich gefunden.

Hier auf Erden fand ich meinen Mond,
was kümmert mich der Himmel.
Hier auf Erden bin ich gegenwärtig.
Nur hier auf der Erde übergießt mich der Regen.

Als der Zakir zum Ausklang des Liedes heftiger in die Saiten schlug, begann Angelo, Twist und Cha-Cha-Cha mit wilden Tanzchoreographien von der Schwarzmeerküste zu mischen, und es passte weder zu Rhythmus noch zu Melodie. Die zahnlosen Männer erhoben sich und bewegten sich um einiges graziler zu den Liedern. Angelo nahm gierige Schlucke aus der Flasche und reichte diese Ahmet.

Ahmet ging zum Zakir, verschämt, denn es handelte sich nicht um ein Wunschkonzert, und genierte sich auch für die Whiskyfahne, weil er immer noch Respekt vor dem Dede hatte, doch der Zakir war kein Dede, und er trank nur keinen Alkohol, weil er ihm nicht schmeckte, und so fragte Ahmet den Zakir, ob er doch nicht ein bestimmtes Lied, nämlich *Kâinatın Aynasıyım* von Aşık Daimi spielen könne. Der Zakir nickte. Und dann stimmte er für Ahmet eines der schönsten Lieder der neueren alevitischen Dichtung an, und Ahmet schwebte mit abgestreckten Armen auf der honigweichen und doch kräftigen Stimme des Sängers.

So bin ich der Spiegel des Universums,
wenn ich also ein Mensch bin.
So bin ich ein heiliger Ozean der Gottheit,
wenn ich also ein Mensch bin.

Der Mensch ist in Gott,
Gott ist im Menschen.
Was du auch suchst, findest du im Menschen selbst.
So bin ich tadellos,
wenn ich also ein Mensch bin.

So sollen sich die Engel vor mir verbeugen.
Nichts zählen die Schicksalsräder

und all die guten Segenswünsche,
wenn ich also ein Mensch bin.

Die Thora kann ich schreiben,
die Bibel aufsetzen,
den Koran erahnen,
wenn ich also ein Mensch bin.

Die Weisheit und die Schrift sind in mir,
zahlreiche Welten und
des Schreibers Schreiberling sind in mir,
wenn ich also ein Mensch bin.

So bin ich dem Namen nach der Gott,
dem Geschlecht Gott nahegekommen,
dem Abbild nach Gott ähnlich,
denn ich also ein Mensch bin.

Süßer Wein bin ich den liebenden Menschen
und ein in Demut lebender Mensch.
So bin ich ein tief in Liebe lebender Daimi,
wenn ich also ein Mensch bin.

Hätte Ahmet gewusst, wie um ihn geschieht, er hätte sich geschworen, dass er hier unter der Sonne und den Sternen Dersims an diesem Nachmittag, an diesem Abend für all das belohnt worden war, wofür er gelebt hatte. Er hatte die Zeit, die Zeit hatte ihn vergessen, der Zakir, die beiden schönen alten Frauen, die nicht ganz so schönen, aber beweglichen Männer, Don Angelo, der Saz, die Saiten, der Rhythmus, der Wind gegen das Fenster, das Rauschen der Kiefern, alles war mit Liebe erfüllt. Wenn ich also ein Mensch bin.

Zwischenspiel
Zwei E-Mails an eine Freundin

E-Mail an Birsen Bilgiç
9. Mai 2008, 10:48 Uhr

Sevgili Birsençik,

endlich komme ich zum Schreiben. Schätzchen, wie geht es dir? Mach dir um mich bitte keine Sorgen. Ich sitze zwar in der hässlichen Lobby von diesem Double Tree Hotel in Elazığ, und habe noch nie so viele Kotzbrocken auf der Straße gesehen wie in dieser Stadt, aber ich bin froher Dinge.

Hab mich in meinem SMS etwas missverständlich ausgedrückt. Und du hast dir schon voll die Sorgen gemacht, Schätzchen. Und danke, dass du nicht die Polizei eingeschaltet hast. Ich habe sicher überreagiert. Nun, dass mein Vater mich durch einen seiner Söldner verfolgen lässt, ist nicht ausgeschlossen.

Liebes, ich hab dir so viel zu erzählen. Die letzten Tage waren echt Hardcore. Aber ich bin definitiv nicht mehr dieselbe. Ich treffe jetzt einen kurdischen Umweltaktivisten. Habe ein interessantes Projekt vor. Am Nachmittag, wenn ich wieder im Hotel zurück bin, schreibe ich dir mehr. Es ist unglaublich. Ich erlebe gerade irrsinnig spannende Sachen.

Küsschen
Dilek

E-Mail an Birsen Bilgiç
9. Mai 2008, 16.20 Uhr

Birsençik Schätzchen,

mission completed. Interessanter Typ. Aber leider musste er mich beim ersten Treffen gleich anmachen. Ich glaub nicht einmal, dass er wirklich was wollte von mir. Ich von ihm vielleicht schon. War eher so ein Programm, auf das er programmiert ist. So und jetzt drücken wir auch noch diesen Knopf.

Schätzchen, ich mach es kurz. Mein Papa, mein lieber, lieber Papa. Ich wusste, dass er ein fetter Ağa ist. Aber er war immer nett zu mir. Es ist zum endgültigen Bruch gekommen. Die Geburtstagsparty war echt süß. Und wenn du seinen Palast nicht verlässt, könntest du glauben, alle Welt liebt ihn. Was heißt: Alle Welt kriecht ihm in den Arsch. Den Jeep hätte er mir nicht schenken sollen. Denn natürlich bin ich in der Gegend rumgefahren. Das war vor 2 Wochen. Auch zu seinen Äckern. Ich habe Dinge erfahren, die ich besser nicht erfahren sollte. Dort patrouillieren seine Leute mit Gewehren. Wozu brauchen Sie diese Gewehre, frag ich einen von ihnen. Es schleichen Terroristen herum, sagt er. Einer der Arbeiter hat Kontakt mit mir aufgenommen. Die schuften auf Hüseyin Agas Baumwoll- und Melonenfeldern für 2 Lira pro Tag. Ich habe den Arbeiter dann am Abend im Arbeiterlager besucht. Es war schrecklich. Die schlafen unter Plastikplanen auf dem Boden. Flüchtlinge aus Afghanistan und dem Irak, auch Zigeuner und Iraner. Keine medizinische Versorgung, kein Fließwasser. Die Aufseher prügeln die Arbeiter, aus bloßem Spaß. Auch Vergewaltigungen kommen vor. Vor drei Monaten hatte ein Iraner Kontakt mit der Landarbeitergewerkschaft oder einer NGO, so genau weiß ich das nicht, aufgenommen, zwei Tage später war er verschwunden. Ich erzähle dir alles genauer, wenn ich wieder in İstanbul bin. Okay? Du kannst dir gar nicht vorstellen, wie ich mich schäme. Ich war so unwissend. Hab mich nie um solche Dinge gekümmert …

Ich habe Papa zur Rede gestellt. Da hab ich sein wahres Gesicht gesehen. Wir haben einander angeschrien. Er hat mich geohrfeigt. Dann bin ich gegangen. Jetzt wirst du dich vielleicht fragen, warum ich, wenn ich mit zwanzigjähriger Verspätung gegen den Alten rebelliere, dann seinen Jeep annehme.

Dazu kann ich nur sagen: Wie sonst hätte ich vor ihm fliehen können. Und außerdem, verdamme mich: Aber die Kiste ist megageil. Cherokee. 270 PS. Queen of the road. Man fühlt sich unbesiegbar. Wie oft dachte ich schon daran, ein paar von den religiösen Wichsern über den Haufen zu fahren. Den Satz löschst du als meine Biografin und Nachlassverwalterin aber aus der Mail. Verstanden? ;-)

Papa ruft dauernd an. Gestern Abend hab ich abgehoben. Wir sprachen eine Stunde. Er hat geweint. Er liebt mich wirklich. Aber ich kann nicht die Tochter eines Sklavenhalters, Leuteschinders und Superarschlochs sein. No way. Mein Herz hat es beinah zerrissen. All die schönen Erinnerungen. Er war zwar die meiste Zeit nicht da für mich, aber wenn er da war, hat er mich mit Geschenken überhäuft. Jetzt könnte ich sagen: Das war sein Ersatz für Liebe. Aber das wäre ungerecht. Denn er war ein sehr zärtlicher Daddy. Mann, ist alles kompliziert in diesem Scheiß Leben. Wieso falle ich auf die größten Arschlöcher rein, und die wirklich Netten beachte ich nicht mal. Okay, mit Nuri war es anders.

Nun, meine Urlaubszeit werde ich voll nutzen. Ich will das Land kennen lernen. Unsere schöne Türkei. Die ist mir fremder als der Nordpol. In Rom und New York kenn ich mich besser aus. Das Land und seine Menschen. Ich habe so viel nachzuholen. Irgendwie hab ich das Gefühl, mit Daddy hab ich mich auch von mir selbst befreit.

Ich bin die letzten Tage viele Bergdörfer abgefahren. Habe die Gastfreundschaft der Leute genossen. Irrsinnig liebe Leute. Und gar nicht so islamisch, wie man glaubt. Hab auch viele Fotos gemacht. Ich spiele mich mit dem Gedanken, einen Fotoband rauszugeben. Dazu braucht es aber noch einige Reisen. Und ich möchte mich für den Umweltschutz einsetzen. Das ist mir echt ein Anliegen. Irrsinnig wichtig. Immer in Verbindung mit der sozialen Frage, versteht sich.

Im Bus hab ich einen interessanten Alman aus Wien kennengelernt, alter Politischer, aber noch gut in Schuss. Kurde. Hat mir echt einen Flash versetzt. Wow. Er hat mich in sein Dorf in Dersim eingeladen. Das muss eine völlig fremde Welt sein. Muss ich mir unbedingt ansehen. Idiotin ich, vergaß, mit ihm Telefonnummern auszutauschen. Aber den Namen des Dorfes hab ich mir gemerkt. Werde morgen, übermorgen mal hochfahren. Hallo sagen. Dann sehen wir weiter.

Am Dienstag, Schätzchen, bin ich wieder bei dir und erzähl dir alles im Detail. Okay?

Love, Love, Love
Dileeeeek

5.
Die letzten Tage

Aussprache

In den letzten Tagen seines Aufenthalts verbrachte Ahmet Arslan viel Zeit auf dem Friedhof. Dort hatte er nicht nur die beste Aussicht auf das Dorf, sondern auch auf die Gebirgszüge Süddersims. Und er rief sich anhand der in die weißen Marmorsteine gemeißelten Namen die Menschen, die darunter lagen, ins Gedächtnis zurück. Auch an Xeycans frischem Grab hielt er gerne innere Einkehr.

Das leuchtende Gelbgrün der knospenden Blätter, das ihn drei Wochen zuvor begrüßt hatte, war in kräftiges Grün übergegangen. Auch den Falkenblick seiner Jugend glaubte Ahmet hier in der Natur wiedergewonnen zu haben. Er erkannte Tiere und Menschen besser als bei seiner Ankunft. Immer wieder sah er seinen Bruder mit dem Metalldetektor herumspazieren.

Der Tag der Abreise rückte immer näher, und Ahmet verspürte den Drang, sich mit Kerim auszusöhnen. Ihr Umgang war durchaus höflich, doch beschränkte er sich auf den Austausch von Floskeln – die Höflichkeit von Menschen, die einander aufgegeben haben und den Energieaufwand produktiven Streitens meiden. Jeder Versuch einer Annäherung scheiterte bei beiden an einer Mischung aus Stolz, Scham und Empfindlichkeit.

Dem Prachtwetter der letzten Tage war eine schiefergraue Kaltfront gefolgt. Das hinderte Ahmet weder an seinen langen Spaziergängen noch am Besuch des Friedhofs, auf dem er manches Mal Stunden verbrachte. Eisig heulte der Wind über die Berge und ließ vereinzelte Schneeflocken durch die Luft tanzen. Der Friedhof war dem Wetter besonders ausgesetzt, wovon die knorrigen Weißdornbüsche zeugten, welche tanzenden Magiern glichen. Als Ahmet sich auf den Weg ins Dorf machte, kam ihm Kerim entgegen. Ahmet wunderte dieser Besuch, und er erkannte sofort, wie sehr ein anderer Wind auch in der Seele des Bruders wütete.

Wann haust du endlich ab?

Ahmet kannte Kerim gut genug, um zu wissen, dass er das genaue Gegenteil meinte. Warum bleibst du nicht länger? Warum können wir nicht von vorne anfangen? Ohne Sticheleien und Vorurteile.

Bruder, sagte Ahmet, Freunde werden aus uns wohl nicht mehr.

Nein, antwortete Kerim gefasst, aber zeig mir Brüder, die Freunde sind.

Sie setzten sich auf die Grabplatte ihres Vaters und schwiegen eine Weile.

Ahmet rang mit einer Frage, doch er musste sie stellen.

Sag, Bruder, was hat dir İzzet nach Xeycans Begräbnis zugeflüstert?

Tu nicht so scheinheilig, das weißt du genau. Alle steckt ihr doch unter einer Decke.

Da irrst du dich. İzzet wollte es mir nicht sagen.

Kerim sprang hoch.

Mein Leben hat er bedroht, der Hundesohn.

Ach was!

Sagt mir dieser Sohn einer Eselin doch eiskalt, es sind zwei Kugeln im Lauf für mich. Ich solle dir keine Schwierigkeiten mehr machen. Die Schwierigkeiten, die wir beide miteinander haben, werden jetzt also schon vor dem Parteigericht verhandelt. Und du stehst unter direkter Protektion der PKK. Blöder Wichtigmacher.

Jetzt bin ich aber ratlos. Drücke dich genauer aus.

Kerims Redefluss überschlug sich mal, mal stockte er, weit warf er die Arme von sich und gestikulierte wild.

Ja, bist du blind, Brüderchen? Dein Freund, der Botaniker und Finanzberater, spielt sich hier im Tal wie Apos rechte Hand auf. Nichts läuft mehr ohne ihn. Früher war ich der Verbindungsmann zu den gottverdammten Kizilbaschi. Ich war immer für Ausgleich und Mäßigung. Aber dein sanftmütiger Freund … wenn es nach ihm ginge, würden die Dörfer wieder brennen. Seit er aus Ankara zurück ist, versucht er Unruhe zu stiften. Und seit er bei der Wahl zum Bürgermeister von Pertek abgestunken hat, führt er hier sein Schattenkabinett. Soll doch lieber seine Blumen bestimmen. Was hat sich der Träumer erwartet, dass die Sunniten und Türken von Pertek einen Kandidaten der DTP wählen?

Du übertreibst.

Er ist es, der mich überall als Spitzel angeschwärzt hat. Ich könnte ihn klagen. Aber du weißt ja, es sind zwei Kugeln für mich im Lauf.

Moment mal, Kerim. Da liegst du schief. Er ist dir gegenüber wohlwollender, als du ahnst. Natürlich kritisiert er deine Zusammenarbeit mit der AKP, aber er verteidigt dich gegen den Vorwurf, ein Spitzel zu sein.

Wie edel! Was er dir sagt und was er tut, sind verschiedene Dinge.

Er hält dich nicht für einen Spitzel. Für einen windigen Charakter hält er dich.

Ha, da redet der Richtige. Ich war dreimal Bürgermeister, und eigentlich bin ich es noch immer, weil der feine Herr Koçgir in seinem Büro in Elazığ sitzt und sich einen Dreck um seinen Posten schert. Immer wenn die Leute was brauchen, kommen sie zu mir, und hinter meinem Rücken schimpfen sie über mich. Aber daran bin ich gewöhnt. Als dein Freund İzzet sich hier niederließ, setzte er sich ins gemachte Nest. Doch wer hat die Wasserleitung gebaut, wer das Dorf ans elektrische Netz, ans Fernsehen, sogar ans Internet angeschlossen, wer hat in den 90ern regelmäßig

Dorfbewohner aus dem Gefängnis geholt? Wer hat die Asphaltierung der Straße durchgesetzt, wer hat die Leute dazu überredet, Sonnenkollektoren auf ihre Dächer zu montieren? Das geht aber nicht, wenn du bei den Behörden als PKK-Mann giltst. Die Jungs von den Bergen haben das verstanden und mich machen lassen. Die haben schon gewusst, wo ich im Ernstfall stehe. Du weißt, was ich von ihnen halte, aber ich respektiere sie, und habe ihnen nicht nur einmal aus der Patsche geholfen. Und jetzt kommt dieser dahergelaufene Bankkassier und stellt mich irgendwo in den Bergen des Irak als Verräter hin.

Kerim stand mit vorgebeugtem Oberkörper vor Ahmet, der noch immer auf der Grabplatte saß, und fuchtelte mit den Händen in der Luft herum. Jeder noch so weit entfernte Beobachter hätte die Situation richtig deuten können: Da versuchte ein aufgebrachter Mensch sich vor einem ruhig zuhörenden zu rechtfertigen.

İzzet und du, ihr seid dieselben Träumer. Ich muss schon lachen, Ahmet Can, aber hast du nicht an der Uni Politik studiert? Ich habe sie im Leben studiert. Ich bin aber auch der bessere Wissenschaftler als du. Was seid ihr für Dummköpfe, dass ihr glaubt, Politik sei eine Frage des Charakters. Ihr Aufrechten, die ihr keinen Millimeter von euren Werten abweicht, bewegt rein gar nichts, deshalb müsst ihr auch zur Kalaschnikow greifen, und alles abknallen, was euch nicht in den Kram passt. Noch nie was von Jack and Balance gehört, ha?

Ahmet hütete sich, den Bruder wegen dieser unabsichtlichen Verballhornung auszulachen, denn was er sagte, hatte Sinn und rührte an einem unauflösbaren Widerspruch in Ahmets Denken. Mit seiner Verächtlichkeit lieferte der Bruder immer ein paar brauchbare Wahrheiten mit, und mit selbstquälerischem Behagen nahm sie Ahmet zur Kenntnis.

Die Politik des Möglichen, fuhr Kerim fort, Interessensausgleich. Dabei muss man auch mal in die Scheiße greifen. Alle sagen, ich richte es mir nach allen Seiten. Dabei habe ich's dem Dorf gerichtet.

Aus Kerims Wut spürte Ahmet eine tiefe Kränkung heraus. Dieser Disput war nicht nur der übliche Schwanzvergleich, bei dem Kerim dem gelehrten und in einer europäischen Metropole residierenden Bruder seine Kompetenz und Überlegenheit beweisen wollte. Es ging ums Ganze, und so fasste Ahmet Mut.

Da gibt es aber noch eine Sache, Kerim Can. Man sagt, du hast Akten angelegt über die Leute aus der Gegend und ihre politischen Aktivitäten.

Die beleidigte Miene des Bruders wandelte sich jäh in ein verächtliches Grinsen. Kerims Kopf wackelte abschätzig auf seinem Hals. Erstmals wurde Ahmet unsicher.

Man sagt. Man sagt. Wer sagt? Niemand sagt. Das hast du auch nicht von İzzet. Ich sage dir, von wem du das hast. Niemand kann das wissen außer der Ratte, die in meinem Computer herumspioniert.

Es tut mir leid. Ich schäme mich dafür.

Ha, spar dir das Schämen. Ich freue mich darüber, dass du es getan hast. Und willst du wissen, warum?

Ahmet ahnte die Antwort.

Es zeigt mir, dass du auch nur ein Mensch bist, und nicht der Superman, als den du dich hinstellst. Nein, nein, mir gefällt das. Du kramst in meinen Privatsachen herum. Das verschafft mir tiefe Genugtuung. Gefällt dir meine Frau? Sag es mir ruhig. Und meinst du, ich hab nicht gesehen, wie du meiner Tochter auf den ...

Bitte, Kerim! Lass das. Ich habe nie behauptet, besser zu sein. Und das mit Elif passiert nur in deinem Kopf ...

Und jetzt meinst du, über mich richten zu können. Aber du bist ein recht stümperhafter Spion, Bruder. Denn hättest du genauer geschaut, dann wäre dir aufgefallen, dass ich über jeden

Akten anlege, ganz gleich, mit wem er es hält. Ja, ich schnüffle auch im Privatleben herum, zwischen Pertek, Hozat und Çemişgezek bin ich der bestinformierte Mann. Für dich ist das hier Urlaub in den Bergen. Aber es herrscht Krieg. Diese alten Leute sind harmlos, aber sie haben Kinder, und die lebe in den Städten, in Europa oder sind in die Berge gegangen. Du hast keine Ahnung, was hier abgeht, mein Junge. Jeder misstraut jedem, und jeder bespitzelt jeden. Der Staat hat den MIT, und der hat wieder Hunderte Spitzeldienste, die PKK hat ihre Informanten, die Frauen horchen jeden aus und ich habe meinen eigenen Geheimdienst. Und den nutze ich für meine Zwecke, aber auch für das Wohl des Dorfes, ja, der ganzen Region. Warum gab es hier so wenige Tote und Vertriebene, warum gab es hier nie Dorfschützer? Was meinst du? Ja, ich bin vielleicht ein schlechter Mensch, aber meine Schlechtigkeit hält die Ordnung stabil und die schlechten Kräfte in Schach.

Ich weiß alles. Sogar über dich habe ich eine Akte. Da staunst du. Ich weiß, in welche Lokale du in Wien gehst, ich weiß sogar, dass du im Juni 2004 einen Streit mit Kemal Topcal hattest. Da, siehst du das alte Haus über dem Hang neben den zwei Pappeln. Da hauste bis letzten August Ali Rıza Kureish drin. Keine 67 wurde er. Schlaganfall. Onkel Ali, wir wollen eine Wasserleitung verlegen und die würde durch deine Wiese verlaufen. Anstatt dankbar zu sein, dass nicht nur er, sondern die gesamte Gemeinschaft Fließwasser bekommt, verlangte er 200.000 Lira von uns. Und weißt du, was ich ihm gesagt habe? Du hättest sein langes Gesicht sehen sollen. Du alter Hurenbock, sagte ich ihm, wenn du nicht sofort nachgibst, bekommen deine Leyla in Toronto und dein Özer in Erbil sofort ein Email, in denen ich ihnen verrate, in welchen Puffs und bei welchen Mädchen in Ankara ihr Vater ihre Kinderbeihilfe verjubelt hat. Eine Woche später war die Leitung verlegt. Doch nie im Leben, Ahmet, nie im Leben habe ich einen an die Geheimpolizei verraten. Erpresst ja. Sali Alan habe ich erpresst, weil ich eine seiner Wiesen für meine Kühe haben wollte. Mehmet Kuçuçan aus Sorpian habe ich verraten. Das gebe ich zu. Und willst du wissen, warum ich ihn verraten habe? Weil ich seinen Ochsen, seine Wiese, seine Frau wollte? Und an wen habe ich ihn verraten? Ich habe ihn an die PKK verraten, weil er es war, der die Soldaten zu den Sarı-Saltık-Brüdern geschickt hatte. Du weißt, was mit ihnen geschah. Aber niemand weiß, wer sie verraten hatte, du bist der zweite, der weiß, wer den Verräter verraten hat. Nie im Leben, das schwöre ich dir hier am Grab unseres Vaters auf den Düzgün Baba, auf Bava Duzgı, habe ich je einen der unseren an die Regierung verkauft. Nie.

Kerim holte ein Taschentuch aus der Hosentasche, wischte sich die Tränen aus den Augen und schnäuzte sich.

Ahmet reichte ihm eine Zigarette, und dann rauchten sie gemeinsam auf dem Grab des Vaters, der den Genuss von Tabak und Alkohol stets missbilligt hatte.

Und was denkst du jetzt über mich?, wollte Kerim wissen.

Was ich schon immer über dich gedacht habe. Was willst du hören? Dass ich dich von deinen Sünden freispreche? Na meinetwegen. Möge Gott dir verzeihen.

Kerim lachte.

Gott verzeiht nie. Django verzeiht.

Wie lange hatte Kerim diesen, seinen Lieblingsscherz, der in der Umkehrung des Titels eines bekannten Italo-Westerns bestand, nicht mehr angebracht. Lange noch schwelgten die beiden Brüder in Erinnerungen und amüsierten sich über manchen Unfug, den sie gemeinsam angestellt hatten. Dieses beste Gespräch, das sie je hatten, war ihr eigentlicher Abschied, denn die nächsten Tage würden sie einander kaum sehen.

Banditen

Man wusste weder, woher sie kamen, noch wie sie es nach Süd-westdersim geschafft hatten, denn so viele Polizeikontrollen, Straßensperren, Hundestaffeln hatte die Provinz seit Jahren nicht erlebt. Zwei Tage zuvor hatten sich viele Stirne gerunzelt, als man vom misslungenen Überfall auf einen Gefangenentransport bei Erzincan hörte, und Gerüchten zufolge hätten die Antiterrorein-heiten die Bande nach Westen getrieben, um sie von ihren Nach-schublinien abzuschneiden.

Arme Teufel, dachten sich viele, denn weit würden sie nicht kommen, und bei aller Solidarität, die hier noch immer stark war, hoffte man, die Guerilla würde den Konflikt nicht wieder nach Dersim tragen. Kerim fluchte. Er hätte nicht so laut ge-flucht, wäre sein Bruder nicht zugegen gewesen. Jede Geste, jede Aussage war nun ein Exempel, Standortverortung und Warnung zugleich. Ahmet hatte noch immer keine Ahnung, wie viel er Ke-rim bedeutete.

Am Abend des vorvorletzten Tages vernahm Ahmet ein Klop-fen an der Metalltür.

Onkel Piro stand davor, außer Atem.

Sie sind hier, wir müssen sie aufnehmen.

Wer ist hier?

Unsere Rebellen.

Du heilige Scheiße, sagte Ahmet auf Deutsch. Weiß Kerim davon?

Ich habe ihn auch gefragt.

Das hättest du besser lassen sollen, Onkelchen.

Nein, nein, wir können ihm vertrauen. Er will aber nichts da-mit zu tun haben. Schick sie zu Ahmet, hat er gesagt, der ist für die Revolution zuständig. Sie warten bei den Birnen, bis sie Gewissheit haben. Ich erzählte ihnen von dir. Ihr Anführer kennt dich.

Ahmets Puls hämmerte gegen seinen Hals. Wer mochte das sein? Ein alter Kamerad?

Die Viertelstunde, die er am Tisch unter der nackten brennenden Glühbirne wartete, war eine einzige Marter. Er hatte Angst, Angst vor diesen Bergbanditen, Angst um sich, Angst um Laura, Angst vor allem Unvorhergesehenen, und doch begannen in ihm Neugier und Leichtsinn zu obsiegen.

Er hörte Schritte. So, jetzt, steh auf, Ahmet, und benimm dich wie ein Mann.

Er öffnete das Tor, sie kamen alle rein, einer nach dem anderen, junge Menschen, fünf Männer und drei Frauen, zitternd, dreckig, verfolgte Tiere mit unruhigen Blicken. Merhaba. Sie schüttelten seine Hand.

Da hoch. Oben brennt der Ofen. Hier unten gibt es eine Dusche. Onkel Piro, hol Brot und Käse, und was du findest. Ich hab nur noch ein Glas Oliven im Kühlschrank. Und nimm bitte Handtücher mit.

Im großen Zimmer im ersten Stock kauerten sie sich im Kreis auf den Boden. Ahmet dazwischen. Ihre Gesichter leuchteten im flackernden Schein des geöffneten Ofens. Schweigen. Ahmet traute sich nichts zu sagen. Den Kämpfern ging es ebenso. Ahmet lächelte. Ein junger Mann mit Locken und Brille, er war als Erstes eingetreten, deshalb hielt er ihn für den Anführer, und das vermutlich jüngste Mädchen erwiderten das Lächeln.

Einige waren sofort eingeschlafen. Ihr verhaltenes Schnarchen passte gut zum Knistern der Zweige im Ofen.

Ahmet erhob das Wort.

Gleich kommt Piro mit Essen. Er sagte mir, jemand von euch kennt mich. Wie kann das sein? Als ihr zur Welt kamt, war ich längst fortgegangen aus der Türkei.

Die letzten Worte dieses Satzes sprach er mit leiserer Stimme, weil er sich jäh seines väterlichen Tons bewusst wurde, den er gegenüber diesen Kämpfern auf Leben und Tod nicht statthaft fand.

Der Lockenkopf – seine weichen Züge und die dünnrandige Brille erfüllten ein Klischee, das in diesem Fall wirklich stimmte – stellte sich als Xelil Söylemez aus Diyarbakır vor. Sein Onkel Metin habe ihm oft von ihm, Ahmet Arslan, erzählt, sie hätten gemeinsam Seite an Seite in den Straßen İstanbuls gekämpft und auch im Knast von Bayrampaşa gesessen. Und dieser Piro habe ihn, Ahmet, gleichfalls als alten Kizilbasch-Haudegen gepriesen.

Mit seiner Miene täuschte Ahmet Freude vor, während er sein Gedächtnis nach Metin Söylemez abgraste.

Mein Gott, Metin Serçe, Metin der Spatz, schoss es aus ihm heraus, so nannten wir ihn, weil er so schön singen konnte.

Insgeheim war Ahmet über Metin Serçes Bewunderung unangenehm berührt. Er hatte ihn gemocht, aber nie zu seinen engeren Freunden gezählt. Unglaublich, was sich die Menschen einbilden. Eine Freundin aus Wien, mit der er eine dreimonatige Affäre hatte, war fest davon überzeugt, dass diese ein Jahr gedauert hätte.

Metin Serçe, so erzählte Xelil, sei vor drei Jahren an Kehlkopfkrebs verstorben. Ein tapferer Kizilbasch sei er gewesen und ein großer Kurde. Da musste Ahmet, weil er die Ehrfurcht gegenüber diesen Kindern in sich dämpfen wollte, entschieden widersprechen.

Ich kannte deinen Onkel Metin gut, mein Freund. Er war Kizilbasch und er war Kurde, aber groß war er als kommunistischer Widerstandskämpfer.

Ist das nicht dasselbe?, sagte eine der jungen Frauen und erhob sich. Ihre Stimme hatte ein kühles, leicht schleifendes Timbre, wie Ahmet es von Junkies kannte oder von Mädchen, die sich besonders unbeeindruckt geben wollen. Als Einzige trug sie einen roten *Şutik*, das traditionelle Hüfttuch, um die Uniform.

Wenn niemand anderer vor mir will, dann geh ich jetzt duschen, sagte sie.

Willst du dein Gewehr nicht hier oben lassen, Schwester?

Ohne meinen Bräutigam geh ich nie duschen, sagte sie, zwinkerte und ihr Lächeln entblößte eine große Spalte zwischen den Schneidezähnen. Die Bande lachte. Auch Ahmet, wenngleich ihn ihre Freizügigkeit etwas irritierte. Er führte sie die knarrende Holzstiege hinab in den Raum, wo sich Klo und Dusche befanden, überreichte ihr ein Handtuch und kehrte in den ersten Stock zurück.

Dann erzählten die Freischärler von ihrer abenteuerlichen Flucht durch Dersim. Beim Überfall auf den Transporter seien drei von ihnen getötet oder gefangengenommen worden, genau wisse man es nicht. Mit Helikopter habe man sie über die Berge gejagt. Keine Verschnaufpause hätten sie gehabt, durch eiskalte Flüsse seien sie gewatet. Als Piro mit dem Essen kam, machte sich Unruhe breit; es war der Hunger. Flugs hatten Ahmet und sein Onkel drei Tabletts mit Meze, mit Käse, gedörrtem Obst, kalten Köfte, Zwiebel, Sucuk und Oliven angerichtet. Gierig stürzten sie sich darauf und schlugen sich die Bäuche voll. Aus Anstand hatten diese jungen Menschen das Tier in sich unterdrückt, jetzt war es erwacht.

Lasst für Leyla auch was übrig. Gemessenen Schrittes kam diese die Treppe hoch und trocknete sich mit dem Handtuch die langen Haare, während sie den Kopf zur Seite neigte. Sie war unnahbar, frech und selbstbewusst. Das machte sie sehr schön. Ahmet spürte das Bedürfnis, sie zu beeindrucken. Seine Schüchternheit zeigte ihm, dass sie ihm nicht egal war.

Onkel Piro schenkte Orangensaft ein. Als Ahmet mit einer Flasche Riesling aus der Wachau die Stiegen hochstieg, befahl ihm Piro, diese sofort wieder zurückzutragen. Ahmet wusste nicht, wie streng das Alkoholverbot bei der PKK befolgt wurde.

Das nächste Mädchen begab sich in die Dusche.

Ahmet war tief beeindruckt von diesen Menschen, die sich dafür entschieden hatten, in den Bergen zu leben und zu sterben, und als er in ihnen keine von diesem Leben verrohten Kombattanten, sondern sympathische und bescheidene Idealisten erkannte, schloss er sie in sein Herz. Die meisten von ihnen waren so müde, dass sie bald eindösten. Aber in Xelil, dem bürgerlichen Stadtjungen, fand er einen aufgeweckten Gesprächspartner mit großem Wissen.

Während die letzten Gäste den Duschraum in Anspruch nahmen und Piro mit drei Säcken frischem Brot, das seine Cousine für die jungen Leute gebacken hatte, und einer Schachtel voll Baklava kam, telefonierte Ahmet. Dann unterbreitete er ihnen seinen weiteren Plan.

Sie sollten schlafen, so sie Schlaf fänden, in vier Stunden wolle er sie aufwecken und dann werde er sie im Schutze der Dunkelheit auf einem alten Trampelpfad entlang eines Bachs auf den Kinkor-Pass hinaufführen. Von dort sei es nicht weit bis Belekan, wo sie Arif, ein Freund und begnadeter Sänger, übernehmen werde. Es sei bereits alles arrangiert.

Ahmet ließ seinen Blick durch diese eigenartige Runde junger Menschen wandern. Selten hatte er so unterschiedliche Typen und Charaktere auf einem Haufen gesehen. Das Einzige, was an ihnen gleich war, waren ihre Accessoires. Ihre Uniformen, ihre Kalaschnikows, die nun mal um etliches leichter waren als westliche Gewehre, und ihre Mekap-Schuhe. Alle, ohne Ausnahme, trugen sie diese Marke. Ahmet hatte bereits gehört von der Renaissance dieser hochgeschätzten Schuhe bei den kurdischen Rebellen, und nie hätte er gedacht, dass ihn Markenbewusstsein in solche Rührung versetzen könnte.

Ode an den Mekap-Schuh

Mekap. Ein mythisches Wort in Ahmet Arslans Ohren. Wann immer er österreichische Frauen der linksliberalen Ausländerlieb-

hab-Szene davon überzeugen wollte, dass man ihn auch liebha-
ben könne, obwohl er für einen Ausländer doch um eine Spur zu
gescheit daherrede, dann schwärmte er von Mekap-Schuhen (und
kam sich insgeheim berückend komisch vor, dass er da als Linker
Product-Placement betrieb). Dachte er sich etwa, Frauen hätten
mehr Sinn für Accessoires, Schmuck und Lifestyle? Dabei wäre
das gar nicht notwendig gewesen, denn um Eindruck zu schin-
den, hätte schon seine handgepflückte, linksdrehende, naturtrübe
kurdische Identität gereicht.

Wider Erwarten runzelten diese Frauen dann oft die Stirn. Irgendwas musste mit diesen Schuhen nicht stimmen. Sie schienen
ihren Sinn für die symbolische Ordnung zu stören. Denn Queer-
ness und Subversion der Gender-Identitäten war ein Kaffee, kurdisches Widerstandspathos ein anderer. Und wenn sie Urlaub
von ihrer Emanzipation in den nach Männerschweiß und Tragik
stinkenden Partisanenlagern der Peschmerga machten, wollten sie
nicht bei Lagerfeuern landen, an denen man Schuhe mit dem
Namen Make-up trocknete.

Wie stark der weibliche Anteil des linken kurdischen Widerstandes war, wussten und wollten diese Frauen damals noch nicht
wissen, weil sie ihn männlich wahrnahmen und auch so wahr-
nehmen wollten. Selbst Ahmet und seine Genossen hatten in ihren Exilen nicht geahnt, wie weiblich diese Bewegung seit 1993
geworden war.

Diese kleine phonetische Verwechslung sorgte jedenfalls für
Verwirrung. Wie? Was? Ihr tragt wirklich Schuhe, die Make-up
heißen? Das erinnerte ihn an einen gut aussehenden Kosovo-
Albaner, der Astrit hieß und sich deshalb Alberto nannte.

1972 produzierte die Firma Mekap erstmals die braunen
Sneaker mit den robusten Sohlen. Die waren bald sehr hip. Und
Hipness, lange Haare, freakige Kleidung galten damals als irgend-
wie links. So verwundert es auch nicht, dass die Studenten, die

Liberalen und die radikalen Straßenkämpfer nicht nur Mekaps trugen, sondern diese bald – ein Unikum in der Geschichte, dass ein Konsumartikel Emblem einer Bewegung wird, die Konsum ablehnt – als linksradikale Schuhe wahrgenommen wurden. Und tatsächlich, diese robusten Dinger leisteten große Dienste im Straßenkampf. Wer Mekap trug, den konnte kein Polizist so leicht einholen. Das gelbbraune Wildleder vieler dieser Schuhe war mit dem Blut der richtigen Sache getränkt.

Mit der Militärdiktatur 1980 war die Linke zunächst ausgelöscht. Mekapschuhe verloren ihr revolutionäres Flair, zumal immer mehr westliches und amerikanisches Schuhwerk die türkischen Märkte eroberte. Bauern, Arme und Landbewohner, die sich die Markenware nicht leisten konnten, blieben bei den heimischen Produkten. Die einzige Subversion dieser Marke lag nun darin, dass sie so lange hielt. Die lokalen Produzenten waren nämlich Nachzügler kapitalistischer Warenproduktion und hatten noch keine Ahnung vom Prinzip der geplanten Obsoleszenz.

Doch dann kam die PKK. Hatten Mekaps den Linken in den Straßen İstanbuls, Izmirs und Ankaras wertvolle Dienste erwiesen, so erwiesen sie den Partisanen auf ihren tagelangen Märschen auf Steinen, durch Morast und unwegsames Gelände noch wertvollere Dienste. Es war nicht Antiamerikanismus, aber Nike-Schuhe zerfielen nach wenigen Monaten Outdoor-Widerstand, ebenso wie niemand die unsinnig schweren amerikanischen Schnellfeuergewehre über die Berge schleppen wollte und man den leichten Kalaschnikows den Vorzug gab. In den 1990er-Jahren waren die Mekaps wieder politisiert als das Schuhwerk der „kurdischen Terroristen". Gegen Protest ihrer Hersteller wurden sie verboten, Schuhhändler, die sie in ihren Geschäften anboten, wurden als Kollaborateure verhaftet, und die Produktion wanderte nach Armenien ab.

Ein kurdophiler österreichischer Freund Ahmets hatte während seines Lykienurlaubs in einem Geschäft in Antalya nach Mekap-Schuhen gefragt. Die beiden Verkäufer blickten einander an, dann lächelte einer der beiden und fragte: Türkische oder kurdische? Kurdische, antwortete Hans stolz. Es war wie ein Geheimcode. Der Verkäufer sprang auf sein Moped und kehrte nach einer Viertelstunde mit einem Paar der begehrten Marke zurück. Früher hätten sie die Schuhe auch ihm Geschäft geführt, aber das sei zu riskant geworden, weil die Polizei ihnen in Zivil Besuche abstattete.

Was hätten diese treuen Schuhe doch für saftiges Thema für postmoderne Masterarbeiten abgegeben. Oder für schräge Werbefilme.

Ahmet freute sich bloß, dass es kein Gerücht war. Diese jungen Kämpfer trugen die Schuhe seiner wilden Jugend, ihre Schnürsenkel waren das einigende Band zwischen den Generationen. Wenn er schon ihren nationalistischen Schwachsinn und ihren dämlichen Apo-Kult nicht teilen wollte, die Schuhe versöhnten ihn auch ideologisch mit ihnen.

Ob du Steine wirfst, Molotow-Cocktails gegen die Tanks der Faschisten, oder ein Bergfort angreifst, Mekap-Schuhe lassen dich nie im Stich.

Ein klärendes Gespräch

Ahmet ging auf den Balkon und zündete sich eine Zigarette an. Zuerst der Cem, der kein Cem war, und jetzt das. In Wien hatte er ein gutes Leben gehabt, aber jetzt lebte er. Xelil folgte ihm und Ahmet bot ihm eine Zigarette an.

Wir werden dir nie vergessen, was du auch jetzt, 30 Jahre später, für die kurdische Sache geleistet hast.

Xelil hätte Ahmets Widerspruch keinen besseren Anlass geben können.

Ich tue das weder für deine Partei noch für irgendeine Sache, sondern einzig für euch.

Xelil nickte. Dann folgte sein Anwerbungsgespräch, und er ging es geschickt an. Xelil erzählte ihm, dass ihm in der Organisation von Anfang an, so wie vielen anderen Kameraden und Kameradinnen aus Dersim, Misstrauen entgegengebracht worden sei. Sogar die türkischen Genossen habe man bevorzugt.

Das verwundert mich gar nicht, fiel ihm Ahmet ins Wort, wir Leute aus Dersim sind unsichere Kantonisten einer jeden Ideologie. Man hat es nicht geschafft, uns zu Türken zu machen, und nicht einmal Kurden wird man aus uns machen können.

Wir sind Kurden, Bruder. Xelil lächelte. Kurde zu sein bedeute nicht zu einem Volk zu gehören, sondern an die Befreiung der Menschheit zu glauben.

Dieser Spruch freilich gefiel Ahmet. Er hielt ihn zwar für Xelils ganz privaten Unsinn, aber sein Pathos rührte an seinem kurdischen Herzen, und da es erst jetzt so richtig interessant wurde – wie oft hat man schon gebildete Raubtiere aus den Bergen auf dem Balkon zu Gast –, und Xelil ohnehin nicht zum Schlafen zu bewegen war, holte er zwei Wolldecken. Er hätte sich gerne ein Glas Whisky eingeschenkt, doch fürchtete er den Tadel des jungen Mannes. Auf die Ränder der beiden rostigen Liegestühle ließen sie sich nieder, wickelten sich in die Decken ein und begannen zu debattieren. Dabei gingen die Emotionen hoch und sie mussten in beinahe regelmäßigen Abständen einander ermahnen, leiser zu reden. Dann tuschelten sie, aber so zischend, dass dies zufälligen Passanten eher aufgefallen wäre als normale Lautstärke.

Ahmet sprach frei heraus. Er schätze und bewundere den Idealismus junger Menschen, die Verzweiflung und Veränderungswille in die PKK treibe, doch die Sache, für die sie ihr und das

Leben anderer gefährdeten, sei überholt und sinnlos. Man könne viel über die neuen Idioten in Ankara sagen, aber bestimmt nicht, dass sie Kemalisten sind. Die linke Sache sei in der Türkei einstweilen wie überall sonst in Europa auf Eis gelegt, und bei den Minderheiten habe die AKP erstaunlich großzügige Angebote gemacht, natürlich müsse die Regierung vorsichtig und in kleinen Schritten vorgehen. Die Macht des alten Systems sei groß, aber immerhin …

Darf ich frei zu dir sprechen, Abi?

Nur zu.

Ich weiß, dass du den Unsinn, den du sagst, nicht selber glaubst. Erdoğan ist ein Wolf im Schafspelz. Er will sich die Kurden kaufen. Mit Religion. Wir sehen in ihm eine weitaus größere Gefahr als in allen Regimen vor ihm. Wenn die kleine Kröte aus Rize genug Macht hat, wird sie neben dem Islamismus und neben dem Neoliberalismus auch das Türkentum wieder auf den Plan setzen. Er wird Graue Wölfe, Islam, Oligarchenkapitalismus, Osmanentum – und wenn es sein muss, auch Rokoko zu einer postmodernen Kitschideologie vereinen, bunt, langweilig und grausam. Und wenn er einmal herauskriegt, welche Pläne wir mit der Türkei haben, wird er uns schlimmer verfolgen, als Hitler die Juden verfolgt hat. Aber er kann noch so viele Milliarden in die bestgerüstete Armee der Welt stecken, in den Bergen nützt ihm das nichts. Die Berge Kurdistans sind ein einziger türkischer Friedhof. Doch in den Nächten kommen wir in die Täler und Ebenen runter und säen die Samen der Demokratie, und sie werden jäten und stutzen dieses Unkraut, das den Asphalt sprengt, aber wir werden immer wieder nachsäen, denn kein Unkraut trägt schönere Blüten. Noş!

Xelil hob sein Glas und stieß mit Ahmet an.

Du bist ein guter Redner, sprach dieser, und hast einen farbigen Stil. Könntest es noch weit bringen, wenn dich nicht zuvor eine Kugel niederstreckt.

So Allah will.

Wie bitte?

War ein Scherz.

Das klang ja alles schön und gut, aber nun holte Ahmet aus. Eine leninistische Kaderpartei mit all ihren Scheußlichkeiten hinke der Geschichte um 100 Jahre hinterher und dem Befreiungsnationalismus um 50 Jahre. Was für dummen Bauerntölpel die Kurden seien, merke man, dass sie die Dummheiten der Geschichte, anstatt von deren widerlichem Exempel zu lernen, im Niemandsland, wo nur Dornbüsche wüchsen, wiederholen müssten, und dabei so viel Leid über die Gesellschaft brächten, Witwen und Waise zurückließen, auf beiden Seiten. Und ihr Apo, das sei eine Witzfigur, und noch lächerlicher dieser religiöse Kult. Noch so viel marxistische Phrasen könne man in den Buschschulen der PKK auswendig lernen, was sei das für ein Fortschritt, wenn Allah durch diesen grimmigen Schnauzbart ersetzt würde. Und – er solle ihn gefälligst ausreden lassen – so sehr er Verständnis für die kurdische Sache habe, klar, wer als Volk verfolgt würde, erhebe sich als Volk, doch als er und seine türkischen und kurdischen Genossen damals gegen Faschisten und Imperialisten gekämpft hätten, habe man die Welt befreien wollen und nicht ein erfundenes Bergvolk. Mit einem Wort, er hasse nichts mehr als die Beschmutzung linken Denkens und linker Praxis durch die Ziegenscheiße des Nationalismus. Was er an den Tausenden kleinen Kulturen, die durch verwandte Sprachen als so etwas wie Kurden bezeichnet werden könnten, am meisten liebe, das sei jene Zurückgebliebenheit, die sie bis heute unfähig mache, sich als ein einheitliches Volk zu empfinden. Diese Zurückgebliebenheit sei ihr größter Trumpf, denn dadurch hätten sie im Vergleich zu anderen Verdammten dieser Erde die unschätzbare Möglichkeit, um das nationale Verderben, das 200 Jahre Europa und in Folge den Rest der Welt verheert habe, einen Bogen zu machen, dieses

Stadium der Geschichte, das sie angeblich durchlaufen müssten, zu überspringen.

Und eines, mein Freund, hob Ahmet an, ihr werdet die Türkei nicht zerstören, wenn es sein muss, stelle ich mich selber mit der Waffe gegen euch. Wir bekämpften schlechte Regierungen, ein schlechtes System, aber nicht den institutionellen Rahmen des Staates. Euer Kurdenstaat ist ein Phantasma, ein schlechter Witz. Betet zu Allah, zum Kapital oder zu Öcalan, dass der nie zustande kommt, diese Zusammenlegung der kurdischen Ziegenweiden, deren einzige nennenswerte Städte Sülemaniya, Erbil und Diyarbakır wären, und die nach so viel Blut und Schweiß nichts als das Gespött der Welt wäre, weil nichts außer Korruption dort gedeihen würde, mit einer peinlichen Elite aus Ağas, ehemaligen marxistischen Militärs und zu Aktenkoffer tragenden Yuppies mutierten Ziegenfickern, die allesamt mehr kommunales Geld durch schlechte Mathematikkenntnisse verschwenden würden als durch Korruption, und mit Schulen und Universitäten, in denen erfundene kurdische Lügengeschichten gelehrt werden, und Zaza-, und Gorani- und Soranisprecher müssten ein ihnen fremdes Hochkurmandschi lernen, wo sie sich mit Türkisch viel besser hätten verständigen können. Schau doch nach Irland mit seinem Scheiß-Gälisch. Zum Kotzen ist das. Fleht Gott an, dass euer Kurdenstaat nie zustande kommt, denn solange der nicht existiert, habt ihr den Bonus romantischer Rebellen, einer großartigen Hoffnung, die sich hoffentlich nie einlöst.

Ahmet hatte sich so in Rage geredet, dass er schwer atmen musste. Das war es aber wert, denn er hatte das PKK-Bürschlein bis an die Knochen dekonstruiert. Doch dieses erwies sich als Spaßverderber, denn es war auf Ahmets Provokationen nicht aufgesprungen, wie man es von politischen Eiferern erwarten könnte. Was für Gehirnwäsche machen die da in den Quandil-Bergen durch, dass sie so aalglatt sind, würde sich Ahmet in der nächsten halben Stunde denken. Doch Xelil war gar nicht aalglatt, bloß beherrscht und höflich. Er begann sein Plädoyer mit einer kleinen Frechheit, die den Zweck hatte, den ohnehin strauchelnden Ahmet noch mehr aus seiner Selbstgewissheit kippen zu lassen.

Bruder, warum regst du dich so auf? Gib doch Acht auf dein Herz. Wenn du weiter so laut bist, wirst du die Özeltim-Milizen anlocken, die würden aber deinen Ausführungen sicher applaudieren.

Das saß. Ahmets Nasenflügel blähten sich.

Ahmet Can, in vielem, was du sagst, gäbe ich dir Recht, wären wir in den frühen 90er-Jahren. Ich weiß nicht, wann du dich das letzte Mal mit uns beschäftigt hast, doch es muss sehr lange her sein. Alles, alles, was du uns vorwirfst, so es überhaupt je gestimmt hat, ist nun anders.

Unter uns, ich finde den Apo-Kult auch nicht so gut, aber lass den einfachen und ungebildeten Leuten doch ihre Götzen, bis wir diese durch richtiges Wissen ersetzt haben. Ich schätze deinen Sarkasmus sehr, und würdest du uns wirklich kennen, dann müsstest du einsehen, dass dem Genossen Abdullah Öcalan das Gefängnis sehr gut getan hat und er Zeit gewann, sich weiterzubilden. Und ich würde sehr lachen über deine Bemerkung, weil sie wahr wäre. Aber diesen Sarkasmus könntest du eben nur erproben, wenn du über unsere Transformation bescheid wüsstest. Bis dahin muss ich ihn dir in den Mund legen. Du bist mir deshalb doch nicht böse, Abi?

Wie konnte Ahmet diesem schlauen Charmeur, den er doch unterschätzte und dessen wacher Geist ihn nach Jahren des Partisanenlebens, des Tötens, Gejagt- und Gehetztwerdens doch erstaunte, böse sein.

Und dann hob Xelil zu einem Vortrag an, der so unglaublich war, dass nur ein Bruchteil davon wahr sein konnte. Zugegeben, Ahmet hatte sich schon eine geraume Zeit nicht mit der PKK beschäftigt, lange war er zwischen Sympathie und Abneigung geschwankt, und dann doch zu letzterer, nach so vielen Diskussionen mit glühenden Neokurden in Wien, und plötzlich hatte sich die Geschichte wiederholt, und er sah sich im Streit mit diesen Hitzköpfen in der Lage der Liboşlar, denen gegenüber er sich in İstanbul und später in Wien als Hitzkopf erwiesen hatte. Ja, er hatte von Frauenbataillonen und Feminismus und der großen Genossin Sakine Cansız gehört, und demonstrierte in Wiens Straßen öfters für die Streichung der PKK vom Index terroristischer Vereinigungen, aber im Herzen …

Xelil meinte, die PKK habe schon lange das Konzept der leninistischen Kaderpartei hinter sich gelassen, Öcalan habe sich für die Theorien des sozialistischen Anarchisten Murray Bookchin erwärmt. (Auweia, dachte Ahmet.) Gewalt gegenüber Zivilisten würde streng bestraft, auch das Problem der Dorfschützer ginge man nun moderater an. Hierarchien innerhalb der Organisation seien flacher. Xelil erzählte von der Aufgabe des Kurdenstaates, vom in den Statuten festgeschriebenen Antinationalismus, von der demokratischen Transformation der Republik Türkei, ja mehr noch, von den Kurden als Demokratieaktivisten in jedem Staat, in welchem Kurden lebten, ohne die Souveränität dieser Staaten anzugreifen, von der absoluten Gleichberechtigung von Mann und Frau und – es wurde immer toller – feministischen Umerziehungsakademien für Männer in den Quandil-Bergen, von der Ächtung der Diskriminierung Homosexueller und so weiter und so fort, und wenn das alles wirklich gestimmt hätte, dann wäre diese PKK kein Hort der edelsten Revolutionäre aller Zeiten, denen er sich sofort anschließen würde, sondern eine Schar von Engeln, welche wahrhaftig das Zeug hätten, die Welt zu retten. Was ihn stutzig machte: Warum schickte man dieses Propagandagenie nicht nach Wien, Paris, Brüssel oder Berlin, sondern ließ ihn durch die Täler Dersims hetzen.

Als könnte Xelil Gedanken lesen, versetzte er:

Und wenn du nun glaubst, ich sei der Außenminister der PKK, du kannst jeden unserer Kämpfer und Kämpferinnen fragen, sie werden dir alle das Gleiche erzählen.

Wenn das stimmt, was du sagst, und ich werde es zu Hause genau überprüfen, dann seid ihr ein noch tieferer Dorn im Auge der Macht, als ich mir gedacht habe, und man wird euch ausrotten. Ohne Gnade.

Das sag ich ja von Anfang an, Abi.

Die beiden Männer saßen noch eine Weile schweigend und rauchend in den Liegestühlen und betrachteten die Sterne. Da begann Xelil leise ein Lied anzustimmen, ein Lied, das der türkische Sänger Aşık Daimi für seine Frau zum Trost geschrieben hatte, nachdem ihr gemeinsamer Sohn, ein Mitglied der PKK, in Dersim erschossen worden war. *Ne Ağlarsın Benim Zülfü Siyahım.* Ahmet stimmte ein, und sie sangen es zu Ende, ohne einander anzuschauen. Dann nickten sie ein.

Über den Kinkor-Pass

Um vier Uhr summte Ahmets Handywecker. 20 Minuten später war die Kompanie aufbruchbereit. Sie marschierten am Dorf vorbei, und dennoch bellten die Hunde nicht, so als wären sie Sympathisanten. Noch oft würde sich Ahmet fragen, was die Hunde dazu veranlasst habe, auf ihr arttypisches Verhalten zu verzichten.

Auf dem Weg, der durchs Tal führte, war auch im Dunkeln leichtes Fortkommen, auf dem Pfad, der parallel zum Fluss emporführte, rutschten die Kämpfer oft aus, traten in Löcher. Aufpassen, wisperte Ahmet, als wüssten sie es nicht selber. Die Handytaschenlampen einzuschalten war riskant. Zwei Stunden später lichtete der Tag am Horizont. Nun war es einfach. Eine halbe Stunde früher als erwartet hatten sie den Pass erklommen. Plötzlich hörten sie auf der freien Alm Motorgeräusche. Sofort warfen sie sich ins frostüberzogene Gras. Auf der Passstraße, welche Angelo und Ahmet einige Tage zuvor genommen hatten, näherte sich ein Konvoi aus drei Jeeps. Sie verlangsamten auf Schritttempo. Hatten sie die Gruppe bemerkt? Ein Soldat stieg aus, ein zweiter folgte ihm. Mit hastigem Klicken entsicherten die Kurden ihre Gewehre. Ahmet flehte innerlich, dass sie nun nicht die Nerven verlören. Doch sie waren nicht dumm.

Der Fahrer musste bloß pinkeln. Sein Kollege sicherte ihn mit Gewehr im Anschlag. Oft schon waren Soldaten beim Pinkeln erschossen worden. Und so ein pinkelnder Türke gab ein prächtiges Ziel ab. Doch ein richtiger Alevit, dachte Ahmet, würde nie einen Feind beim Pinkeln töten und schon gar nicht in den Rücken schießen.

Lange beutelte der Türke sein Gemächt aus.

Die Kämpferin mit der Zahnlücke sagte: Fängt er jetzt auch noch zum Wichsen an? Na los, küsst euch doch. Wir haben genug Zeit.

Endlich. Der Pinkler und sein potenzieller Liebhaber stiegen ein und die Kolonne fuhr weiter – dankenswerterweise in die andere Richtung, nach Pertek runter.

Die Rebellen setzten ihren Marsch fort. Am Horizont schickte die aufgehende Sonne ihr gleißendes Licht voraus. Unten vor ihnen lag Belekan. Ahmet rief Arif an. Der war bereit, die jungen Leute zu empfangen. Sie sollten einen halben Kilometer unter dem Dorf auf der Straße warten, Arif werde sie mit dem Lastwagen abholen.

Xelil riet Ahmet nun, sich von ihnen zu trennen, er habe bereits genug getan. Sie umarmten einander innig und fest.

Pass auf dich auf, mein Freund.

Alle umarmten Ahmet, küssten ihn auf die Wangen und bedankten sich.

Als Letzte verabschiedete sich das Zahnlückenmädchen. Ahmet entschuldigte sich bei ihr, dass er so viel mit Xelil gesprochen habe, er hätte gerne mehr über die Frauen im Widerstand erfahren.

Da sagte sie etwas Unerwartetes zu ihm.

Du hast deine Verdienste, Ahmet Can, aber ihr seid eben Dinosaurier, Überbleibsel einer untergehenden Welt. Ja, das nächste Mal reden wir miteinander, versprochen. Wenn es ein nächstes Mal gibt. Pass gut auf dich auf, Bruder.

Dann küsste sie ihn links und rechts und kniff ihn scherzhaft in die Wange. Diese kumpelhafte Geste zu einem doch älteren Mann gefiel ihm sehr. Sie schulterte das Gewehr und folgte der Gruppe.

Wie heißt du, Schwester?, rief Ahmet ihr nach.

Sie drehte sich um und lachte kokett.

Schreib Leyla auf meinen Grabstein, ich bin die Kommandantin dieser Truppe. Sie zwinkerte ihm zu und ging.

Da versetzte es Ahmet einen Stich im Herzen. Und doch war er dankbar für diese Lektion. Ja, in der Tat, ein Dinosaurier war er, Überbleibsel einer untergehenden Welt, und als solcher wollte er jetzt ins Tal runterstapfen, und hoffen, dass seine Dinosaurierschritte nicht die Anti-Terror-Einheiten weckten.

Wie leicht fielen ihm die Schritte. Hier oben hatte er als Kind die Ziegen, die Schafe und auch einige Kühe gehütet. Ein letztes Mal also stieg er ins Tal herab, und dieses Abenteuer mit den Freiheitskämpfern ihrer Generation, Xelils politischer Crashkurs, Leylas liebevolle feministische Ohrfeige, die Überreizung seiner Sinne … all das eruptierte in einem rasenden Glücksgefühl, wie es vielleicht nur noch sehr junge Liebende erfahren, nachdem sich der oder die Angebetete wider Erwarten doch noch hingegeben hat. Mit sich und der Welt nicht bloß im Reinen, sondern in inniger schwesterlicher Umarmung schwebte er also ins Tal hinab, und jeder Baum, jeder Stein, jeder Sonnenstrahl und Windstoß grüßte ihn und ließ ihn zurückgrüßen. Die geliebten Steinrebhühner flatterten hoch, zwischen knorrigen Bergahornstämmen tapste eine Bärin vorbei. Die grüßte ihn indes nicht, jedoch ihre Gleichgültigkeit wertete Ahmet als größte Zärtlichkeit, die er von einer Bärin kriegen konnte.

Und das Märchen wäre nicht vollkommen, hätte er unter einer unverhofften Plantage des Kinkor-Strauches nicht das größte Vorkommen an Kinkori-Pilzen entdeckt, das ihm je zu Gesicht gekommen war. Er wusste schon, warum er sich vor dem Aufbruch den zerknitterten Plastiksack in die Gesäßtasche gesteckt hatte. Ein Drittel der köstlichen Pilze erntete er, roch an ihnen, streichelte sie und sprach Floskeln der Dankbarkeit. Er hätte sogar die Barbaren der Terrorabwehr umarmt, wären sie ihm übern Weg gelaufen, und die hätten vielleicht gelacht und wären weitergezogen, denn Verrückte haben dank ihrer Arglosigkeit mitunter einen balsamischen Einfluss auf ihre Umgebung. Vermutlich aber hätten sie ihn erschossen.

Der Rausch versickerte, doch die Euphorie blieb. Der Hang lief in ein sanft abfallendes Bachtal aus, hohe Lärchen wuchsen dem blauen Himmel entgegen. Ahmet sang Lieder und ersann Pläne, Pläne zu Büchern, in welchen er endlich den Bann brechen und sich seiner Vergangenheit stellen konnte; Bücher auch zur aktuellen kurdischen Frage, in welcher er frech all den selbsternannten österreichischen und deutschen Experten kontern würde – das dazu erforderliche Faktenwissen müsste er nachbringen. Und er dachte an Laura, die er nun auf eine neue Weise liebte, nicht aus Heimweh, nicht aus Unsicherheit, Verlorenheit, Verlustangst, kurzum: Keine Liebe aus Schwäche empfand er, sondern aus Stärke. Und der einzige Mensch, der ihm blieb, war eben sie, die ihn aus einer Angst heraus ein Dutzend Mal zu erreichen versucht hatte.

Der letzte Tag

Ahmet hatte sich Zeit gelassen. Und auf dem Weg ins Dorf mit der Natur seiner Kindheit Abschied gefeiert. Nun waren die Menschen an der Reihe. Die letzten beiden Tage in Kurdistan verbrachte er in Ruhe und Abgeschiedenheit, unterbrochen von der Sorge um Leylas Brigade, wie er die jungen Rebellen nun nannte. Die Spuren ihrer Anwesenheit in seinem Haus hatte er sofort nach der Rückkehr beseitigen wollen, doch Onkel Piro war ihm zuvorgekommen.

Er machte einige Höflichkeitsbesuche, schaute mit seiner Mutter Telenovelas, massierte ihr dabei den Rücken und küsste ihr einfach so, aus liebevollem Übermut, die Stirn, was sie mit heiserem Murren abwehrte, um wichtige Wendungen in ihrer Serie nicht zu versäumen. Auf dem Heimweg begegnete er Onkel Piro und blickte ihn fragend an. Piro schüttelte den Kopf. Die Nervosität stieg. Warum meldete sich Arif nicht? Ahmet hütete sich, ihn anzurufen und vertrieb scheußliche Fantasien aus seinem Kopf. Piro rief bei Arifs Bruder Hüseyin an. Dieser meinte, Arif sei im Dorf. Schließlich kam die SMS. Arif entschuldigte sich. Er hatte vergessen, sich zu melden. Alles sei gut, die Ladung sicher in Tunceli abgeliefert worden. Einige Stunden später kam Xelils SMS. Alle seien wohlbehalten in ihrem Hauptquartier angekommen. Er bedankte sich und lud Ahmet zu weiterem Briefkontakt ein. Er werde, so schloss er die Kurznachricht, nie vergessen, was er für sie getan habe, und schöne Grüße von der Kommandantin solle er ihm ausrichten. Ahmet übertrug diese SMS in deutscher Sprache in seinen Kalender und löschte sie, die SMSen Arifs sowie dessen Kontakt auch.

Diese letzten zwei Tage hätten nicht besser verlaufen können und machten die vielen Enttäuschungen zuvor wett. Die Dramaturgie einer gelungenen Reise: Hoffnungen – Frustration, Langeweile – unerwartete Wendungen, große Momente, versöhnliche Abreise.

Zu Mittag des letzten Tages klopfte Kerim ans Tor. Er müsse nach Elazığ und würde vor Mitternacht nicht zurückkommen. Somit könne er auch nicht an seiner, Ahmets Abschiedsfeier teilnehmen, so er eine geplant hätte. Er drückte sich also davor. Ahmet war ihm nicht böse.

Wann brichst du auf?

Um halb acht holt mich Aziz mit dem Taxi ab.

Gut, falls wir uns nicht mehr sehen …

Kerim umarmte ihn und küsste ihn auf Wangen und Stirn.

Nächstes Jahr mit deiner Canım.

Und du könntest mal nach Wien kommen. Unsere Wohnung ist nicht groß, aber eine Unterkunft finden wir schon für euch. Ich finde, Elif sollte Wien auch einmal sehen.

Warum nicht, sagte Kerim. Mich wirst du schwerer dorthin bekommen, es sei denn, du bezahlst auch meinen Kühen den Flug.

Na gut, dann kommen mich halt bloß deine Kühe besuchen. Sind ohnehin eine angenehmere Gesellschaft als du.

Das erste Mal muss ich dir recht geben.

Die Brüder schüttelten einander die Hände. Schüchtern wich Kerim Ahmets Blick aus. Er klopfte ihm auf den Oberarm und ging.

Wenig später hörte er Kerim und Asiye streiten. Er ahnte den Grund. Kerims Frau würde also auch nicht zu seiner kleinen Abschiedsfeier kommen. Wozu auch. Sie war in den letzten Tagen wieder so schroff zu ihm gewesen wie zu Anfang seines Aufenthalts. Mit ihrem inszenierten Unbehagen würde sie nur die Stimmung verderben.

Ahmet wanderte sogleich den Bergpfad hoch, um weitere Pilze zu ernten. Er wollte Asiye nicht um Lebensmittel fragen, deshalb bat er Onkel Piro um Eier. Zu Hause hatte er noch altes hartes Weißbrot, das er auf dem Schneidbrett mit dem Messer zerkleinerte und mit einem Stein mahlte. So stand seinem Beitrag zum Abendessen, panierten Kivkarike Kinkore à la Vienne mit Petersilkartoffeln, nichts mehr im Wege. İzzet und Ruken kamen mit Salaten und Linsensuppe, Angelo brachte Whisky, Piro und seine Frau Hêvîdar Meze. Die Mutter nahmen Onkel Piro und Ahmet an Kerims Haustor in Empfang und geleiteten sie ins alte armenische Haus hinüber, denn sie war wackelig auf den Beinen und hatte sich vor einigen Tagen bei einem Sturz die Hüfte angeschlagen. Kerims Frau verschanzte sich im Haus. Ahmet ließ sich den Schmerz darüber nicht anmerken. Wieso hasste sie ihn so sehr, wo sie ihn doch gar nicht kannte.

Selbst Arif, der Zakir, hatte den langen Weg über den Hochpass mit seinem Lastwagen auf sich genommen. Er könne höchstens ein Stündchen bleiben, da er am nächsten Morgen einen Transport habe. Aus dem einen Stündchen wurden vier – da er den Fehler gemacht hatte, seinen Saz mitzunehmen.

Mehrere Male verließ Ahmet die Gesellschaft, um mit Laura zu telefonieren. Doch entweder war die Verbindung zu schlecht oder ihr Handy ausgeschaltet, was ihn mit dummen Ängsten spickte. Nur Onkel Piro und Hêvîdar verriet er beim Abschied am großen Eisentor von seinem Vorhaben, Vater zu werden. Hêvîdar sagte ihm, dass er bestimmt ein guter Vater sei, und Onkel Piro setzte nach, dass es schon wichtig wäre, dass sich die Linie nicht nur über Kerim fortsetze. Sobald sein Kindchen geboren sei, werde er, Onkel Piro, zu dessen Ehren am Düzgün Baba einen Widder schlachten.

Nachdem sich die letzten Gäste von Ahmet verabschiedet hatten, auch die Mutter, die er vermutlich zum letzten Mal sah, räumte er auf, packte seinen Koffer und seinen Rucksack und konnte nicht einschlafen, weil er Laura nicht erreichte.

Es dauerte bis halb drei, ehe sie endlich abhob. Sie antwortete mit verschlafener Stimme, und ihr kreidiges Timbre, der leicht vorwurfsvolle Ton sowie die Vorstellung ihres sich zur Seite drehenden, räkelnden Körpers ließen in Ahmet einen Schwall heißer Zuneigung hochschwappen. Sie sei mit einer Freundin aus gewesen und habe das Handy aufzuladen vergessen. Was es denn so spät in der Nacht gebe.

Morgen bin ich bei dir, Liebes.

Ja, pass auf dich auf. Und schlaf jetzt, so wie ich.

Er schickte ihr einen Kuss durchs Handy, sie erwiderte – und sorglos schlief er nun ein.

Routineuntersuchung

Gegen sechs Uhr morgens schlug man mit stumpfen Gegenständen gegen die Eisentür. Ahmet schmerzten die Gelenke und Sehnen von seinen Bergtouren, als er zum Fenster lief. Drei Militärjeeps standen unten, Soldaten mit Maschinenpistolen sicherten das Haus.

Jetzt war alles aus. Ahmet öffnete das Fenster und schrie runter, dass er gleich komme. Er zwängte sich in die Jeans, zog Socken und Schuhe an und hetzte die Stiege runter. Als er die Tür öffnete, drängten ihn zwei Soldaten zurück, drei weitere drangen ein und liefen hoch. Der diensthabende Offizier, ein junger Mann mit angenehmen Zügen, trat auf ihn zu.

Sie sind Ahmet Arslan?

Ja.

242

Kommen Sie bitte mit.

Aber die Amnestie. Es liegt seit drei Jahren kein Haftgrund mehr vor. Ich habe die Dokumente …

Ich bin gut über Ihren Fall unterrichtet, Herr Arslan, sprach der junge Offizier mit ruhiger Stimme, es geht um etwas anderes. Es liegen Meldungen vor, dass Sie mit PKK-Banditen kooperiert hätten.

Das ist blanker Unsinn. Hören Sie, in drei Stunden habe ich meinen Heimflug von Elazığ. Was habe ich mit der PKK zu schaffen? Ich bin ihr härtester Kritiker. Ich kann Ihnen im Internet einen Artikel aus einer österreichischen Zeitung zeigen …

Herr Arslan. Ich verhandle nicht mit Ihnen. Holen Sie Ihren Koffer und machen Sie bitte schnell. Ich glaube Ihnen. Es handelt sich nur um eine Formalität. Sie sind einer von vielen, die wir befragen müssen. So sich die Anschuldigungen als gegenstandslos erweisen, bringe ich Sie selber zu Ihrer Maschine. Sollte es sich verzögern, finden wir bestimmt morgen einen Flug.

Die freundliche Gelassenheit des Offiziers beruhigte Ahmet. Doch beim Hinaufgehen kehrte seine Panik wieder. Die Soldaten beachteten ihn nicht, sie waren an diesem Tag bloß auf die Funktion hinprogrammiert, verdächtiges Material zu sichern. Seinen Koffer hatten sie durchsucht und wieder geschlossen. War das eine neue Generation türkischer Soldaten? Nie wieder, das hatte er sich geschworen, würde er ein türkisches Gefängnis von innen sehen wollen. Er wusste, dass er jetzt handeln musste. Entweder rammte er sich gleich das Messer in die Brust, oder er sprang vom Balkon und versuchte in die Berge zu entkommen, sich tagsüber in den Hängen des Koyo Serd zu verstecken, sich in der Nacht nach Belekan zu Arif durchzuschlagen und mit dessen Hilfe zu den Partisanen. Doch er wusste auch, dass sie auf ihn schießen müssten, und dieses kurdische Drama würde er seiner Mutter ersparen.

So ergriff Ahmet den Koffer, schulterte den Rucksack und schritt mit gesenktem Haupt die Stiegen runter. Er solle gefälligst schneller machen, schnauzte ihn ein Soldat an und wurde vom Offizier dafür gemaßregelt. Dieser packte Ahmet am Oberarm und führte ihn zum Jeep. Sein Griff war nicht fest, eher schien es Ahmet, als wollte dieser ungewöhnliche junge Mann ihn vor der Grobheit seiner Untergebenen schützen.

Vor dem Einsteigen flüsterte er Ahmet zu: Sie müssen verstehen, dass ich nicht zu sehr mit Ihnen fraternisieren kann, es gibt ein paar Schlangen unter diesen Männern. Ich habe nicht nur Freunde in meiner Einheit.

Das glaube er ihm aufs Wort, sagte Ahmet.

Durch das schmutzige Heckfenster blickte er aufs Dorf, auf Kerims Haus zurück, an dessen Fenster Asiye stand. Am Hintersitz saß er, eingezwängt zwischen dem Offizier und einem unangenehm riechenden Soldaten.

Der Offizier stellte sich als Leutnant Oktay Arnavutoğlu vor. Während der Fahrt behandelte er Ahmet mit distanzierter Höflichkeit, während dieser sich um Gefasstheit bemühte. Doch die hielt nie lange an. In Schüben flutete Panik, Angst, das Bedürfnis zu weinen seinen Körper.

Wem verdanke ich meine Verhaftung?, fragte Ahmet.

Keine Verhaftung, Herr Arslan, wir begleiten Sie bloß nach Elazığ zu einer Befragung. Eine reine Formsache. Seien Sie unbesorgt.

Wem verdanke ich diese Formsache?

Jemandem aus Ihrem Dorf. Es gibt immer ein paar Spinner, die sich wichtigmachen wollen. Meistens erweisen sich diese Hinweise als frei erfunden.

Ich bitte Sie, Herr Leutnant, verraten Sie es mir. War es die Frau meines Bruders? War es mein Bruder?

Der Leutnant schnalzte mit der Zunge und schüttelte sachte den Kopf.

244

Seien Sie nicht so misstrauisch. Nachdem wir die Untersuchung abgeschlossen haben, sobald ich Ihnen am Flughafen von Elazığ die Hand zum Abschied drücke, werde ich es Ihnen verraten.

Welch ein Engel hatte sich da in die Armee verirrt. So jemand war ihm noch nie untergekommen. Mit einem Mal fühlte sich Ahmet wie das vor Verzweiflung platzende Kind, als ihn sein Vater das erste Mal zum Zahnarzt nach Elazığ fuhr. Er war im Zahnarztstuhl gesessen und hatte still in sich hineingeschluchzt und war das einsamste Kind auf der Welt und suchte mit Blicken nach seinem Vater. Der saß in der Ecke und lächelte ihm milde zu, und er konnte sich an keinen Moment erinnern, da er seinen Vater mehr geliebt hatte. Und in diesem Moment, da war dieser junge, frisch rasierte Leutnant sein Vater, in dessen Schoß er sich am liebsten verkrochen hätte. Oktay Arnavutoğlu erwies sich als gebildeter Mann, der in kürzester Zeit ein Politologie- und Literaturstudium abgeschlossen habe, ehe er sich in die Militärakademie einschrieb.

Sie sprachen über Literatur, die Flüchtigkeit ihrer Begegnung erlaubte bloß kurze Kommentare zu Autoren, sie landeten schnell bei den Russen, bei Tolstoi und Dostojewski und den Gedichten der Anna Achmatowa, die sie beide verehrten. Ahmets Lieblingsautor Tschingis Aitmatow bedauerte der Leutnant zu wenig zu kennen.

Warum um alles in der Welt ein so heller Kopf beim Militär lande, fragte ihn Ahmet schließlich.

Wenn sich nicht hie und da ein paar helle Köpfe zur Armee verirrten, bliebe diese den trüben Köpfen überlassen, war die Antwort. Und es habe sich in den letzten Jahren doch sehr viel zum Besseren verändert. Er blicke zuversichtlich in die Zukunft, und der Konflikt mit den extremen Kurden würde auch bald beigelegt werden. Führende Ränge der türkischen Armee würden von Kurden belegt, und wenn er das sage, meine er auch Kurden, solche Menschen, die sich ihrer kurdischen Herkunft bewusst seien.

Eine kurze Gesprächspause, und die Angst kehrte zurück. Ahmet zückte sein Handy, der Schweiß seiner Finger netzte das Display. Er suchte nach einem Foto Lauras.

Bestimmt sprach der Leutnant: Ich bitte Sie, keine Daten ihres Mobiltelefons zu löschen.

Nein, ich suche bloß das Foto meiner Freundin in Wien. Das ist sie. In wenigen Monaten wollen wir heiraten.

Eine sehr attraktive Frau, sprach der Leutnant. Dann holte er sein Handy hervor und zeigte ihm seine Gattin.

Das ist meine Müjde. Vor drei Monaten brachte sie unsere zweite Tochter zur Welt.

Auch diese zeigte ihm der Leutnant.

Ahmet rang sich ein gütiges Lächeln ab. Dann begann er am ganzen Körper zu zittern, sein Atem stockte und Tränen schossen ihm in die Augen.

Beruhigen Sie sich doch, guter Mann. Bald sind Sie mit ihrer Freundin wiedervereint.

Ich schäme mich, schluchzte Ahmet. Vor 28 Jahren, da war ich ein gefürchteter Held, ich habe dem Staat, den Sie repräsentieren, ordentlich zugesetzt.

Ob Sie es glauben oder nicht, ich schätze Ihren Widerstand. Aus heutiger Sicht waren Sie sicher auf der richtigen Seite.

Herr Leutnant, versprechen Sie mir, dass ich nicht gefoltert werde. Ansonsten muss ich vorher schon jedes Geständnis unterschreiben, und Sie wissen nur zu gut, dass ich falsches Zeugnis ablegen werde.

Laut lachte der Leutnant auf.

Herr Arslan, ich bitte Sie. Man merkt, dass sie schon lange im Ausland sind. Wir leben doch nicht mehr im Mittelalter.

Ahmet fuhr ihm ins Wort: Ich habe das Mittelalter erlebt.

Der Leutnant wurde ernst.

Wie dem auch sei, vertrauen Sie einer neuen Türkei. Ich verspreche Ihnen, dass Sie nicht gefoltert werden. Unter uns: Selbst wenn wir so mit Menschen verfahren würden, sind wir doch nicht so bescheuert, uns an einem österreichischen Staatsbürger zu vergreifen. Wir werden Ihnen auch kein Geständnis abpressen. Die Baklava, die wir Ihnen auf der Wachstube servieren, werden bestimmt kein Druckmittel sein, sondern Zeichen unserer Gastfreundschaft. Auch das kann ich Ihnen versprechen.

Sogar der mürrische Soldat zu Ahmets Linken lachte und Ahmet schämte sich.

Der Leutnant reichte Ahmet ein Papiertaschentuch. Dieser trocknete sich die Augen und lächelte. Doch plötzlich begann er Abneigung für diesen Offizier zu empfinden. Er traute ihm nicht. Wie, wenn diese neuen Offiziere dieser angeblich neuen türkischen Armee sich sogar bei Verhaftungen so benahmen wie Flugbegleiter, wie konnten die dann so dreckige Kriege im Osten des Landes führen. Gingen sie sofort zur Mund-zu-Mund-Beatmung über, wenn sie angeschossene Freiheitskämpfer fanden? Ihr seid doch alle Lügner. Arschlöcher. Zivile Fassade der alten Bestialität.

Dieser Narr. Ein idealistischer Kemalist, kemalistischer Sozialdemokrat vielleicht, will die Armee von unten umkrempeln, mit netten Umgangsformen, und wird doch nur als Ausnahme der Regel bald vor jedes Pressekonferenzmikro geschoben werden, um den westlichen Geschäftspartnern gutes Gewissen zu ihren Geschäften zu machen. Armer Narr. Ahmet verstand gar nichts mehr. PKK-Kommissare für schwul-lesbische Angelegenheiten, türkische Kuschelleutnants, die PKK bestand nur mehr aus Engeln, die türkische Armee detto. Wieso schmusten sie nicht alle, sondern schossen einander noch immer Löcher in den Bauch?

Er wusste, dass sie ihn foltern würden, und er stellte sich Laura vor, wie sie vor Gram beinah krepierend täglich zum Außenministerium rennt und der österreichische Botschafter in Ankara täglich mit den Baklava des türkischen Innenministeriums abgespeist wird.

Es tut uns leid, Frau Schabasser, Ihr Lebenspartner dürfte wirklich in terroristische Umtriebe verstrickt worden sein. Er ist jetzt nach Diyarbakır versetzt worden, und ich hoffe, ihn nächste Woche besuchen zu können. Es geht ihm aber den Umständen entsprechend gut.

Was wagst du Milchbart es, mich in falscher Sicherheit zu wiegen? Wer bist du kleines Rädchen im Getriebe schon, mir Zusicherungen zu geben? Der Teufel hole dich. Solche Narren wie dich, die auch nur von Selbstliebe und Allmachtsfantasien getrieben werden, die gab's immer schon. Du wirst mit einer Akte in der Hand an der halboffenen Tür vorbeischleichen, zu dem Zimmer, in dem ich zunächst mal grün und blau geschlagen werde, und du wirst alles, wirklich alles tun, nicht um mich zu befreien, sondern um mir in diesem Labyrinth der Arbeitsteilung nicht noch einmal ins Gesicht schauen, mit den Achsel zucken und *Es tut mir leid* sagen zu müssen. Nein, in dein Büro schleichen wirst du, mit nassen Augen, genässt nicht aus Mitgefühl mit mir, sondern um die Dämpfung deiner Selbstüberschätzung willen, und entweder gleich oder erst in drei Monaten wirst du den Antrag auf Versetzung in deinen PC tippen und dann endlich dort landen, wo du hingehörst, in die PR-Abteilung, und ich werde dann längst schon mit meinen Hoden am Stromgenerator hängen und meine Sohlen werden geplatzt sein und die Thrombosen in meinen Beinen verfaulen und an Lungenembolie werde ich verreckt sein und in einer Aluminiumkiste in den Laderaum einer Austria-Airlines-Maschine geschoben worden sein, und der Herr Botschafter wird Laura sein aufrichtiges Beileid ausdrücken und sich entschuldigen, doch er dürfe den Termin mit den Vertretern des Innenministeriums und denen der Firma Steyr-Mannlicher nicht versäumen, die weitere Verträge mit der türkischen Armee abschließen wollen, um die Gewehre zu liefern, mit denen man Leyla und Xelil und den anderen das Weiße aus den Augen zu schießen gedenke.

Ahmet küsste Lauras Bild, wieder und wieder und hörte nicht das mantrahaft wiederholte *Schon gut* des Leutnants. Nichts ist gut. Und nichts wird je gut werden. Drecksstaat bleibt Drecksstaat. Und sie werden ihn foltern, so sicher, wie die Sonne unter- und der Mond aufgeht.

In diesem Augenblick hörte er einen Schrei des Fahrers, und ein heftiger Ruck erfasste das Fahrzeug. Es kam ins Schleudern und kippte. Ahmet drohte den Leutnant zu erdrücken, auf dem er zu liegen kam. Der Soldat links von ihm, der nun über ihm lag, stieß die Tür auf und kroch stöhnend aus dem Auto, Ahmet folgte ihm. Der Soldat fiel auf die Knie und hustete, benommen stützte sich Ahmet an den Oberschenkeln ab und beugte sich vor. Er sah in der Ferne den Keban-Stausee, und neben sich den Hochwasser führenden Fluss aus jenem Traum, in dem Xeycan ihm begegnet war, und direkt neben der Straße einen Land Rover mit leicht zerbeulter Kühlerhaube, aus welcher Rauch aufstieg. Hinter den Sprüngen auf der Windschutzscheibe hielt sich eine Frau mit langen Haaren die blutige Stirn, und Ahmet hätte schwören können, dass sie die junge Modedesignerin aus dem Bus nach Bingöl war. Leutnant Arnavutoğlu und der Soldat stolperten zu ihr. Wie seltsam das alles war. Und endlich wusste Ahmet, den Sinn seines Traums zu deuten. Die kleine Xeycan hatte ihm darin einen Fluchtweg gewiesen. Das Betonrohr! In diesem Moment fasste er einen Entschluss. Er lief drauf los. Leicht geduckt. Denn es konnte bloß Sekunden dauern, ehe die ersten Schüsse fielen. Doch nichts. Wie ein Wunder. Sanfte Partisanen, sanfte Soldaten. Würden sie ihn wirklich laufen lassen? Ahmet wagte keinen Blick zurück. Er wusste, was zu tun war. Er würde tun, als spränge er ins Wasser, und etwa dreihundert Meter die Straße zurück würde er durch das Betonrohr in das kleine Bachtal kriechen und dort versuchen, in den Büschen der Hänge zu verschwinden.

Stehen bleiben oder ich schieße!, hörte er hinter sich. Und er hörte auch den Leutnant *Nicht schießen* rufen. Schon knallte der Schuss. Ahmet spürte einen Schlag gegen den Rücken und sah Blut aus seiner Brust spritzen. Er fiel über die Hangkante, schlitterte rücklinks die Böschung runter und rutschte bis zur Hüfte mit dem Oberkörper voran in den Fluss. Mit Mühe versuchte er ihn anzuheben und den Kopf über Wasser zu halten. Knapp unter der Wasseroberfläche quoll Blut aus seinem Torso und wurde in breiten Schlieren zur Flussmitte geschwemmt. Seine letzten Kräfte strömten in seinen rechten Arm, der das Handy mit Lauras Bild über Wasser hielt. Einige Male noch gelang es ihm, das Gesicht aus der Flut zu heben und nach Luft zu schnappen.

Der Leutnant ließ von der leicht verletzten Frau ab, die er nur so lange attraktiv gefunden hatte, bis sie über ihr schönes neues Auto und über ihren Vater zu jammern begann, ohrfeigte den Schützen und humpelte zum Böschungsrand. Dort sah er, wie Ahmet ein letztes Mal das Gesicht aus dem Fluss hob, ehe von Blut umspülte große Blasen an die Oberfläche traten, wo kurz zuvor sein Mund gewesen war, und der Arm schlaff ins Wasser fiel.

Als der Leutnant die Böschung runterlaufen wollte, durchbohrte ein Schmerz seinen Oberkörper und er wurde sich seiner eigenen Verletzung, eines offenen Rippenbruchs, bewusst. Er befahl den an der Kante stehenden Soldaten, den Mann dort unten aus dem Wasser zu holen, und rief ihnen nach, auch das Handy zu bergen. Doch wusste er, dass Ahmet Arslan nicht mehr zu retten war.

Was er nicht wissen konnte: dass er in wenigen Monaten seine Müjde wegen der attraktiven Frau im Land Rover verlassen würde.

6.
Epilog
Die Geschichte zweier Esel

Alfred und Bülent

Es ist so weit. Vor einer Weile noch war sein Handgelenk weich gewesen, hatte sein Wille gelahmt, gezittert hatte er und sich eingebildet, den eigenen Afterschweiß zu riechen. Doch nun ist es so weit: nicht Wagemut, nein: im Gegenteil, ein glücklicher Moment der Narkose, der genutzt sein will. Gleich wird ein greller Blitz den Kopf durchzucken, ein Donnerschlag wird diesen beinahe aus seiner Verankerung reißen, und der leiseste Ansatz von Schmerz vom Ende allen Empfindens überrumpelt werden; dort in das dreckige türkische Klo wird sich die zähflüssige Lache zwischen den Steingutrillen in vier Ströme teilen, und noch ehe der zügigste dieser Ströme gemächlich ins Loch schliert, wird er, Alfred Horn, der Reiseschriftsteller, nicht mehr sein.

Plötzlich ruft eine Stimme nach ihm. Eine Stimme mit schwäbischem Akzent

Horn! Alfred Horn!, grüßt sie ihn aus dem Pissoirraum, ehe er die Schiebetür zur Kabine zu fassen bekommt.

Alfred Horn, ja ist es wahr? Ich glaub es nicht. Horn. Alfred Horn.

Bevor es ihm gelingen kann, dem aufdringlichen Kerl keine Beachtung zu schenken, hat dieser seine Hand ergriffen, als wolle er ihn aus dem Bannkreis des Todes ziehen; ja, Alfred Horn vermeint ein weiches, unmännliches Ziehen im Händedruck des Fremden zu spüren. Horns Lider zittern, seine Entschlossenheit, die ihn soeben noch in nervöser Euphorie das Klo hat stürmen lassen, bricht von ihm ab wie rissige Glasur.

Ich bin's, Bülent Tanur, wir saßen vor zwei Jahren gemeinsam in 'ner Fernsehdiskussion. Erinnern Sie sich denn nicht mehr an mich? Was machen Sie hier im Osten?

Alfred Horn sieht einen unrasierten Mann in einer karierten Schurwolljacke mit beigem Lammpelzkragen vor sich, dessen bereits silbergrau durchsetztes Haupthaar glatt in die Stirn abfließt und in einer strengen Fransenlinie zu stehen kommt. Diese ungewöhnliche Frisur, auch die leicht schräg stehenden Augen und hohen Backenknochen, erinnern Horn an die Guaranì-Indianer, über welche er 1986 eine Reportage gedreht hat.

Ich komme gerade mit meinem Team aus Dersim, schwäbelte der Indianer. Wir drehten einen Naturfilm am Munzur.

Dabei zwinkert er Horn zu.

Das nenn' ich einen Zufall! Erweisen Sie mir die Ehre und trinken Sie einen Rakı mit mir. Sagen Sie nicht Nein.

Alfred Horns stotternder Verweis auf den Bus nach Bingöl, der in wenigen Minuten weiterfahre, wird mit lächelnder Miene abgetan.

Jetzt hab ich Sie aber bei einer weißen Lüge erwischt. Der Bus nach Bingöl macht eine Stunde Pause. Ich habe mit dem Kaptan gesprochen. Schon in Bolu war ein Radbremszylinder defekt gewesen. Sie wollen gar keinen Rakı mit einem alten kurdischen Kollegen trinken, Sie Schlimmer!

Alfred Horn weiß nicht, wie es diesem Schleimsack gelungen ist, ihn an den klebrigen Tisch zu manövrieren. Ziellos jagen seine Blicke umher, das Würfeln und Quatschen der Männer, das Scheppern der Gläser, die arabesken Schlager aus dem Flatscreen über der Bar stechen in seine Ohren. Hypnotisch redet der Fernsehjournalist auf ihn ein, doch Horn hört nicht hin. Im Vorzimmer des Todes hatte er soeben gestanden, doch dieser schwatzhafte Gnom, ein Mensch, dem er unter anderen Umständen aus dem Weg ginge und dessen quirlige, devot-verschlagene Art ganz und gar nicht zum Idealbild eines Kurden passt oder in irgendeiner Weise in Einklang zu bringen ist mit all den kurdischen und anatolischen Menschen, die ihm bislang begegnet waren, dieser lächerliche Gnom hat nun eine Macht über ihn, der er sich um jeden Preis entziehen muss.

Ist Ihnen nicht gut, Horn Efendi?

Wie ein verirrter Dementer blickt Horn um sich. Er schnellt hoch, als er die Tür zum Klo erblickt. Doch der Stirnfransenmann packt ihn am Arm und drückt ihn in den Sessel zurück.

Warten Sie, trinken Sie mal einen Schluck Rakı, der hilft Ihnen auf die Sprünge.

Der Kellner serviert die Rakıgläser mit einer Karaffe Wasser. Der Stirnfransenmann schüttet dieses in die halbvollen Gläser und schiebt Horn hastig das seine zu, drückt es in dessen zitternde Hand, hebt diese mit der Linken hoch und stößt mit Horns zitterndem Glas an. Damit ihm der Fransenmann die Demütigung erspart, es ihm auch an die Lippen zu führen, tut Horn dies selbst und leert es mit einem Zug.

Ja, der Rakı wirkt Wunder. Die zerstreuten Teile seines Selbst fügen sich wieder zu so etwas wie einer Person zusammen, der Fransenmann starrt ihn listig an, als wäre er es, der diese personeninterne Familienzusammenführung heimlich dirigiert.

Was hab ich gesagt, Bruder, der Rakı wirkt Wunder, nicht wahr?

Bereits in der Station von Bolu war Alfred Horn im Klo gestanden und hatte brav gewartet, bis er drankommt, doch die knatternden Geräusche aus der Kabine und der heiße Gestank, der von der unteren Türkante zu ihm hochschwelte, hatte ihm die Lust auf Selbstmord fürs Erste verdorben. Als er dann doch mit entsicherter Pistole in die Kabine gehen wollte, hatte ihn einer, der kotzen musste, einfach zur Seite gestoßen. Im Bus musste er sich auf dem kleinen Display *The Thomas Crown Affair* ansehen und bekam dabei die vermutlich letzte Halberektion seines Lebens. Die verdankte er aber nicht Rene Russo, auch nicht Pierce

Brosnan, sondern der freundlichen alten Bäuerin, die neben ihm saß, ihm zuvor Börek angeboten und ihn ausgelacht hatte, weil er nach seinem unglücklichen Aufenthalt in Bolu zweimal mit den Schlaufen seiner khakifarbenen Survivalhose an den Bussitzen hängen geblieben war. Er war errötet wie damals, als er in Deutschland noch nicht berühmt war.

Als Pierce Brosnan und Rene Russo, es muss auf der Höhe von Aksaray gewesen sein, zur Sache kamen, spürte er die Wärme ihrer fleischigen Oberarme und den weichen Druck ihrer Hüften, sogar ihren durch die wahrscheinlich schönste und vielleicht einzige Sexfilmszene ihres Lebens beschleunigten Puls vermeinte er zu spüren. Ihr Atem wurde schwerer und überschlug sich bisweilen in kurzes, kratzendes Schnarchen. Dass die Speckfalten dieser unverhofft lüsternen Alten aus Platzmangel ausgerechnet nach ihm schnappten und er diese groteskeste Situation seines Lebens mit so etwas Ähnlichem wie einer Erektion quittierte, verwirrte ihn, und noch mehr verwirrte ihn ihr Geruch, der – er könnte es schwören – dem Geruch seiner Großmutter glich, die auch Bäuerin war, im Allgäu. Riechen alle Bäuerinnen gleich? Auf diesen Geruchsschwaden schwebte er in seine Kindheit zurück und schwelgte in alpinen Erinnerungen. Es war ein interessantes Bouquet aus verbranntem Holz, dem warmen Geruch des Herdes, geräuchertem Fleisch, dem gesunden, gut riechenden Schweiß der Arbeit, nicht dem stinkenden Schweiß der Angst und des Argwohns – und als Basisnote der Dunst mangelnder Intimhygiene, dessen genaue Komposition aus Pietätgründen verschwiegen sei, der in Spuren nicht unangenehm sein muss und nun mal zu den Selbstverständlichkeiten aller armen, zurückgebliebenen Gesellschaften gehört, ob nun Allgäu 1960 oder Ostanatolien 2008. Alfred Horn versuchte im Geruch der alten Frau die Formel seines Lebensüberdrusses zu finden. Nichts! Gar nichts! Keine Spur Kardamom, keine Spur Zitronenwasser, nicht mal Ziegendung oder Rosenöl. Du riechst wie Oma und hast wahrscheinlich auch die gleichen Sorgen. Oder seht euch die Leute hier im Bus an, was unterscheidet die von unsereiner außer den bisweilen unbequemeren Lebensbedingungen? Die junge Anwältin mit der Brille besucht ihre Verwandten in Tunceli, das blasse Mädchen in der vierten Reihe kehrt dorthin zurück, von einer Abtreibung aus der Hauptstadt vermutlich, der Mechanikerlehrling hinter ihr schickt seinen Kumpels Pornofotos per SMS. Alle beobachten müde die Thomas-Crown-Affäre, denn die Liebesszene ist vorbei. Was hast du all die Jahre gemacht, Alfred Horn, vielfach prämierter Sonderkorrespondent und Reiseschriftsteller?

Bist in fremden Ländern herumgestakst und hast dort Gastfreundschaft genossen, nur, um dir heimlich die Rezepte der Speisen und Mentalitäten zu erschleichen und an die Redaktionen in Berlin, Hamburg und London zu faxen. Du hättest auch fragen können. Man hat dich für deine einfühlsamen Reportagen über den grünen Klee gelobt, mit dem üblichen Phrasenwerk – ein Grenzüberschreiter seist du gewesen, aber nur du weißt, dass die Grenzen, die du heldenhaft überschrittst, von dir allein gezogen waren.

Nein, nein. Du hattest den Dreh heraus, du warst kein Hochglanzmagazinschreiberling, der nur kulinarische Bedürfnisse nach Exotik befriedigt, du türmtest in deinen Texten keine bunten Gewürzpyramiden auf und machtest Fünfsterne-Lodge-Touristen keinen Gusto auf Bootstouren im Mekongdelta außerhalb des Pauschalprogramms. Du warst hart, sozialkritisch, desillusionierend, du spottestest dem urdeutschen Bedürfnis nach zeitloser Tradition sogar mit knalliger Betonung von Moderne, Desintegration und Vorstadthässlichkeit, aber deine Vorstädte, und das weißt nur du, nicht die gebildeten Idioten, die dir an den Lippen hingen und deine Reisespesen berappten, deine

Vorstädte waren in ihrer Hässlichkeit verlogen, denn selbst diese hast du als Dekor für das ereignislose Leben deiner Leser gezeichnet. Ganz geschickt hast du das hingekriegt, mit dem ewig gleichen, verlogenen Moderne-Tradition-Kontrast: kein Porträt einer bulgarischen Punkband, der nicht ein Trip ins orthodoxe Kloster folgte, keine Schilderung des nackten Überlebens in den Favelas, dem nicht ein Tropfen Sambaerotik beigemengt war.

In der Rede zum Egon-Erwin-Kisch-Preis hat man dich bis an dein Lebensende, das früher eintreten sollte, als du es als kritisch die Stirn runzelnder Jubilar wissen konntest, reingewaschen. In deinem Werk, so tönte man, würde der Vielfalt fremder Lebenswelten Gerechtigkeit widerfahren, dein kulturelles Wissen sei – ja dieses und kein anderes Blödwort musste kommen – dein Wissen sei enzyklopädisch, du würdest es aber nie vor die Sache stellen, keiner könne in Erfahrung und Sprache feiner die Ritzen und Verwerfungen zeitgenössischer europäischer und außereuropäischer Gesellschaftsmorphologien dokumentieren … – Was für ein elender Scheißdreck. Preisredner wie der da gehören, davon war Alfred Horn überzeugt, auf der Stelle mit einem Schlachtschussbolzen gerichtet, damit ihr erbärmliches Sauquieken für immer verstumme. Nichts von dem ist wahr. Nichts! Hast du mit nur einem deiner Texte, mit einer deiner Fernsehreportagen die Welt zum Denken gebracht? Nein, ihre Sinne hast du schockgefroren und gekitzelt und geneckt, genau dort, wo sie es haben wollte. Fremdes Leid hast du kleidsam gemacht, fremde Armut riecht nach Patschuli und fremde Sorgen hast du so gewürzt, dass sie nicht vertrauter, sondern interessanter wurden. Du bist ein größeres Arschloch als die Karl Mays dieser Welt. Sie suchen im Ausland sofort nach den Basaren der Zeitlosigkeit, du aber nimmst das Taxi vom Flughafen direttissimo zu den Müllhalden – und malst sie wie Basare.

Ach ja, angeblich hast du mit deinem Werk einen unschätzbaren Beitrag geleistet zu mehr Toleranz und gegen Fremdenfeindlichkeit. So ein Unsinn! Die Rechten wollen es nicht wissen und die Linken wissen es ohnehin. Was gibt es denn noch zu erzählen. Die Sorgen der Menschen sind überall gleich. Und es ist alles gesagt, gekocht und gegessen. Nur Alfred Horn musste seine Kochbücher drauflegen. Alle wollen Geld, Gesundheit und Glück. Diese sind mehr als ungerecht verteilt. Die Benachteiligten laufen Demagogen in die Arme, die es ihnen versprechen und stehlen. So einfach ist das. In Kayseri, in Kuala Lumpur, in Banja Luka und gemildert auch in Erlangen. Aber was braucht die Achtzehnjährige da vorne, die sich vor den Schmerzen der Abtreibung krümmt, was braucht der Mechaniker, der seiner Einberufung folgt, dich als Zwischenhändler ihrer Sorgen, und wozu brauchen sie dein enzyklopädisches Wissen über das Osmanische Reich, die Stämme Anatoliens und Nordalbaniens und anderes Bildungsplastik, mit dem du deine Sozialgemälde zu rahmen pflegst?

Er hat sich sogar eine echte Squaw zur Frau genommen, eine Architektin aus İstanbul, denn zu einem veritablen Kara Ben Nemsi, dem seine Allgäuer Großmutter Gott sei Dank ein energisches Bergkiefer vererbt hat, auf dass er nicht mit einem deutschen Fluffigesicht durch die Welt wieseln muss und er den Beduinenhäuptlingen dieser Welt auf Augenhöhe und deren Töchtern auf Schoßhöhe begegnen kann, zu einem echten Kara Ben Nemsi gehört eine schöne Exotin. Doch der Exotikbonus hat sich in einen Malus gewandelt, denn der einzige kulturelle Unterschied zu den Spießerinnen daheim bestand in zahlreicheren Besuchen bei einer Familie, die ihn nicht leiden und die er nicht leiden mochte. Schließlich hat ihn Selvi mit einem Architektenkollegen betrogen, was nicht Grund, sondern nur Anlass seiner Reise ist.

Der Bus war in die Station von Karakocan eingefahren. Es hatte gedämmert. Alfred Horn hatte sich aus dem Bus in ein verwirrendes Gelärme und Geschiebe von Menschen gedrängt, die wie Wellen aus allen Himmelsrichtungen gegeneinander platschten. Was hat er sich in İstanbul noch für bukolische Selbstmordfantasien ausgemalt, in Umbratönen leuchtende Schicksalhaftigkeit, nackte Hügelrümpfe bis zum Horizont, durchzogen von wie in Butterteig geschnittenen Schluchten, ein knorriger Feigenbaum, ein flatternder Dichtermantel, ein surrender Saz, eine jaulende Flöte, eine Pistole, ein Schuss, die Flöte, der Wind, der Saz – Fantasien wie die missratene Frucht einer widernatürlichen Affäre zwischen Wim Wenders und Yılmaz Güney. Doch die Busstation vor Karakocan wies ihm seinen wahren Wert zu. Nur ein Statist durfte er im letzten Akt dieser Burleske sein. Seine Seele eilte mauswieselflink voraus zum nächsten Klo, der Körper kam nicht nach, im Menschengewühl, in diesem groben Gewebe aus selbstgewisser Vitalität, in dem von klein auf er keinen Platz fand. Er wusste nun, dass der Grund, warum er sich zum schreibenden Teufelskerl hindesignt hatte, auch aus der Ohnmacht erwachsen war, nie Teil dieser maskulinen Selbstverständlichkeit gewesen zu sein, welche er im Schreiben zu bannen lernte. Also, du kleines Nichts, dort leuchtet ein Restoran, ein Restoran hat bestimmt ein Klo. Er hatte die Pistole entsichert, als sie noch im Gürtel steckte, und war durch den Pissoirraum in die nächste freie Kabine gelaufen.

Einem der ekelhaftesten Sprüche folgend, die er auf dem Balkan aufgeschnappt hatte, nämlich: Wenn du vergewaltigt wirst, dann entspanne dich und mach das Beste daraus, versucht Alfred Horn, in der Zudringlichkeit des Fransenmanns so etwas wie Charme zu finden, mischt eigene Bemerkungen in dessen Monolog und Wasser in einen weiteren Rakı.

Bülent Tanurs lautes, quäkendes Lachen, mit dem er sich so gerne belohnt, kratzt an Horns Nerven wie Fingernägel an Schultafeln.

Ja, Bruder, sei froh, dass es solche wie mich gibt, jetzt kannst du den Gelassenen spielen. Sei dankbar, dass ich dir diese Rolle schenke. Noch einen Rakı?

Horn beginnt die Offenheit seines Trinkkumpanen zu gefallen, denn er ist bereits betrunken. Als ihn dieser schließlich die erwartete Frage nach dem Grund seiner Reise stellt, antwortet er:

Ich werde mich hier umbringen.

Der Stirnfransenmann lacht ihn aus. Horn zuckt zusammen. Der Kerl ist ein Schlitzohr, das steht fest, ein Schlitzohr, das sich durch Servilität an ihm emporgerankt hat, um ihn jetzt mit Spott zu erdrücken.

Wieso, Efendi, bringst du dich nicht zu Hause in deiner Dachmansarde um? Ist doch viel gemütlicher dort. Oder glaubst du, dass ein anatolischer Tod ein gastfreundlicherer Tod ist? Aber was sag ich da? Mach doch, was du willst! Du bist kein Kind mehr. So was, kaum erwachsen geworden und schon aufgeben wollen. Warte doch ab, bis du deine erste Liebe erlebst. Dann hast du wenigstens was, das ungefähr an einen Grund herankommt.

Du schwatzt zu viel, mein Junge. Das ist sehr unkurdisch.

Du bist gut, sehr gut, Gardasch. Bravo. Und so einen qualifizierten Völkerkundler soll die Welt verlieren? Das merkt man an deinen Texten. Ich weiß es ja, ich wirke gar nicht wie ein Kurde, eher wie ein Siebmacher, ein Zigeuner, ja? Glaub mir, Bruder, du bist nicht der Einzige, der das bemerkt. Seit meiner Kindheit werde ich geneckt. Ich rede zu viel. Viele halten mich für verschlagen. Vielleicht bin ich das auch. Und mein gottverdammter schwäbischer Akzent passt auch nicht ins Bild. Ich gehöre nirgends richtig dazu, damit musste ich mich von klein auf abfinden. Das ist unser Los, nicht wahr, Bruder? Aber weil wir keine Bodenhaftung haben, können wir überall reinkriechen, nicht wahr? Deshalb haben wir unsere Berufe gewählt. Aber entschuldige, Bruder, ich finde deine Idee abgeschmackt. Du nimmst den dreiundfünfzig

PKK-Leuten, siebzehn Frauen waren auch dabei, die in den letzten Tagen in Hakkari getötet wurden, die Publicity, wenn du das hier als Kulisse für das Schlusskapitel deiner Biographie wählst.

Horn fühlt sich missverstanden. Wie kann der Fransenmann auch wissen, dass es völlig egal ist, wo er sich umbringt, dass dieses Anatolien auch nicht mehr ist als das Vorzimmer zu seinem Büro, dass es nichts gibt, was neu, besonders, entdeckenswert ist, dass die Exotikthese somit unter den Tisch fällt.

Ich habe Kassasturz gemacht, spricht er ruhig, da bleibt nichts über. Ich werde dort ins Klo gehen und mich erschießen. Nichts und niemand kann mich zurückhalten.

Hör mir genau zu, Bruder, mir ist deine Lage nicht fremd. Aber wir haben kein Recht dazu. Und weißt du, warum? Nein, fall mir bitte nicht ins Wort. Es geht nicht um Verantwortung und so Scheiß. Lass mich ausreden: Weil nur ganze Kerle das Recht haben, es selbst zu tun. Wir Angeber sind dazu verdammt, weiter zu kriechen.

Horns wiedererwachte Eitelkeit krümmt sich wie ein gepikster Tausendfüßler. Hat der Fransenmann sein Tändeln also nur als Entree für seine gezielten Tritte aufgeführt.

Auch wir Kriecher können irgendwann nicht mehr, sagt Horn und nippt am Rakıglas.

Entschuldige, Bruder, ich wollte dich nicht beleidigen. Ehrlich gesagt, ich finde viele deiner Texte beschissen. Sie sind prätentiös und geben mit den Früchten deiner Bildung an. Aber den Leuten gefällt so was. Ich gönn' dir den Erfolg. Mir gefällt dein Stil. Da ist noch viel zu machen. Glaub mir, du hast deine große Zeit noch vor dir.

Alfred Horn lächelt. Wie sehr der Fransenmann die Kunst der Demütigung beherrscht. Er weiß, dessen ist sich Horn sicher, dass er ihm gerade einen Grund mehr geschenkt hat zu tun, wovon man ihn seit zwei Tagen abhält.

Nein, das ist es ja. Ich werde keine einzige Geschichte mehr schreiben. Du hast es richtig erkannt. Es gibt auch nichts mehr, worüber man schreiben kann.

Laut lacht der Fransenmann auf.

Das, Bruder, ist der größte Unsinn überhaupt. Genug gibt es, genug. Wie kann ich dich bloß umstimmen. Ich meine, der Umstand, dass die Welt von deinen Scheißtexten verschont wird, wäre schon ein Gewinn, um dich wär's halt schad. Du verzeihst meinen Scherz.

Alfred Horn findet Gefallen an seiner Geißelung, die er nun als verdientes Vorspiel zur Kreuzigung deutet.

Du hast Recht, eigentlich ist es völlig egal, ob ich sterbe oder nicht, für mich und die Welt. Şerefe. Ich schlage dir einen Deal vor. Wenn es dir gelingt, mir eine gute Geschichte, eine wirklich gute, eine, die mich nicht langweilt, zu erzählen, dann schenke ich dir meine Pistole.

Des Fransenmanns Augen blitzen freudig.

Abgemacht.

Aber erspar mir irgendwelche Parabeln, die mir wieder Sinn geben sollen. Es geht um was anderes. Es geht um die wirklich gute Story.

Ich habe dich gut verstanden, Gardasch. So ein Schuft, legt sein Leben auf meine lockere Zunge. Aber warte nur, ich werde dir keine gute Geschichte erzählen, ich werde dir die beste Geschichte der Welt erzählen. Von den achttausend besten Geschichten der Welt liegt sie, würde ich sagen, im oberen Mittelfeld. Mit einem Wort: Ich habe keine andere beste Geschichte der Welt, weil ich sie selbst erlebt habe, und es ist, muss ich mit Bedauern zugeben, die einzige beste Geschichte der Welt, die ich erlebt habe. Sie ereignete sich vor langer Zeit, vor siebenunddreißig Jahren. Dass sie für mich die beste Geschichte der Welt ist, kannst du daran erkennen, dass ich sie noch nie verwertet habe, so sehr respektiere ich sie.

Hör auf zu flunkern, fällt ihm Horn ins Wort. Nur unter einer Bedingung darfst du sie mir erzählen: Es darf sich weder um eine Liebes- noch um eine Tiergeschichte handeln. Gegebenenfalls würde ich mich an Ort und Stelle erschießen.

Das trifft sich wirklich gut. Bravo. Du hast es wieder mal gut getroffen, Alter. Es ist beides, es ist eine Tiergeschichte und eine Liebesgeschichte, und da ich dich soeben neugierig gemacht habe, sehr neugierig sogar, wirst du mich jetzt weder mit einem deiner Einwürfe noch mit einem Pistolenschuss unterbrechen und erzählen lassen. Danke.

Die beste Geschichte der Welt

Bülent Tanur erzählt.

Die Geschichte spielt in den 70er-Jahren und alle, die mich kennen, halten mich für ein großes, ausgewachsenes Kind. Daher können sie sich nur schwer vorstellen, dass auch ich einmal ein kleines, unausgewachsenes war. Doch, glaub es oder nicht, so verhielt es sich in den 70er-Jahren …

Bruder, so geht das nicht! Wenn du deine Augenbrauen hochziehst, werde ich unsicher und erzähle die Geschichte schlecht. Ich will dir eine Chance geben. Entweder du kannst gleich aufs Scheißhaus gehen und machst Schluss oder du hörst mir interessiert zu! Danke.

Ich wuchs in dem Dorf Zengerek auf an der Grenze der Provinzen Tunceli und Erzincan, dem ehemaligen Dersim, und irgendwann in den siebziger Jahren trug es sich zu, dass die letzte Eselsstute von Wölfen gerissen und die vorletzte zu alt zum Tragen wurde und sich nur noch männliche Esel im Dorf befanden. Um die Zukunft unseres Eselsbestands zu sichern, kratzten die Einwohner von Zengerek etwas Geld zusammen und schickten meinen Vater nach Kıgi zum Markt, um eine dralle Eselsstute, zu günstigem Preis sogar ein Pferd zu kaufen.

Zwei Tage später kündigte das Schreien der Eselhengste ihre Rückkehr an. Selten habe ich erlebt, dass alle im Dorf zusammenliefen, wie dies in den kleineren Städten nach Autounfällen üblich ist. Nur als unser Nachbar Sengöl das Jahr zuvor mit dem ersten Traktor einfuhr, hat es einen ähnlichen Auflauf gegeben. In seinem Besitzerstolz war er bis Sonnenuntergang die steile Straße im Dorf auf und abgefahren, wie bei einer Panzerparade. Das hatte zur Folge, dass sich dort, wo die Straße verlief, bald ein Bach ergoss und die Völker aller siebzig Bienenstöcke eingingen.

Bülent Tanurs Bemühungen, den Reiseschriftsteller mit einem besonders blumigen Deutsch zu beindrucken, gehen auf. Alfred Horn hört zu, und der Erzähler sieht in dessen glasigem Blick sich die schlammige, von Traktorreifen zerfurchte Dorfstraße von Zengerek ausmalen.

Das Schreien der Hengste wurde immer wilder, sie zerrten an ihren Leinen und machten uns total neugierig. Doch was für eine Überraschung, als Vater mit der neuen Stute ins Dorf einritt. Waren zuerst nur die Kinder und die Alten zusammengeströmt, füllten sich bald beide Straßenseiten; niemand ließ es sich entgehen, denn nie hatte die Welt so etwas gesehen. Was für ein Missgeschick war Allah passiert, als er diese Kreatur schuf. Die weißen ägyptischen Esel sind in der Regel schöne Tiere, aber was für ein Hohn, dass unser Vater dieses Monster anzerrte, für welches die Bezeichnung Rosinante ein Kompliment bedeutet hätte. Auf viel zu kurzen, krummen Beinen stakste sie daher, ihr Fell war nicht weiß, sondern schimmerte rosa mit ein paar schmutzig grauen Flecken an beiden Flanken und auf der Kruppe, wie dies bei Schweinen vorkommt, sodass die thrombotischen Verdickungen ihrer Adern noch stärker zum Vorschein kamen.

Der ungewöhnlichste Teil an diesem Körper jedoch, bei dem nichts in Proportion zu sein schien, war der Kopf. Was heißt, der Kopf? Ein Riesenschädel, beinahe doppelt so groß, wie es einem Esel zustünde, mit riesigen, abscheulich schielenden Augen. Mein Gott, was war das für ein grässliches, erbarmungswürdiges Vieh.

Die Erwachsenen schüttelten den Kopf und lachten, ihre Kinder, um nichts klüger, aber stets eine Spur grausamer, und wenn es sein muss, auch mitfühlender als ihre Eltern, verspotteten diese neue Bürgerin unseres Dorfes, manche peitschten auch mit Weidenzweigen auf sie ein. Zeyno, so hieß das Monster, zitterte am ganzen Leib, wich den Weidenhieben aus, sie schrie mit einer für eine Eselsstute unüblich hohen und schwer zu ertragenden Stimme, und die Todesangst ließ ihre Fratze noch erbärmlicher aussehen. Mir tat dieses Vieh auf Anhieb leid und meiner Cousine Şirîn ging es ebenso. Vater, dem man vieles nachsagen konnte, nur nicht Humor, nahm den Spott der Dörfler persönlich, sonst wäre er nicht so stolz wie ein Ağa, mit diesem verächtlichen Blick auf seinem Rappen gesessen, als er Zeyno durch das Spalier aufwärts führte. Seine Haltung schien zu sagen: Was wollt ihr Narren, eine Stute ist eine Stute und braucht nicht aussehen wie Sophia Loren. Müsst ihr sie decken oder unsere Esel?

In der Tat, Esel kennen bei der Damenwahl keine ästhetischen Vorurteile. Man legte sich zwei Erklärungen zurecht. Die erste ließ Vater als Schurken, die zweite als Dummkopf erscheinen. Version eins: Er hatte dieses Vieh, das die Siebmacher, weil unverkäuflich, am Wegrand zurückgelassen hatten, aufgelesen und die Kaufsumme in seine Tasche gesteckt. Version zwei: Ein Händler aus Kığı drehte sie ihm an, nachdem er sie selbst vom Wegrand aufgelesen hatte. Beide Erklärungen waren als Scherz gedacht, und – wie gesagt – mein Vater verstand vieles nicht, aber am allerwenigsten verstand er Scherze.

Wie du meinen Worten vielleicht entnehmen kannst, konnte ich meinen Vater nicht gut leiden. Er war ein mürrischer Kerl und der einzige weit und breit, der es wagte, seine Frau und seine Kinder zu schlagen. Mutter ließ es sich gefallen. Der Dede hat ihn deshalb in die Pflicht genommen, seitdem blieben wir den Cems, das sind unsere traditionellen Zeremonien, wie du sicher weißt, fern. Mein Vater wurde respektiert und gefürchtet, und ich weiß nicht, wie er das in unserer eigentlich recht egalitären Gesellschaft fertigbrachte, allein mit dieser mürrischen und wortkargen Art, denn es gab nichts, keinen Verdienst, keinen Erbtitel, nicht einmal irgendeine Heldentat in seiner Ahnenlinie, die diesen Respekt gerechtfertigt hätte. Bloß ein zweifelhafter Charakter. Aber ich schweife ab, und du blickst schon viel zu neugierig, weil dich Familienpsychologie und Ethnologie mehr interessieren als das Schicksal unserer erbarmungswürdigen Zeyno; deshalb kehre ich zu ihr zurück.

Kaum hatte Vater das arme Scheusal am alten Maulbeerbaum auf der Wiese angebunden, ging es los, und uns Kindern, weil wir Gewalt nur aus Erzählungen kannten, das heißt, weil wir das Glück hatten, in einer relativ friedlichen Zeit aufzuwachsen und der geballte Schrecken noch zehn Jahre auf sich warten lassen sollte, wurde drei Tage lang ein denkwürdiges Schauspiel geboten. Obwohl es Frühling war und das Vieh hätte rossig sein sollen, ergriff es vor jedem Hengst die Flucht. Dann begann ein erbitterter Kampf um sie, der drei Tage währen sollte und aus dem ein junger schwarzbrauner Hengst namens Ramazan hervorgehen sollte. Wie du sicher weißt, geben wir Aleviten unseren Tieren, besonders den minderwertigeren, gerne sunnitische Namen. Ramazan kämpfte wie ein Teufel um Zeyno. Sie stand abseits und wartete ängstlich den Ausgang des Kampfes ab, der – wer immer sich als Sieger durchsetzte – mit ihrer Vergewaltigung enden würde. Tatsache ist, so unglaublich es auch klingt, Ramazan hat im Kampf um die hässliche Zeyno drei Konkurrenten getötet. Einem hatte er die Halsschlagader durchbissen, zwei weitere so schwer verletzt, dass man sie erschießen musste. So ein Unfall kann schon mal passieren, aber drei Stück!

Die Geschichte machte schnell die Runde; niemand aus der näheren und weiteren Umgebung konnte sich erinnern, je so etwas gesehen oder auch nur gehört zu haben. Ich war Zeuge und habe Ramazan angefeuert. Er war unser Held. Und was danach passierte, war noch unglaublicher, aber ich habe es mit eigenen Augen gesehen, und einige weitere Kinder auch, und meine Cousine Şirîn natürlich. Die kannst du nicht mehr fragen, denn sie wurde vor elf Jahren in den Bergen erschossen.

Ramazan holte sich seine Prämie nicht. Man mutmaßte, ob sie ihm doch zu hässlich sei, aber das konnte es nicht sein, denn von diesem Augenblick an waren sie unzertrennlich, sie liebkosten einander und balgten sich, pflegten das Fell des anderen und schritten nebeneinander her, als hätten sie sich viel zu erzählen. Das darf doch nicht wahr sein, fluchte mein Vater. Der Kerl ist ein Wallach. Wir müssen ihn den Wölfen überlassen, damit ein anderer Hengst ran kann.

Wie sich später herausstellte, hatte Ramazan sich bloß wie ein Kavalier benommen, um ihr Vertrauen zu gewinnen. Ich, Şirîn und vier andere Kinder folgten ihnen auf Schritt und Tritt und erwischten sie in einem kleinen Wildbirnenhain dabei, wie sie ihrer Pflicht nachkamen. Was sie zunächst heimlich getan hatten, erledigten sie zunehmend zur Zufriedenheit der Dorfbewohner in aller Öffentlichkeit.

Hast du schon mal den Schrei eines Esels gehört? Wie ein Blasebalg schwillt er bei jedem Takt unaufhaltsam an. Wie eine aus dem Ruder gelaufene Mechanik, deren blasende und saugende Sirene sich nicht abzuwechseln, sondern zu überstürzen scheint. Man fängt an zu befürchten, dass das arme Vieh unter diesem frenetischen Getöse vor Erschöpfung zusammenbricht, ausgesaugt und ausgepumpt bis zum letzten Schnapper.

Von nun an trieben sie es bei jeder Tages- und Nachtzeit, ihre Schreie hallten durchs Tal und übertönten in den heißen Sommernächten, wenn wir alle auf den Dächern lagen, die kurdischen Lieder aus den armenischen Radioprogrammen und das Rauschen des Flusses. Mit den zwei, drei Transistorradios, die sich damals im Dorf befanden, hörten wir auch Lieder aus dem Iran, dem Irak und aus dem armenischen Russland, du kannst dir nicht vorstellen, was das für eine Sensation für uns war, diese Lieder zu hören, die von jenseits des Talrandes, von jenseits des Bezirks, von jenseits der Grenze erschallten, und das mit Tausenden Augen leuchtende Universum spottete diesen Grenzen …

Ja, unterbricht ihn der Deutsche mürrisch, ich habe schon hundertmal von euren Sommernächten auf den Dächern gehört. Erspar mir den Ethnokitsch und komm zur Sache.

Bülent Tanur lächelt.

Du machst einen Fehler, Freddy. Ich bin im Vergleich zu dir wirklich ethnisch. Ich erzähle, was mir vertraut, nicht was mir fremd ist. Kitsch wird es erst, wenn du darüber schreibst. Und weil dir dieses Bedürfnis peinlich ist, schiebst du es mir in die Schuhe. So bist du halt. Aber egal. Der Reiseschriftsteller setzt eine vergnügliche Miene auf, so als hätte ihm dieser weitere Geißelhieb behagt, und trinkt seinen nunmehr vierten Rakı aus. Der Fransenmann fährt fort:

Obwohl wir ihnen gerne dabei zusahen und unsere Scherze darüber rissen, hatte das Ficken der Esel nichts Obszönes für uns, denn wir waren von klein auf daran gewöhnt. Viel ungewöhnlicher, viel aufreizender aber war das Zartgefühl, mit dem Zeyno und Ramazan einander behandelten. Wir konnten kaum die Blicke von ihnen wenden und naschten an ihrer Eingeschworenheit, die auch bald das Band zwischen uns, zwischen Şirîn, mir, dem

268

kleinen Piro, Arığ und Azlı und zwei, drei anderen Kindern straffte. Einen Eselverein bildeten wir mit nie formulierten Statuten und wurden ihre heimlichen Kumpane, so als würden wir über einem Geheimnis wachen.

Die Erwachsenen schwärmten mitunter von ewiger Liebe und lächelten selig, wenn sie das ungleiche Paar erblickten, doch bei der nächstbesten Gelegenheit drang Häme ins Lob, wenn man zum Beispiel die hässliche Aysun hänselte, dass sie sich keine Sorgen zu machen brauchte, einen Mann zu finden. In unserer Gesellschaft dürfen die Partner einander zwar selbst wählen, doch lässt das harte Leben in den Bergen romantische Gefühle bald verschwielen wie die Hände. Kein Wunder, dass sich in den Respekt vor Zeynos und Ramazans Freundschaft immer auch ein bisschen Bitterkeit mischte – über ein Leben, das den Menschen verwehrt blieb. Nicht einmal hörte ich die Frauen darüber geifern, was wohl wäre, wenn sie es so hielten – spazieren gehen, den ganzen lieben Tag am Fluss herumlungern und Süßholz raspeln. Es waren interessanterweise die Frauen, die Zeynos Hässlichkeit am meisten bemäkelten. Unsere beiden Liebenden hatten also nicht nur Freunde, und selten traf das Wort *spazieren* eher auf Tiere zu als auf sie.

Ein bisschen frech wirkte es schon, wenn, während das gesamte Dorf sich abrackerte, Lady Zeyno und Lord Ramazan flanierten, als ginge sie das alles nichts an. Sag selbst, Schriftstellerchen Efendi, was ist das für ein Dorf, wo die Bauern schuften und die Esel das kommentieren. Wie ein frisch verliebtes Studentenpärchen, dass in seiner Verliebtheit nicht merkt, vom Campus in ein zurückgebliebenes Bergdorf mit verständnislosen Ureinwohnern gebeamt worden zu sein, und von früh bis spät in endlosen Diskussionen seine Weltbilder abgleicht.

Viele Bilder habe ich im Kopf, aber als Erstes erscheint immer folgendes im Gedächtnis. Wenn die Nachmittagssonne sich

269

durch die Blätter der großen Maulbeerbäume am Fluss brach und im weichen Licht Zeyno auf der Wiese lag und Ramazan neben ihr stehend über dem Rauschen des Flusses brütete.

Du musst wissen, dass Zeynos und Ramazans Romanze in eine Zeit fiel, als sich bei uns in den Bergen schwerwiegende Veränderungen abzuzeichnen begannen. Aus den Städten, mit Magazinen und Katalogen, war die Saat neuer Wünsche und Bedürfnisse ins Dorf getragen worden. Die mittlere Generation begann sich zu verschulden und noch härter zu arbeiten. Man produzierte mehr und für fernere Märkte. Allein die Alten und die Kinder behielten ihren Gleichmut und stahlen sich von der Zeit in Überfülle.

Zeyno wurde trächtig, worauf sich Ramazans Besitzer, der dicke Faruk, fest entschlossen zeigte, der Idylle ein Ende zu setzen. Denn auch wenn das Fehlen von Ramazans Arbeitskraft niemanden wurmte, es ging schließlich ums Prinzip. Wir lebten alle in einer Gemeinschaft, und da musste jeder seinen Beitrag leisten. Doch wer wie Ramazan einmal von der Freiheit genascht hat, der lässt sich nicht mehr knechten. Fluchend sahen wir Faruk zu seinem Haus laufen. Ramazan hatte ihm beinahe den Mittelfinger abgebissen. Faruk legte einen Verband an und kehrte mit einem Nussholzstock zur Koppel zurück, wo er das arme Tier verprügelte, bis ihm das Fell platzte. Am nächsten Tag gelang es Faruk, den störrischen Kerl mit Getreidesäcken zu beladen. Auf dem Weg zur Mühle war er ihm ausgebüxt und kam allein zurück. Faruk zerrte Ramazan auf eine Anhöhe, etwa zwei Kilometer von Zebedek entfernt, und band ihn dort an einen Busch, damit die Wölfe ihn holten. Nie werde ich Zeynos und Ramazans Schreie vergessen. Über Kilometer hinweg suchten sie einander.

Wir, die Esels-Liebes-Bande, konnten das nicht dulden. Wir befreiten Ramazan und führten ihn zu seiner Zeyno zurück. Es lag wohl daran, dass Faruk in dieser Nacht Vater wurde, dass er von einer weiteren Bestrafung absah. Zeyno und Ramazan jedenfalls verlebten noch ein paar ruhige Wochen in Zebedek, dann – eines Nachts – verschwanden sie. Ramazan hatte Zeynos Strick durchgebissen. Vielleicht hat sie es auch selbst getan. Die Spuren in der dünnen Schneedecke führten schnurstracks in die Berge. Wir haben sie nie wiedergesehen.

Im nächsten Frühling fanden Hirten aus Erzincan unter einem einsamen Busch zwei sauber abgenagte Eselskelette. Sie lagen mit den Köpfen zueinander. Der Riesenschädel des linken Skeletts ließ keinen Zweifel offen. Doch nicht kampflos hatten sie sich ergeben, denn keine fünf Meter davon entfernt lagen auch zwei Wolfsskelette.

Alfred Horn und Bülent Tanur schweigen.

Und was soll mir diese Geschichte sagen? Was soll ich …?, fragt der Deutsche nach einer Weile mit dünner Stimme.

Nichts, gar nichts, fällt ihm der Fransenmann ins Wort. Nichts. Keine Botschaft, kein Sinn. Es war nur eine Geschichte, und du lügst, denn deine glasigen Augen sprechen eine andere Sprache. Siehst du, auch du kommst dem Gefühl, das diese Story in mir jedes Mal aufs Neue weckt, nicht aus. Ich hab meinen Teil geleistet. Jetzt liegt es an dir. Aber vergiss nicht, Zeyno und Ramazan, das waren richtige Menschen. Wir sind nur Kriecher. Horn, ich wünsche dir ein langes Leben, und wenn du es verkürzen willst, ich halte dich nicht auf.

Bülent Tanur steht auf und verlässt grußlos das Lokal. Alfred Horn muss die Zeche bezahlen, er versäumt seinen Bus, nimmt den nächsten nach Bingöl, dort ein Hotelzimmer, langweilt sich fürchterlich, fährt nach İstanbul und von dort nach Deutschland zurück. Er veröffentlicht elf Monate später in der *Neuen Rundschau* eine Liebesgeschichte über ein anatolisches Eselspärchen. Seine Kritiker überschlagen sich vor Spott, einige wenige loben sie. Bülent Tanur erwischt es besser, ihm gelingt der Wechsel vom Dokumentar- zum Spielfilm mit einem breit angelegten Epos über einen deutschen Schriftsteller, der nach Anatolien fährt, um dort zu sterben. Noch einmal begegnen die beiden einander, in Düsseldorf, bei einem Symposion zur Kurdenfrage. Sie diskutieren auf dem Podium angeregt, wechseln aber danach kein Wort miteinander.

Im wirklichen Leben hießen Zeyno und Ramazan Yara und Altun. Ihre Skelette liegen in den Munzur-Bergen.

7.
Nachspiel

Ahmet Arslan wurde am Friedhof von Holike beigesetzt. Onkel Piro, der der Ansicht war, sein Grab sollte dort sein, wo seine Liebste lebt, hatte den Sarg nach Wien überführen wollen, sich aber gegen Kerim und İzzet nicht durchsetzen können. Wohl aber konnte er erreichen, dass niemand *Allahu ekber* an Ahmets offenem Grab rief. Onkel Piro ging nach dem Begräbnis unverzüglich ins Dorf zurück, lieh sich von einem Nachbarn einen Saz und sperrte sich damit in sein Häuschen ein. Zwanzig Jahre hatte er das Instrument nicht angerührt. Am zweiten Tag nach der Beerdigung stieg er in sein Auto, kaufte unterwegs eine Ziege und fuhr in den Osten zum Fuß des mächtigen Berges Bava Duzgı oder Düzgün Baba, wie er auf Türkisch heißt. Dort schlachtete er das Tier für Ahmet, den Sohn seines Wahlbruders Dursun. Dann holte er den Saz aus dem Kofferraum und blickte unschlüssig die senkrechten Wände des heiligen Berges hoch. Dort oben auf halbem Weg zum Gipfel befand sich eine Höhle, die für Gebete und Rezitationen genutzt wurde. Doch es war bereits später Nachmittag und Onkel Piros Rücken schmerzte. Er fand ein schöneres Plätzchen für sein Vorhaben. Direkt unter dem Haus, wo die rituellen Schlachtungen vorgenommen werden, erstreckt sich ein Felsplateau geradeaus ins Tal, das die Hänge des Düzgün Baba von denen trennt, auf denen das Städtchen Nazimiye liegt. Und als wäre ein japanischer Landschaftsgärtner hier zu Werke gegangen, zeichnete sich am Ende dieses markanten Felsvorsprungs ein von Weitem sichtbarer Weißdornbaum mit seiner bizarren Krone vom Himmel ab. Ein junger Aktivist soll einmal gesagt haben, diese Felszunge sei der Mittelfinger, den Düzgün Baba den Helikoptern der türkischen Armee entgegenstreckt.

Onkel Piro wanderte bis zum Baum vor und ließ sich dort nieder. Er lauschte eine Weile dem Wind und dem Zwitschern der Lerchen. Hoch über ihm zogen zwei Falken quiekend ihre Kreise. Die Motorgeräusche der letzten von der Opferstätte fahrenden Autos verhallten. In sanften Hügelwellen stieg das Tal unter ihm zur nächsten Ebene an, auf der vereinzelte Weiler sich gegen Nordosten hin zur Kreisstadt Nazimiye verdichteten. Wie mit Honig bestrich das Licht der späten Sonne die weichen, dunstigen Formen. Immer wieder blickte Onkel Piro zu den schwarzen Wänden des Gebirges hinter sich zurück. Nicht sattsehen konnte er sich am Kontrast zwischen dem düsteren Düzgün Baba und den lieblichen Hügeln, die diesem zu Füßen lagen. Als sich der Wind legte und es still wurde, schälte Onkel Piro das Kunstlederetui vom Saz, stimmte ihn und sang auf Türkisch ein Potpourri aus kurzen Versen des Pir Sultan Abdal.

Wäre ich, Pir Sultan, die Berge,
wäre ich ein Feld voll blauer Hyazinthen,
wäre ich die Welt in einer Blume nur,
wäre ich eine Biene nur,
ich fände keinen süßeren Honig
als die Zunge meiner Liebsten.

Ein Bach bin ich nun, der sich im Strom verliert,
ein Rosenbeet, das zur Unzeit blüht.
Asche bin ich, in der kein Funken glüht.
Verbrannt, mein Freund, verbrannt durch deine Liebe!

Am Tag der Hinrichtung sind Freunde rar,
zehn Schmerzen werden zu fünfzig.
Das Urteil ist verhängt.
Gesteinigt soll ich werden und dann aufgehängt.
Steigt die Seele nicht zum Himmel hoch?
Wird der Regen nicht milder, wenn Gott es will?

Die Steine, die ihr werft, tun mir nicht weh,
die Rose des Freundes ist es, die mich verwundet.

Warte nur, Hizir Pascha,
auch deine Pläne werden durchkreuzt.
Dein Sultan, auf den du dich verlässt,
auch er wird eines Tages gestürzt.
Sollen die Richter und Muftis mich verurteilen,
sollten sie mich hängen,
sollen sie mir doch den Kopf abschlagen,
ich werde von meinem Weg nicht weichen.

Wäre ich, Pir Sultan, die Berge,
wäre ich ein Feld voll blauer Hyazinthen,
wäre ich die Welt in einer Blume nur,
wäre ich eine Biene nur,
ich fände keinen süßeren Honig
als die Zunge meiner Liebsten.

Glossar

Abi: (türk.) scherzhafter, liebevoller oder respektvoller Ausdruck für den älteren Bruder oder überhaupt einen etwas älteren Mann.

Ağa: (türk.) in Ostanatolien Bezeichnung für einen Großgrundbesitzer, Adeligen. Die Bedeutung variiert in Zeit und Raum von respektvoller Anrede älterer Männer bis zu militärischem und administrativem Titel. Im Türkischen wird das ğ stumm gesprochen.

Alman: (türk.) Deutscher. In diesem Fall auch Österreicher. Plural: Almanlar.

Canım: (türk., kurd., pers.) ursprünglich Seele, wird als vertraute Anrede der Wertschätzung verwendet: meine Seele, meine Liebe, Liebling …

Sakine Cansız: (1958–2013) türkisch-kurdische Widerstandskämpferin aus Dersim und Gründungsmitglied der PKK. Sie wurde 2013 in ihrem Pariser Exil gemeinsam mit Fidan Doğan und Leyla Şaylemez höchstwahrscheinlich im Auftrag des MIT ermordet.

Cem: religiöse Zeremonie der Aleviten, bei der Männer und Frauen teilnehmen, Konflikte innerhalb der Gemeinschaft geschlichtet werden, gemeinsam zur Saz getanzt und gesungen wird.

Çok *güzel*: (türk.) wie süß.

Davul: (türk.) große Zylindertrommel.

Dede: (türk. für Großvater, Urahn). Den Dede als alevitischen Priester zu bezeichnen trifft die Sache nicht. Im anatolischen Aleventum rangiert seine Funktion zwischen Zeremonienmeister der Cems (religiöse Veranstaltungen), Weiser, Lehrender und Wunderheiler. Sein weibliches Pendant wäre die *Ana*. Wichtige Funktionsträger sind zudem der *Pir*, der *Rehber* und der *Mürşid*.

Dev-Genc: Türkiye Devrimci Gençlik Dernekleri Federasyonu (Föderation der revolutionären Jugend der Türkei). 1965 im studentischen Milieu gegründete und 1971 nach dem Militärputsch verbotene linksradikale Organisation. Sie ist die Mutter aller linken Gruppierungen in der Türkei und war stark an den Ideen der Kubanischen Revolution und anderen marxistisch-leninistischen Befreiungsbewegungen in der Dritten Welt ausgerichtet.

Dev-Yol: Devrimci Yol (revolutionärer Weg). 1971 gegründete Nachfolgeorganisation der Dev-Genc.

DTP: Demokratik Toplum Partisi (Partei der demokratischen Gesellschaft). 2008 aufgelöste linke, prokurdische Partei, aus welcher die BDP hervorging, die wiederum den Grundstock für die HDP bildete.

Efes: türkische Biersorte.

Eşîret: (kurd.) Bezeichnung für den ostanatolischen Stamm. Türk. *aşiret*.

Farsi: Persisch.

Gardasch: phonetische Schreibung der ostanatolischen, kurdisch beeinflussten Dialektform von türk. *kardeş*: Bruder, Freund.

Horon: Tanz der Lazen, der pontischen Griechen und anderer Bewohner der türkischen Schwarzmeerküste.

Harçîk Çayı: (kurd,), auch türk. *Pülümür Çayı*, Fluss in Dersim, der bei der Provinzhauptstadt Tunceli in den Fluss Munzur mündet.

Kandil-Berge: auch Qandil-Berge. Gebirge an der irakisch-iranischen Grenze und Hauptstützpunkt und Rückzugsgebiet der PKK.

Kenan İmirzalıoğlu: türkischer Schauspieler, Model und mittlerweile Moderator der Serie „Wer wird Millionär?".

Kizilbasch: Bezeichnung für Aleviten und Bektaschen. Im 15. Jahrhundert waren die Kizilbaschen fanatische Anhänger der schiitischen Safawiden, meist turkmenischer Herkunft. Wegen ihrer roten Kopfbedeckungen nannte man sie *Kızılbaş* (Rotköpfe). Heute wird der Begriff von türkischer Seite entweder pejorativ oder aber identifikatorisch verwendet. Mit Stolz bekennen sich manche zu den verachteten drei Ks: *Kurde, Kommunist* und *Kizilbasch*.

Kofyia: Bezeichnung für verschiedene Kopftuchformen im Vorderen Orient.

Lazen: Volksgruppe der Nordtürkei, die eine dem Georgischen verwandte Sprache spricht. Ein Großteil der einstigen Lazen ist per Assimilierung in der türkischen Staatsethnie aufgegangen.

Mahalle: türk. *für Stadtviertel.*

MGK: Abkürzung *Millî Güvenlik Kurulu* (Nationaler Sicherheitsrat). Militärisch-politisches Gremium in der Türkei, auf dessen Agenda die Bekämpfung des kurdischen Widerstandes und der Terror gegen die kurdische Bevölkerung ganz oben stand.

Mirakyan: armenischer Bergstamm (*eşîret*) aus Dersim.

MIT: *Millî İstihbarat Teşkilâtı* (Nationale Nachrichtendienstorganisation). Türkischer Geheimdienst.

Noş: (kurd.) Prost.

Ocak: Orden, religiöse Schule im Alevitismus. Er leitet sich zumeist von einem Pir oder Dede ab; ursprünglich ordnete sich in Dersim jeder Stamm bzw. jede Familie kollektiv einem Ocak zu.

Peri Vadisi: Tal des Peri. Der Fluss *Peri Çayı* fließt durch die heutigen Provinzen Erzurum, Bingöl, Tunceli (Dersim) und Elazığ.

Peshmerga: ursprünglich irreguläre Partisanen der irakischen Kurden, mittlerweile reguläre Militäreinheiten Irakisch-Kurdistans.

Sayit Riza: (1862–1937), geistliches und politisches Oberhaupt des kurdischen zazasprachigen Stammes der Abasan aus Ovacık in Dersim. Er galt als der Anführer des „Dersim-Aufstandes" (einer Reihe kleiner Sabotageakte, die von der türkischen Regierung als Vorwand benutzt wurden, ein Massaker an der Bevölkerung Dersims anzurichten). Sayit Riza wurde am 15. November 1937 in Elazığ gehängt.

Sucuk: Rohwurst auf dem Balkan und im Vorderen Orient.

Sülbüs: (Zazaki: *Koyo Sıpê*) Berg an der Grenze der Provinzen Tunceli und Bingöl in der Nähe der Kleinstadt Yayladere (2884 m). Ihm zur Seite steht der markante Tarı.

Tarı: Der Bruder des Sülbüs. Oder die Schwester. Je nachdem. Seine Höhe konnte ich nicht eruieren.

Tawba: (arab.) reumütige Zuwendung eines sündhaften Menschen zu Gott im Islam.

Antranig Yeritsyan: armenischer Reisender, der zu Ende des 19. Jahrhunderts Dersim bereiste und beschrieb.

Yörük: Sammelbezeichnung für turksprachige Nomaden in der Türkei, die zumeist ältere, turlmenische Dialekte sprechen oder sprachen.

Zeybek: westtürkischer Männertanz.

Zurna: Holzschalmei.